国際私法と銀行取引

― 「法の適用に関する通則法」と銀行実務 ―

全国銀行協会
阿部 耕一 著

経済法令研究会

はしがき

　国際私法という法律は、一般的な経済取引、特に金融取引の場面ではあまり意識されていないかもしれません。

　本書の目的は2つあります。まず、国際私法という法律の基本的な概要を理解の一助としていただくこと、もう1つは国際私法が具体的な経済取引の中でどのように位置づけられ、実務のどの場面で問題となるのか、企業法務としてどのような対応が求められるのかという視点から国際私法を認識いただきたいということです。

　現在の国際私法は、平成19年1月1日施行の「法の適用に関する通則法」（法律第78号。以下、「通則法」といいます）という名称の法律です。これは、それまでの「法例」（ほうれい）（明治31年6月21日法律第10号）という名称のものから、平成15年5月から17年7月まで法務省の法制審議会国際私法（現代化関係）部会において大幅な見直し作業が行われ改定がなされたものです。私は銀行界の立場からこの法制審議会の立法改定作業に関与させていただいたこともあり、新しい国際私法である通則法が銀行実務にどのような影響があるのか、今後の実務にとってどういった点について注意しなければならないかという観点からご紹介させていただければと思い、経済法令研究会の月刊誌「銀行法務21」において平成18年6月から20年6月までの期間、「国際私法と銀行取引」というテーマにより連載させていただきました。その集大成版が本書です。

　「通則法」の各条文の解釈や国際私法そのものの本質論にかかる考え方に関する学説は多岐にわたるものでありますので、本書では法解釈に関しては一般的であろう最低限の考え方をご紹介するにとどめ、あくまで「通則法」に関して銀行実務に影響のあると思われる条文を中心にご紹介しています。その意味で本書は法律学の入門書と同時に実務書に近い位置づけになります。また、国際私法は他の民法、商法等の実体法に比較して、銀

行実務における立場からは、確定した考え方に依拠される判例があまり多くありません。したがいまして本書で紹介している事例における結論は、国際私法上有力とされる、または一定の見解に基づくものであり、事例によっては異なる論理構成や結論もありうるものであること、また、文中意見にわたる部分は個人的な見解であり、所属する組織を代表するものではないことを、あらかじめお断りします。

　最後に、本書の刊行にあたり、銀行法務21の元編集長山本大氏、現編集長神宮孝幸氏、そして経済法令研究会出版事業部田中健一朗氏に大変なご協力をいただきました。深く感謝申し上げます。

　本書が、学生の皆様や金融機関をはじめとする事業者の方々におかれて、すこしでも国際私法への興味を深めていただくための一助となれば幸いです。

平成21年2月

　　　　　　　　　　　　　　　　　　　　　　　　　阿　部　耕　一

目　次

第1部　総　論

1　国際私法とは……………………………………………………… 2
　① 国際私法の制定の経緯（法例から通則法へ）……………… 2
　② 国際私法の定義………………………………………………… 3
2　実質法と抵触法…………………………………………………… 5
3　国際私法と銀行取引の関わり…………………………………… 7
4　国際私法の原理…………………………………………………… 9
　① 国際私法の必要性……………………………………………… 9
　② 国際私法の起源………………………………………………… 10
　③ 国際私法が適用される前提…………………………………… 11
5　国際私法適用のプロセス………………………………………… 13
　① 国際私法適用のプロセス……………………………………… 13
　② 法性決定………………………………………………………… 16
　③ 連結点と連結政策……………………………………………… 18
6　先決問題…………………………………………………………… 23
7　適応問題…………………………………………………………… 25
8　公　序……………………………………………………………… 27

第2部　各　論

1　行為能力…………………………………………………………… 30
　① 通則法4条1項………………………………………………… 30
　② 通則法4条2項
　　（取引保護規定：一方的抵触規定と双方的抵触規定）………… 31
　③ 通則法4条3項………………………………………………… 33
　④ 実務上の留意点………………………………………………… 34
2　後見開始の審判…………………………………………………… 37

I

	① 通則法5条·································	37
	② 実務上の留意点·····························	37
3	後　見···	39
	① 通則法35条································	39
	② 実務上の留意点·····························	40
4	失踪宣告···	43
	① 通則法6条1項、2項·························	43
	② 実務上の留意点·····························	43
5	法律行為の成立・効力の準拠法················	45
	① 通則法7条（当事者による準拠法の選択）·········	45
	② 通則法8条·································	48
	③ 実務上の留意点·····························	55
6	消費者契約の特例·······························	61
	① 通則法11条1項、2項·······················	61
	② 通則法11条3項～5項·······················	64
	③ 通則法11条6項····························	65
	④ 国際的な動向·······························	67
	⑤ 銀行取引と消費者契約の特例················	67
	⑥ 実務上の留意点·····························	76
7	不法行為の準拠法（一般原則）················	81
	① 通則法17条································	81
	② 予見可能性にかかる規定·····················	82
	③ 国際的な立法動向···························	83
	④ 銀行取引における渉外的不法行為············	83
	⑤ 実務上の留意点·····························	91
8	不法行為の準拠法（例外的規定）··············	93
	① 原則的連結と例外的連結·····················	93
	② 生産物責任にかかる準拠法（通則法18条）······	93

- ③ 名誉・信用毀損にかかる準拠法（通則法19条）‥‥‥‥‥ 95
- ④ 明らかにより密接な関係がある地がある場合の例外（通則法20条）‥ 97
- ⑤ 事務管理、不当利得（通則法14条、15条）‥‥‥‥‥‥ 99
- ⑥ 当事者による準拠法の変更（当事者自治）（通則法21条）‥‥‥ 99
- ⑦ 不法行為についての公序による制限（特別留保条項）（通則法22条）‥ 101
- ⑧ 実務上の留意点‥‥‥‥‥‥‥‥‥‥‥‥‥‥‥‥‥ 102

9 **債権譲渡、債権質、相殺**‥‥‥‥‥‥‥‥‥‥‥‥‥‥ 106
- ① 債権譲渡の成立、効力‥‥‥‥‥‥‥‥‥‥‥‥‥‥‥ 106
- ② 債権譲渡にかかる債務者、第三者に対する対抗要件
  にかかる準拠法‥‥‥‥‥‥‥‥‥‥‥‥‥‥‥‥‥ 109
- ③ 債権質‥‥‥‥‥‥‥‥‥‥‥‥‥‥‥‥‥‥‥‥ 111
- ④ 相　殺‥‥‥‥‥‥‥‥‥‥‥‥‥‥‥‥‥‥‥‥ 111
- ⑤ 事例および実務上の留意点‥‥‥‥‥‥‥‥‥‥‥‥‥ 112

10 **物　権**‥‥‥‥‥‥‥‥‥‥‥‥‥‥‥‥‥‥‥‥‥ 124
- ① 物権の準拠法‥‥‥‥‥‥‥‥‥‥‥‥‥‥‥‥‥‥ 124
- ② 事　例‥‥‥‥‥‥‥‥‥‥‥‥‥‥‥‥‥‥‥‥ 129
- ③ 実務上の留意点‥‥‥‥‥‥‥‥‥‥‥‥‥‥‥‥‥ 136

11 **相続・遺言**‥‥‥‥‥‥‥‥‥‥‥‥‥‥‥‥‥‥‥ 140
- ① 相続の準拠法‥‥‥‥‥‥‥‥‥‥‥‥‥‥‥‥‥‥ 140
- ② 通則法36条‥‥‥‥‥‥‥‥‥‥‥‥‥‥‥‥‥‥ 141
- ③ 被相続人による準拠法選択‥‥‥‥‥‥‥‥‥‥‥‥‥ 146
- ④ 遺言の準拠法‥‥‥‥‥‥‥‥‥‥‥‥‥‥‥‥‥‥ 146
- ⑤ 遺言の連結点‥‥‥‥‥‥‥‥‥‥‥‥‥‥‥‥‥‥ 146
- ⑥ 事　例‥‥‥‥‥‥‥‥‥‥‥‥‥‥‥‥‥‥‥‥ 147
- ⑦ 実務上の留意点‥‥‥‥‥‥‥‥‥‥‥‥‥‥‥‥‥ 154

12 **反　致**‥‥‥‥‥‥‥‥‥‥‥‥‥‥‥‥‥‥‥‥‥ 159
- ① 反致とは‥‥‥‥‥‥‥‥‥‥‥‥‥‥‥‥‥‥‥‥ 159
- ② 反致の種類‥‥‥‥‥‥‥‥‥‥‥‥‥‥‥‥‥‥‥ 161

③　反致の考え方の背景……………………………………… 165
　　④　通則法41条……………………………………………… 166
　　⑤　事　例…………………………………………………… 168
　　⑥　実務上の留意点………………………………………… 173
　13　法人の準拠法……………………………………………… 179
　　①　法人の準拠法…………………………………………… 179
　　②　法制審議会における議論……………………………… 179
　　③　法人の従属法の決定方法……………………………… 180
　　④　法人の従属法の範囲…………………………………… 183
　　⑤　法人格のない社団・財団……………………………… 184
　　⑥　事　例…………………………………………………… 184
　　⑦　実務上の留意点………………………………………… 192
　14　代理の準拠法……………………………………………… 199
　　①　代　理…………………………………………………… 199
　　②　代理の準拠法に関する考え方………………………… 199
　　③　法制審議会における議論……………………………… 202
　　④　事　例…………………………………………………… 205
　　⑤　実務上の留意点………………………………………… 212

第3部　資料編

　【資料1】「法の適用に関する通則法」と「法例」の対照表……… 220
　【資料2】法の適用に関する通則法　…………………………… 236
　【資料3】国際私法の現代化に関する要綱中間試案　………… 249

索　引　………………………………………………………………… 265

国際私法と銀行取引

第1部　総　論

第1部では総論として国際私法の基本的なしくみ、特有の概念等についてご説明します。

第1部 総論

1 国際私法とは

1 国際私法の制定の経緯（法例から通則法へ）

「国際私法」とは、渉外的私法関係に対して適用すべき法律を内外私法の中から選択指定する法律をいいます。わが国では「法例」（明治31年法律第10号）(注1) という名称の法律として、明治31年に制定され、わが国の抵触法として利用されてきました。

その「法例」制定から100年以上の期間が経過し、各種社会経済情勢、交通手段および情報通信技術の発展による取引内容の複雑化、国際化、多様化への対応、さらに国際的な立法の調和、平仄をとること等を理由として、平成15年2月15日の法制審議会総会において、法務大臣により「国際私法に関する法例の規定の現代化を図る上で留意すべき事項につき、御意見を承りたい」との諮問（第61号）がなされ、法制審議会国際私法（現代化関係）部会が設置され、平成15年5月から17年7月までの約2年3か月の間、「法例」の全面改正検討作業が行われました。法制審議会同部会には全国銀行協会（以下「全銀協」という）から委員、幹事の2名が参加し、適宜銀行界からの意見をとりまとめて表明し、議論に関与いたしました。そして、平成17年7月12日の同部会において要綱案がとりまとめられ、同年9月6日の法制審議会総会において「国際私法の現代化に関する要綱」が採択され、法務大臣に答申されました。その後国会での審議を経て平成18年6月21日に「法の適用に関する通則法」（法律第78号。以下、「通則法」といいます）として公布され、平成19年1月1日から施行されました

(注2)。

　本書では、法例と通則法の比較という形での説明がありますが、法例は旧法、通則法は新法として認識してください。

2　国際私法の定義

　国際私法の定義に関しては、一般的には「渉外的私法関係に適用すべき法則、渉外的私法関係において内外私法の適用範囲を定める法律」、「内容の異なる場所的並存を認めながら、発生する渉外的私法生活関係について、それと関連する内外のいずれかの私法を準拠法として指定・適用することによって、それを規律するもの」といった整理とされています。(【図表1】)(注3)。

【図表1】　渉外的私法関係

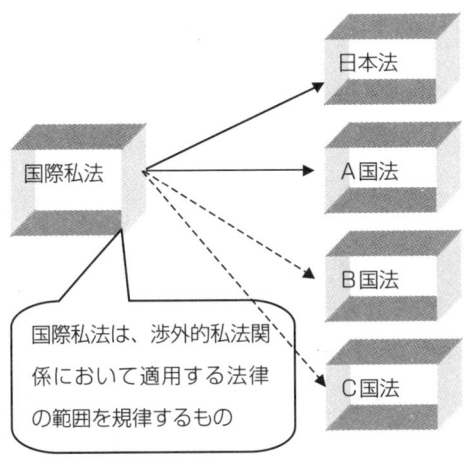

国際私法は、渉外的私法関係において適用する法律の範囲を規律するもの

　ここでいう「渉外的私法関係」とは、法廷地からみて当事者の国籍、住所、目的物の所在地、行為地といった要素のうち、1つでも外国に関連する法律関係がある場合をいいます(注4)。

　たとえば日本在住のイタリア人夫婦が離婚したいという場合において、

離婚がどのような場合に認められ、どのような効果があるのか、またそのイタリア人の夫が死亡したときの子への相続預金の財産分与はどのようになるのかというような相続の問題、あるいは日本人が外国の出張時に被った自動車事故の損害について、日本に帰国した後に加害者に対して損害賠償請求を行う場合等、これらはすべて渉外的私法関係にあります。このような渉外的法律関係において、どの国の法律を選択すべきかを規律するもの、それが国際私法です。そして選択された法律を「準拠法(じゅんきょほう)」といいます。

（注1）「法例」とは、古代中国の晋において法典全部に通ずる例則を総括したものとして、「法例律」という語を用いて、「法律適用の例則」という意味で用いられたとされている。わが国では明治13年に刑法改正時に、刑法適用の通則を掲げて「法例」と題して、明治23年に民法、その他の法典が公布された際に法律第97号をもって、一般法律に通ずる例則を、「法例」と称した。(道垣内正人『ポイント国際私法（総論）〔第2版〕』15頁〜16頁（有斐閣・2007）。

　　　法例の由来については、(櫻田嘉章『国際私法〔第5版〕』59頁（有斐閣・2006年）、山田鐐一『国際私法〔第3版〕』23頁〜36頁（有斐閣・2004年））を参照されたい。国際私法にあたるのは、「法例」の3条以下の部分）。
（注2）国際私法「法例」の見直しの経緯、概要については小出邦夫『一問一答新しい国際私法』3頁〜6頁（商事法務・2006年）
（注3）山田・前掲（注1）2頁、溜池良夫『国際私法講義〔第3版〕』10頁（有斐閣・2005年）、櫻田・前掲（注1）14頁。
（注4）国際私法の適用がかならずしも渉外的私法関係に限られず国内の法律関係全般についても適用されるという「法律関係全般説」(道垣内・前掲（注1）5〜14頁）の考え方もある。

第1部 総論

2 実質法と抵触法

　民法、商法等の規定は「実質法」であり、その条文に規定されてあることがそのまま、直接的に法律関係を規律するものです。一方、国際私法は、日本法と海外の法律の適用可能性が並存する「抵触法」であり、国際私法そのものが直接に当該法律関係を規律するものではなく、規律する法律がどこの国の法律によるべきものかを定めるにすぎません。

　国際私法は、間接的に渉外的私法関係を規律するものです。

　具体的な事例をみてみましょう（【図表2】）。

【図表2】　実質法と抵触法

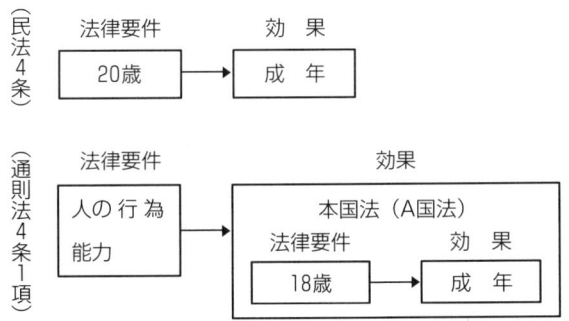

　わが国の民法4条では、「年齢20歳をもって、成年とする」とあります。成年の法律要件として20歳になることで、効果は成年となります。一方、「通則法」4条では「人の行為能力はその本国法によって定める」とあります。文字どおりの解釈を進めると、法律要件は、「人の行為能力」であ

ること、次のその効果としては、その人の「本国法」を適用するということです。たとえば、銀行の窓口で18歳のＡ国人が口座開設、与信申込みを行うような場面では、Ａ国籍をもつ者であれば、Ａ法が適用され、その要件として18歳以上であることで、成年の効果がもたらされるということとなります。

第1部　総論

3　国際私法と銀行取引の関わり

　世界各国の民法、商法等の私法がすべて一律に同様な内容であれば、どの国のどの国籍の人とどの地域で契約をしようが、お互いの国の法律の効果が相違するような抵触状況は生じません。しかし、各国それぞれの私法は、それぞれの法文化、社会文化に応じて定めている以上、成年年齢を1つとったとしてもまちまちであるのが実情です。これはどういうことを意味するかというと、何か1つでも自国以外の要素が含まれるとすれば、当事者との法律関係は、すべて渉外的私法関係になり得るのです。銀行取引では、国際的シンジケート・ローン、クロスボーダー取引への保証など、特定の業務を除いて、国内取引であって、「渉外的私法関係」は、限られたケースでしかおこらないという方もおられるかもしれません。

　しかし、わが国の銀行取引において、預金、当座勘定、カードローン契約、保証契約等、とくに国内におけるリテール取引については、日本法が適用されることを前提に実務が行われており、実際には準拠法の適用にかかる争いを主張する訴訟事例がきわめて少ないことから、銀行取引において国際私法に直に触れる場面、「渉外的私法関係」は非常に少ないようにみえるだけなのです。もともと、明治31年に制定された「法例」の改正が、100年以上たっても行われてこなかったのは、こうした経済界をはじめ法例の改正を要求するに足る社会的事象が目にみえる形で出てこなかったことが1つの原因といえます。

　しかし、現在の経済的取引に目をむけてみますと、インターネットによる海外の顧客への広告、海外の法人からの契約の申込みをはじめ、電子的

第1部　総　論

手段により国境を越えてなされるような取引は、増加の途上にあります。

　さらに、日本に外国企業が参入し、国内での商品の生産を行い日本の消費者に販売する場合、あるいは国内の自動車メーカーが部品毎にさまざまな国に工場を設置して、別の国で組み立てて、世界各国で販売するという状況のもとでは、雇用契約、請負契約、運送契約、売買契約などが複数の国でなされており、1つの国の法律でこれら様々な国にまたがる全ての法律関係を規律することは不可能です。

　銀行取引の場面でも、一般的に想定される外国人の相続預金にかかる取扱いの他に製造物責任を起こした外国の企業へ融資を行った日本の銀行が海外の関係者から損害賠償請求が求められてしまうような事例、日本の銀行が外国送金の誤振込を行ってしまい、それにより損害を被った海外の取引先から日本の銀行に対して損害賠償請求訴訟を日本の裁判所で提起される等、何かしらの渉外的な法律関係が含まれる事例は多々想定されます。

　むしろ、銀行取引においても渉外的私法関係の要素がまったく存在せず、日本法の民法、商法等のわが国の私法だけで判断できる領域のほうが少ないのではないでしょうか (注1)。

(注1) 国際私法と銀行取引の関わりについては、森下哲朗「国際私法の改正動向と金融実務1銀行取引と国際私法」金融法務事情1717号8頁～20頁参照。

第1部 総論

4 国際私法の原理

1 国際私法の必要性

　国際私法はなぜ必要なのでしょうか。日本での訴訟地で提起されたのであれば、日本法を適用すればよい、同様に海外に生じた渉外事件は、訴訟地の裁判所の属する国の法律で対応すればよいという考え方もあります。

　しかしこの場合、当事者は当然自分の有利な結論が出そうな法律のある国での訴訟を選択するという、「**法廷地漁り**」が可能となってしまいます。

　例えば、A国では、製造物責任訴訟における実質的損害賠償の他に、それを数倍上回る懲罰的損害賠償を請求できる権利が認められており、企業によっては本来の損害賠償に懲罰的な賠償を負うという規律があるとします、仮にA国で、ある企業が製造物責任を問われたときには、A国法の適用によって当該企業は懲罰的損害賠償という、厳しい責任を負う可能性がある一方、被害者にとってみれば、仮にA国以外に常居所のある者であったとしてもA国で訴訟を提起することにより多くの損害賠償額の請求が可能となるわけですから、あえて、A国での訴訟を好んで選択してしまうことになりかねません。このように当事者有利の訴訟地へ意図的な選択が行われてしまいますと、渉外紛争における法的安定性、当事者の予測可能性を失わせてしまうことになってしまいます。

　こうした問題を解決する手段としては、世界各国の私法の内容を統一するか、渉外的私法関係に適用される法律を世界的に統一する法を作成するかという手段が考えられます。前者には、わが国の手形・小切手法の根本

第1部 総 論

の原理になっている「為替手形及び約束手形に関し統一法を制定する条約（1930年）」「小切手に関し統一法を制定する条約（1931年）」、後者としては、「船舶衝突ニ付イテノ規定ノ統一ニ関スル条約（1910年）」という立法事例もありますが、いずれも批准国、非批准国、国家同士の商慣習の相違などから、世界的な統一法の概念にまで高めていくことには限界があるようです。

このようにみていきますと、国域を超えた紛争解決、国際的判決の調和の観点から、いずれかの国の私法を適用して間接的に渉外的私法関係を統一する「国際私法」は、世界的にみても必要とされているのです (注1)。

2 国際私法の起源

国際私法はどのように生まれ、発展してきたのでしょうか。

(1) 法規分類説

現代の国際私法の起源は11世紀のイタリアに遡るようです。当時のイタリアでは、経済上、政治上の自治権を所有する諸都市において、スタトゥータ（都市法）と呼ばれる特別法が各々の諸都市において制定されました。そして、その都市間の交易が活発になることで、それぞれのスタトゥータ同士の抵触の問題（例えばA市のスタトゥータとB市のスタトゥータでは、売買契約の形式が異なるなど）が生じました。この法律の抵触の問題を解決するため、物に関する法規（物法）にかかる問題はその物の所在地のスタトゥータ、人に関する法規（人法）についてはその人が本来所属する都市のスタトゥータによるという原則により抵触問題を解決するという考え方（法規分類説）が「国際私法学の祖」といわれたバルトルスという学者により唱えられました (注2)。その後、国際私法学は、フランス、オランダを中心に発展し、1804年のフランス民法に設けられた成文国際私法を設立以来、ヨーロッパを中心に広められました (注3)。

(2) 法律関係本拠説

そして19世紀のドイツの立法学者のサヴィニーが、物、人の法律という

区分けによる法規による分類による限界を指摘し、法規の分類から出発するのではなく、具体的な法律関係を起点とし、最も密接な関連を有する法域を適用すべきという準拠法理論（法律関係本拠説）を構築し、その理論が現在の国際私法の標準の考え方となったとされています。わが国の国際私法もサヴィニーの理論の流れを踏まえたものとなっています(注4)。

③ 国際私法が適用される前提

「通則法」は、わが国の裁判所において、渉外的私法関係にかかる準拠法の適用を規律するものです。世界各国では準拠法を規律する法律がそれぞれありますので、ドイツで訴訟をすればドイツの国際私法が、イタリアで訴訟をすればイタリアの国際私法が適用されます。

では、各国における国際私法となる法律は各国独自のもので、内容がまったくバラバラかというと、かならずしもそうではありません。欧州諸国を中心とし、国際私法が適用される渉外的法律関係事案を統括する種々の条約、ローマ条約(注5)、ハーグ条約(注6)といった類の国際的合意がありますが、欧州の国々では、そのような国際合意に基づいて国際私法上の規律を定めているケースがあります。

このような欧州を中心とした渉外関係を規律する条約の策定は、複数の国が接している欧州特有の環境が要因になっているともいえますが、各国がこうした国際的な取り決めに基づいて、国際私法の内容を同等にすることによって、予測可能性の高い準拠法の選択が可能となり、結果として公正中立な法律の適用へとつながるものといえます。

わが国の法制審議会における法例の改正に関しても、こうした国際条約の内容、さらにその改定作業状況、これを受けた各国における国際私法条文との比較を行い、かつわが国の経済環境、商取引上の慣習とのバランスを考慮しながら検討し、その考え方は適宜通則法に反映されています。

(注1) 櫻田・前掲（本書4頁・注1) 11頁〜12頁。

(注2) 道垣内・前掲（本書4頁・注1）63頁〜65頁、木棚照一ほか『国際私法概論〔第4版〕』10頁〜13頁（有斐閣・2005年）。

(注3) 1804年の民法典において「(1)警察及び安寧に関する法律は、領土内に居住するすべての者を拘束する。(2)不動産は、外国人の所有するものであってもフランス法により支配される。(3)人の身分及び能力に関する法律は外国にあるフランス人をも支配する。」として、国際的な法律の抵触問題について初めて成文化された（溜池・前掲（本書4頁・注3）45頁）。

(注4) 当時の法規分類学説から法律関係の本拠分類への変換を図ったサヴィニーの学説は「コペルニクス的転換」とも評され、この考え方は近代国際私法の規範となっている。わが国の法例3条以下の規定も、サヴィニーの説の影響を受けているとされる。なお、サヴィニーの伝統的国際私法論に対し、適用される実質法の内容についての考慮がなされていないことを指摘し、関係する複数の実質法の目的ないし政策を、人的、物的要素との関係において考慮して適用すべき法律を決定すべきとする考え方に基づき、米国を中心にその新たな考え方がすすめられた（アメリカ抵触法革命における統治利益の理論。実例では、1963年ニューヨーク州最高裁判決バルコック事件（溜池・前掲（本書4頁・注3）54頁参照））。

(注5) 1980年のEUにて採択された契約債務の準拠法に関する条約。

　　　（"Convention on the Low Applicable to Contractual Obligation"）

　　　各国の国際私法の改正動向については別冊NBL No.110　112頁参照。

(注6) 国際私法の国際的統一を目的として、オランダのハーグ国際私法会議において、約4年に一度、国際私法を統一するための条約の策定作業が行われており、「子に対する扶養義務の準拠法に関する条約」、「民事訴訟手続に関する条約」、「民事又は商事に関する裁判上及び裁判外の文書の外国における送達及び告知に関する条約」などを指す。わが国は、「扶養義務の準拠法に関する条約」について、1973年10月3日に批准した。

第 1 部　総　論

5　国際私法適用のプロセス

1　国際私法適用のプロセス

　国際私法がどのように適用されるかというプロセスについて説明します。
(1)　「単位法律関係」を定め、「法性決定」を行う（法律関係の性質決定）
　日本の裁判所に渉外訴訟が提起され、この訴訟を解決するために、離婚であれば夫婦の本国法、物権であれば物の所在地法など、通則法では各渉外的私法関係における準拠法適用ルールが規律されています。そもそも、こうした具体的な渉外的私法関係にかかる事件と通則法の規律の適用に至るまでには、両者をつなぐ国際私法特有の作業が必要になります。
　たとえるとすれば、行き先がいろいろある数台の国際私法のエレベーターがあり、このエレベーターは、債権譲渡、物権、不法行為などの法律関係の表示がされており、各々の渉外的法律関係に対する解決ルールを導く階につながっていると考えてください（【図表3】）。

第1部　総　論

【図表3】　法性決定

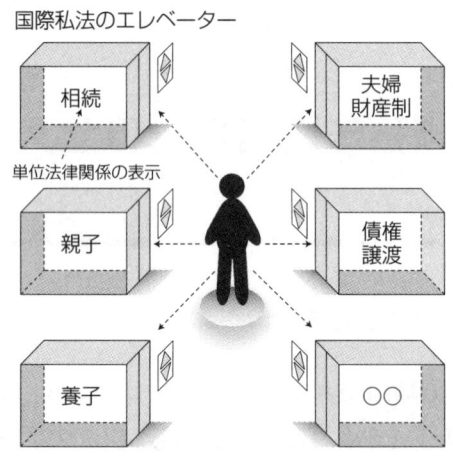

　この、エレベーターに表示されている準拠法を定める対象を、「**単位法律関係**」といいます。そして、どの「単位法律関係」のエレベーターに乗るべきかを決定する入口の作業を、「**法性決定**」といいます。そして「法性決定」の結果に決定される単位法律関係の表示のエレベーターに乗り込むこととなります。これが通則法適用のプロセスの第一段階です。

(2)　**連結点を確定し、連結政策を行う**

　次に、「法性決定」で決定された1つの単位法律関係が「相続」と表示されたエレベーターに乗り込んだ場合には、通則法36条の「被相続人の本国法による」という内容のオーダーにより、そのエレベーターは「本国法」の階にたどりつきます（【図表4】）。

14

【図表 4】 国際私法プロセスの入口と出口

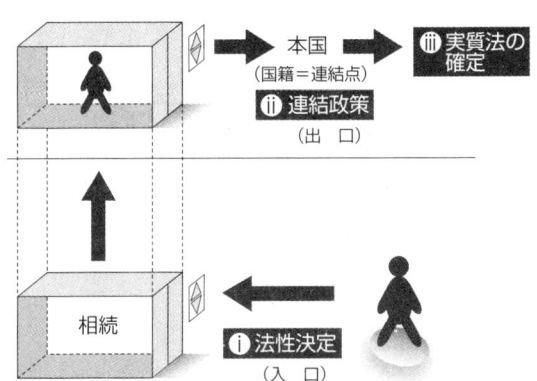

　「本国」とは、その人の国籍の所属する国ですが、この「国籍」という具体的な準拠法を指定するまでのつなぎとなる概念を、「**連結点**」といいます。そして、どのように連結点を設定するのかという手法を、「**連結政策**」といいます。

　国際私法では、「国籍」のほか、「常居所地」、「行為地」、「物の所在地」といったさまざまな連結点が用意されています。「法性決定」が、国際私法が稼動するエレベーターに乗り込むまでの入口の手続であり、連結政策は、エレベーターを動かして止まるまでの出口の手続です。

(3) **準拠法を確定する**

　そして、連結政策の結果の行き着いた本国の階では、それぞれ相続にかかる実質法の売り場が用意されており、その国の実質法が適用されるということとなります。

　国際私法のプロセスは、【図表 5】の 3 つのステップを踏むことになります。

第1部　総　論

【図表5】　国際私法適用のプロセス

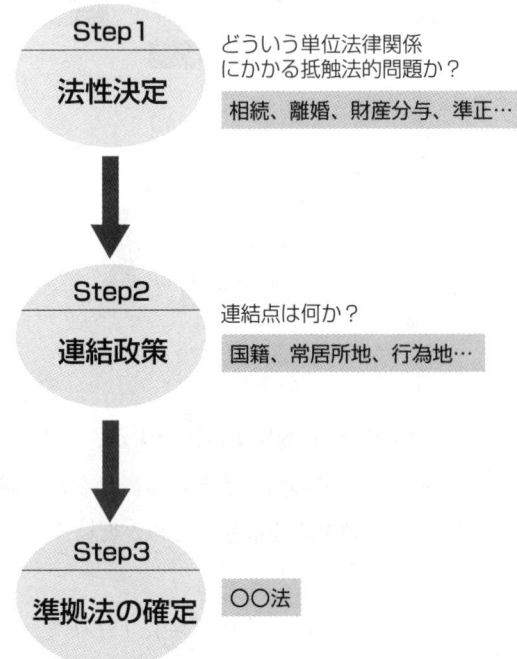

2　法性決定

(1)　法性決定の重要性

　では、国際私法プロセスの入口の手続である「法性決定」のしくみについて、事例をみながら確認していきましょう。

> **事例1**
> 日本在住でA国に国籍をもつ甲（夫）、日本人乙（妻）、その夫婦間から出生した丙がいたが、甲が死亡した。乙、丙において、日本のX銀行にある甲の預金債権、物権目録にかかる財産を相続するかどうかについての準拠法は何か。

　A国人甲が死亡したことにより、乙、丙に相続権があるかどうか、また相続分の割合はどうか、という私法関係について、単位法律関係が「相続」にかかるものと「法性決定」がなされます。そして、通則法36条「相続は被相続人の本国法による」を適用し、「相続」というエレベーターに乗り、「国籍」の階に到着し、A国の実質法が適用されることとなります。

> **事例2**
> 事例1における甲の死亡後、乙は、丙の親権者として物権目録にかかる土地・建物のうち、持分を丁に譲渡したが、その後丙は、その譲渡が相続承諾なきものとして、乙丁間の契約が無効であることを主張した。なお、A国法では、事前の相続人の承諾なくして持分の譲渡ができないこととなっている。当該譲渡の有効性の判断は何法によるべきか。
> （類似事例　最三判平成6・3・8金融・商事判例947号3頁）

　甲の死亡後、乙が丙の同意なくして相続財産を丁に譲渡したことへの有効性を判断するための準拠法を問う論点です。

　A国法では、相続権利者の丙の承諾なき譲渡は無効ですが、日本の民法上は、共同相続人が分割前の遺産を共同所有する法律関係は、民法249条の共有としての性質をもち、共同相続人の1人から遺産を構成する特定不動産について、当事者が有する共有持分権を譲り受けた第三者は、適法にその権利を有することとされています。

　この場合の「法性決定」について、相続に関する問題として捉えるのか、

あるいは前提となる相続人の処分にかかるもの、物権として捉えるのか、「法性決定」を端的には判断できない場合があります。

「法性決定」の結果、単位法律関係が「相続」なら、

《通則法36条》⇒《本国法》⇒《A国法》、

あるいはそれが「物権」なら、

《通則法13条（物権）》⇒《物の所在地法》

⇒《日本法》

となりますが、このように「法性決定」をどのように捉えるかによって準拠法と、そして導かれる結論も異なってしまうことがあるのです。適用される実質法とその結果が異なるわけですから、当事者にとってみれば「法性決定」をどのような観点で行うかという点は、国際私法の適用の重要なポイントとなります(注1)。

(2) 法性決定の原理

国際私法の適用の入口としての重要な「法性決定」自体を何の法律に基づいて行うかについては、「法廷地」の実質法による（法廷地法説）、法律関係に適用される法律による（準拠法説）、国際私法自体の立場から考慮すべきとする（国際私法独自説）などの学説がありますが、最後の国際私法独自説が通説のようです(注2)。「国際私法自体の立場から」という表現・考え方は、他の条文の解釈においても使いますが、この言い回しも国際私法独特の表現です。これについては、「実質法とは異なる抵触法という別のステージからみて」という意味で理解するとよいと思います。

3 連結点と連結政策

次に、国際私法プロセスの出口の手続につなぐ過程の位置付けとなる「連結政策」についてみてみましょう。

(1) 連結政策の種類

連結政策といっても、これまで紹介した相続・人の行為能力のような「○○は、△△法による」という、1つの単位法律関係について1つの連

結点（国籍）のみを定めた最も単純なもの以外にも、さまざまな種類があります (注3)。

A 配分的適用

婚姻の成立については、通則法24条1項に「婚姻の成立は各当事者につき、その本国法による」と規定されています。「婚姻の成立」という単位法律関係について、各当事者、すなわち夫と妻それぞれの「国籍」による本国法に配分的に適用する方式です。

B 選択的適用

1つの法律関係について2つ以上の連結点によって連結される複数の準拠法のうち、いずれかでも有効に成立が認められれば成立するものとする考え方です。たとえば、通則法28条1項では嫡出子の親子関係について、子の出生当時の父母の本国法のいずれかによりその成立が認められるときに、その成立が認められる、としているのは、この適用方法によるものです。

C 段階的適用

複数の連結点を媒介とする準拠法指定を段階的に行う方法です。「婚姻の効力」について定めた通則法25条では、夫婦の本国法が同一であるときはその法律、その同一の法律がないときは、夫婦の常居所地が同一であればその法律、そのいずれの条件にも該当しない場合には夫婦に最も密接な関係地の法律によることとして、3つの連結点を段階的に適用しています。

(2) 国籍と連結点

通則法で多く登場する連結点のうち、「国籍」について整理しておきます。

日本の国籍法2条では、出生時に父または母が日本国民であるとき（1項）、出生前に死亡した父が日本国民であること（2項）、日本で生まれた場合において父母が不明または国籍を有しないとき（3項）、さらに、3条における準正による場合および4条における帰化した場合には、原則として日本国籍を認めることとされています。

日本の国籍法は、出生によって親の国籍を取得する「**血統主義**」ですが、国によってはその国で生まれた者に対してその国の国籍を付与する「**生地**

主義」をとるところもあり、渉外的には、同じ人物が複数の国籍を有する重国籍となり得るケースがあります。たとえば、A国においてA国人甲（男）と日本人乙（女）の間で丙が生まれた場合、丙は、乙が日本人であるので日本国籍を取得し、A国では生地主義をとっているためにA国国籍も取得する場合（同時取得による重国籍）や、生地主義のA国で出生したが後ほど日本に帰化する場合の異時重国籍の場合もあります。一方、C国人甲（男）とC国人乙（女）の間で日本において丙が生まれた場合、血統主義の日本の国籍法によれば日本国籍を有せず、C国の国籍法は生地主義をとっているとした場合、丙は無国籍（消極的抵触）になります。

銀行取引において国籍が問題になる場面は、相続時の被相続人の本国法を考慮する場面と思われますが、わが国の通則法38条において重国籍、無国籍である場合の準拠法の規律を【図表6】のように整理しています。

【図表6】　通則法38条

項	当事者の状況		準拠法となる本国法
1項	当事者が2つ以上の国籍を有する場合	①その国籍を有する国のうちに当事者が常居所を有する国があるとき	その国の常居所地法
		②その国籍を有する国のうちに当事者が常居所を有する国がないとき	当事者に最も密接な関係がある国の法
		③その国籍のうち、いずれかが日本国籍であるとき	日本法
2項	当事者の本国法によるべき場合において無国籍の場合		その常居所地法
3項	当事者が地域により法を異にする国の国籍を有する場合	その国で国籍を決める規則があるとき	その国の規則で指定する法律
		その国で国籍を決める規則がないとき	当事者に最も密接な関係がある地域の法

(3) **常居所と連結点**

 国際私法では、「常居所」という連結点が条文や解釈の場面で多々登場してきます。旧法の「法例」では、常居所地とともに「住所」という連結点が規定されていましたが、平成18年の法改正により、「住所」の連結点をもつ規定が削除されたことから、現在は「常居所」という概念だけが残りました。

 「住所」は、実質法上の概念であるため、各国で独自に異なる解釈がなされてしまいます（わが国では民法22条、23条）。その場合、概念の違いにより国際私法統一に支障を来たす可能性があることから、国際私法上の事実上の概念として、ハーグ「遺言の方式に関する法律の抵触に関する条約」の批准のため制定された「遺言の方式の準拠法に関する法律および扶養義務の準拠法に関する法律」において、この「常居所」という国際私法独自の概念が導入されました。

 「常居所」は、国際私法上の立場から決定されるので明確な定義があるわけではなく、形式的画一的な要件があるわけではありません。少なくとも個人的な生活の本拠に存在する必要があるでしょうし、現実の滞在、居住という要素、そして居住期間、居住環境などに加え、主観的な要素も含まれてくるものです。

 わが国の戸籍の事務取扱いにおいて、常居所の定義を戸籍実務の観点から定義付けているものがあります（戸籍事務の取扱いに関する平成元年10月2日民2第3900号法務省通達）(注4)。ただし、この通達の内容はあくまで戸籍実務の運用指針であり、国際私法のような渉外的法律関係の規律として同義のものではないことに注意が必要です。

(注1) 櫻田嘉章「国際私法判例百選」別冊ジュリスト172号4頁。判旨「相続の準拠法を適用し、台湾民法1151条、828条により、共同相続人全員の同意なくして譲渡ができないとする主張に対して、相続財産の移転の効果については「物権」問題と捉え、物の所在地法たる日本法を適用し、当該財産

第1部 総論

移転を有効と判断している。

（注2）山田鐐一『国際私法〔第3版〕』48～52頁（有斐閣・2004年）。

（注3）木棚照一＝松岡博編「基本法コンメンタール　国際私法」別冊ジュリスト130号2～4頁、山田・前掲（注2）97～98頁、道垣内正人『ポイント国際私法（総論）〔第2版〕』149～151頁（有斐閣・2007年）。

（注4）詳細については、山田・前掲（注2）118頁、木棚＝松岡・前掲（注3）155～156頁等。

第1部 総論

6 先決問題

　5で説明した国際私法のプロセスが十分に機能するため解決しておかなければならない国際私法上前提となる抵触法的問題が存在します。たとえば、養子の相続の準拠法問題を解決するには、当該養子縁組が有効に成立していなければなりませんし、配偶者、子の相続の準拠法問題については、当該配偶者、嫡出子たる身分を有しているのかどうかという問題が存在します。このように、渉外的法律関係のうち、本来問題とすべきもの以前の渉外的関係をどの国際私法をもって解決すべきかという問題を、「**先決問題**」といいます。

【図表7】　先決問題

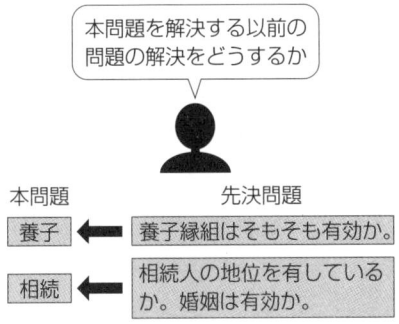

　先決問題の解決については、法廷地の国際私法によるべきとする説（法廷地法説）、主たる本問題の準拠法所属国の国際私法によるべきとする説

(準拠法説)、さらに利益衡量の観点から、先決問題を考慮し、まずは法廷地法の国際私法に、次に準拠法所属国の国際私法によることのほうが望ましい結果がもたらされる場合には、当該所属国の国際私法によるべきとする説（利益衡量説）などがあります。法廷地法説であれば、先ほどの事例では通則法28条、36条をそれぞれ適用すればよいのですが、準拠法説によれば、本問題となる相続により準拠法となった国の準拠法を適用することとなり、相続の問題を解決する前に実は親子関係がなかった、といったような事態もあり得るわけです。わが国の判例では法廷地法説によるものが多いようです（東京地判昭和48・4・26判例時報721号66頁、最一判平成12・2・12民集54巻1号1頁）。

第1部 総論

7 適応問題

　適応問題とは、準拠法相互のズレに、どのように対応するかという問題です。通則法32条では、親子の法律関係にかかる準拠法は、子の本国法が父また母の本国法（父母の一方が死亡または不明な場合にあっては他方の本国法）と同一の場合には子の本国法、その他の場合には子の常居所地法を準拠法として規律しています。

　一方で後見の準拠法は、通則法35条により被後見人の本国法となっています。

【図表8】　適応問題

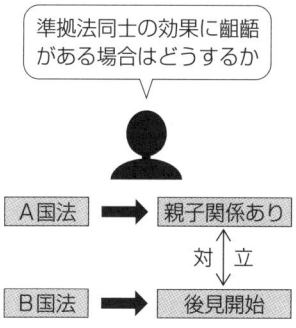

　たとえば、A国が本国の甲（夫）と乙（妻）がいた場合、生地主義をとるB国で生まれた丙が本国でC国に常居所地があった場合を想定してみますと、①親権の準拠法は子の丙の常居所地法のC国法となり、C国法では

親権が存在するとします。しかし、後見の準拠法は被後見人の本国法であるB国法となります。B国法によれば、後見が開始するとされている場合、丙に関して親権があるにもかかわらずさらに後見が開始するという事情が生じ得ることになります。逆に、②親権の準拠法であるC国法では親権は消滅し、さらに後見の準拠法B国法でも後見が開始しないような場合（親の再婚により親権消滅し、それが後見開始事由には当たらない場合）のように、それぞれの準拠法を適用することで親権も後見を生じないようなことも想定され、準拠法同士の適用のズレが生じてしまいます。このような事象を「**適応問題**」とよびます。

このような準拠法の適用のズレについては、国際私法規定の適用順序の問題にすぎないとして、調整問題ではないとする考え方(注1)もありますが、国際私法が準拠法の適用である以上、準拠法同士の調整作業が必要にならざるを得ない場面があるのです。

上記事例の①については、結果的には親権が存在する以上、親権が優先適用され、②については、後見の準拠法の趣旨を解釈し、親権が消滅するにもかかわらず後見が開始しない趣旨ではないとして後見開始を認めることで、この適応問題を解決することは可能です。先決問題に加え、この「適応問題」も抵触法に特有な法的論点の1つとして覚えておいてください。

（注1）道垣内正人『ポイント国際私法（総論）〔第2版〕』137〜139頁（有斐閣・2007年）。

第1部 総論

8 公序

　国際私法は、抵触法という渉外的私法関係における法律の選択を規律するものであって、選択する国の法律の中の実質法を直接指定するものではありません。個々の単位法律関係毎に連結点を介して最も密接に関係する準拠法を選択する国際私法の機能は、実質法の内容を考慮しないで法を選択することから、「暗闇への跳躍」ともいわれています (注1)。

　ここでいう「暗闇」とは、法律関係の具体的解決策としての妥当性がまったくわからない状況をいいますが、その結果、選択された法により実態に著しくそぐわないような結果をもたらすような場面があります。

　たとえば、A国人甲とわが国の金融機関との間で消費者ローン契約を締結したところにおいて、A国では「貸金業者は利息をとってはならない」というような強行規定の法律があり、当該契約についての有効性の争いが生じたとして、甲は、自分の本国法であるA国法の適用をすることで利息のある貸金契約は無効だという主張を行うとします。このように利息なしで貸金を行うこと自体、日本の商慣行や金融実務や経済原則に著しく反しますので、個々の具体的事象を踏まえつつも、場合によってはこのような準拠法の適用は排除すべきです。あるいは、ある国では民事上の時効期間がたった一週間しかないような法律、また、ある国では離婚を一切認めない法律となっている等、国際私法により選択された外国の準拠法のうち、適用結果に具体的な不当性があるものには、日本国内の適用を防ぐ必要があります。

　そこで通則法では、公序規定（42条）および不法行為についての公序に

よる制限にかかる規定（22条）を設けて、準拠法を適用した結果選択された外国の準拠法が日本の公序良俗に反する場合、日本法における不法行為に該当しない、または日本法において規定する損害賠償を超える請求を受けてしまうような場合等に対しては、日本の秩序を維持するため、その適用を行わない趣旨の規律が設けられています。

　国際私法は、最も密接な関連性のある法律を選択することであり、その実質法までの効果の妥当性は、実質法の問題ではない以上、こうした公序則を設けて選択を覆すことも必要なのです。しかしながら、公序則はあくまで例外規定である以上、その適用には慎重とならざるを得ないということになります。公序規定を積極的に適用する事例はあまり多くはないようです (注2) (注3)。

(注1)　山田・前掲（本書4頁・注1）42～45頁、櫻田・前掲（本書21頁・注1）29頁、溜池・前掲（本書4頁・注3）58頁。国内、海外の実質法はもともと同価値であって、どの国の実質が密接に関連しているのかを問題とする法律であるため、実質法でいうところの平等の論理はあてはまらないという考え方である。

(注2)　離婚を認めない法制のフィリピン人夫から在日朝鮮人である妻に対する離婚請求について旧法例30条により、フィリピン法の適用を排除して日本法により離婚を認めた事例（神戸地判昭和54・11・5判例時報948号91頁）。

(注3)　道垣内正人『ポイント国際私法（総論）〔第2版〕』252～254頁（有斐閣・2007年）。

　　　澤木敬朗・道垣内正人『国際私法入門［第6版］』60頁（有斐閣・2006年）

国際私法と銀行取引

第2部 各 論

第2部では、通則法の各論としての個々の条文の解釈に加えそれらの条文が銀行取引実務へ与える影響について、事例を含めながらご説明していきます。

第2部 各論

1 行為能力

1 通則法4条1項

(1) 趣 旨

　通則法4条は、「行為能力」の準拠法について定めています。渉外的私法関係にかかる銀行実務であれば、預金や融資の契約の相手方が行為能力を有するかどうか（成人であるかどうか）を規律する準拠法はどの国の法によるべきかという場面において、考慮されることとなります。

　旧法の法例3条1項では、「人の能力」は、その本国法による旨の原則を定めていました。この「能力」の解釈としては、多数説としては、財産的法律行為の行為能力を指し、親族、相続にかかる身分行為を行う能力は含まれず、身分的な行為能力については身分行為の準拠法に委ねることとされていました。通則法への見直しにより、こうした能力の単位法律関係を「行為能力」とし、その連結点を国籍とした本国法による旨が規定されました。

　「行為能力」とは、ここでは当事者が成人に達しているかどうか（何歳なら行為能力のある成人なのか）を意味しますが、権利能力については直接に規定していません。しかし、一般的な権利能力についても行為能力に関する連結点と同様に考えることを排斥するものではないとの解釈がなされています（注1）（注2）。

(2) 内 容

　通則法4条では国籍が連結点となります。したがって、銀行実務として

は契約の当事者の本国法をみて、その者の行為能力があるかを判断することになります。

銀行実務における渉外的法律関係、例えば外国人に対する手形振出しなどの与信行為などにおいて、相手方の行為能力を確認する場合には、当事者の本国法をみるというのが通則法での原則（本国法主義）になるわけです。他の多くの国の国際私法も幅広く本国法主義をとっているようですが、行動基盤・生活基盤のある住所地に連結点をおいている国（スイス）もあります(注3)。

② 通則法4条2項（取引保護規定：一方的抵触規定と双方的抵触規定）

旧法の法例3条2項では、外国人が日本で取引を行う場合には、本国法上は行為能力の制限を受けている場合であっても日本法上の能力者であれば、能力者とみなす旨が規定されていました。たとえば22歳を成人年齢とするＡ国の20歳の者が、日本で銀行取引を行った場合、Ａ国法上は未成年ですが、日本法の民法上成年年齢は20歳ですから、成人とみなして取引を有効とするということになります。日本国内の取引の保護をするための「内国取引保護規定」といい、日本国内だけにおいて取引を保護するので、「一方的抵触規定」という類型に該当します。このような内国取引保護規定が設けられていた趣旨は、経済取引の迅速性からみて、相手方の外国人の本国法を一つひとつみて成人か否かを判断することは適当ではないことから、日本で行われた取引であれば日本法上の成年年齢により判断すべきであるという考え方によります(注4)。

第2部 各 論

【図表9】　一方的抵触規定

日　本　　　　　　　　Ａ　国
(成年年齢20歳)　　　(成年年齢22歳)

成　年　　　　　　　未成年(21歳)
契 約 成 立　　　　　契 約 不 成 立
〈行為地〉

【図表10】　双方的抵触規定

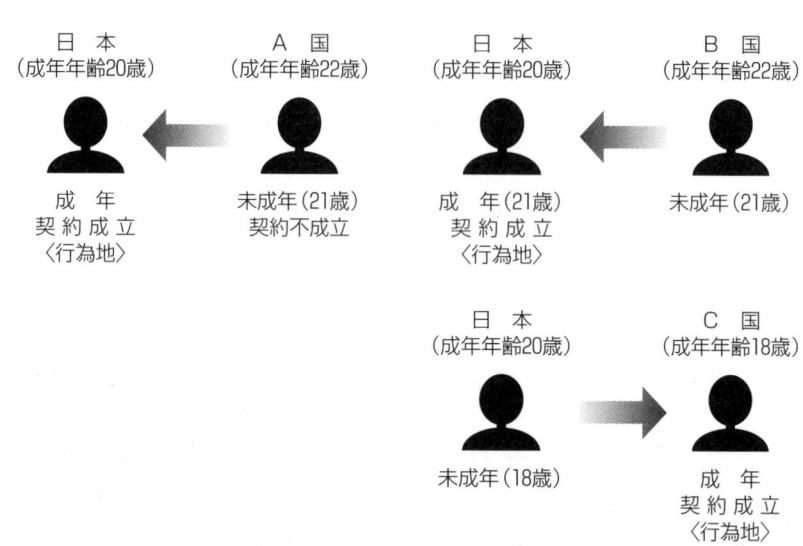

日　本　　　　　　　　Ｂ　国
(成年年齢20歳)　　　(成年年齢22歳)

成　年(21歳)　　　　未成年(21歳)
契 約 成 立
〈行為地〉

日　本　　　　　　　　Ｃ　国
(成年年齢20歳)　　　(成年年齢18歳)

未成年(18歳)　　　　成　年
　　　　　　　　　　契 約 成 立
　　　　　　　　　　〈行為地〉

　しかし、こうした一方的抵触規定のもとでは、たとえば18歳の日本人が外国で取引した場合、成年年齢が18歳とされている外国での取引であっても、外国における行為能力が制限された者として扱われ、取引が成立しないことになります。そこで通則法4条2項では、従来の内国取引保護規定という一方的抵触規定から、日本法上能力者ではない者が、外国で行われた取引においてある外国法では能力者である場合には、その行為地法上によれば成年であれば、成年として扱うとして取引を保護する**「双方的抵触規定」**として改正されました。この**「双方的抵触規定」**はローマ条約ほか、ドイツ、イタリア、スイス、ルーマニア等欧州を中心に国際的に数多くの国々で取り入れられています(注5)。

　また、通則法4条2項では、「…行為能力の制限を受けた者がその本国法によれば行為能力の制限を受けた者となるときであっても行為地法によれば行為能力者となるべきときは、当該法律行為の当時そのすべての当事者が法を同じくする地に在った場合に限り、当該法律行為をした者は、前項の規定にかかわらず、行為能力者とみなす」とし、当事者がいた地と法

律行為が行われた地が同じ法域にいることを要件としています。したがって、隔地行為によるインターネットによる取引などの場合には、取引保護規定から除外されています(注6)。

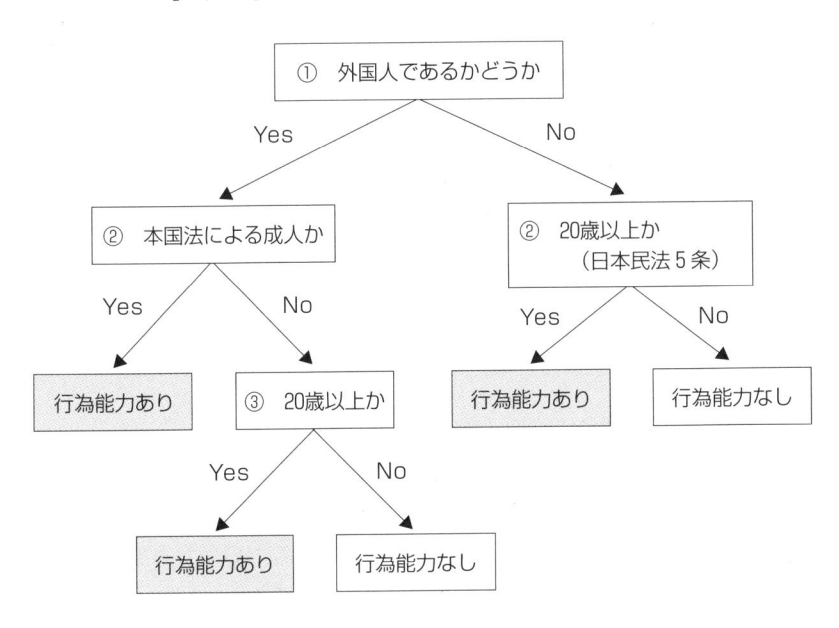

【図表11】 日本国内における行為能力にかかる判断の流れ

```
           ① 外国人であるかどうか
          Yes ↙        ↘ No
    ② 本国法による成人か        ② 20歳以上か
                              （日本民法5条）
    Yes ↙    ↘ No           Yes ↙    ↘ No
  行為能力あり  ③ 20歳以上か    行為能力あり  行為能力なし
              Yes ↙  ↘ No
          行為能力あり  行為能力なし
```

※ 親族法または相続法の規定によるべき法律行為および行為地と法を異にする地にある不動産に関する法律行為を除く。

3 通則法4条3項

　通則法4条3項は、取引保護規定の例外規定です。親族法または相続法によるべき法律行為や、法律行為地と法を異にする地にある不動産に関する取引については、取引保護の例外とされています。

　親族法または相続法の法律行為については、身分的法律行為の準拠法により規定されるものであり、本条文の対象ではないことを確認的に規定し、不動産取引については銀行実務を含め、もともと当該取引の契約締結には

慎重を要するものであること、また不動産の所在地の法として有効でない限り執行も不可能であることなどから取引保護規定の例外とされました。

本規定は、旧法の法例3条3項の内国取引保護規定の趣旨を受け継いだものとなっていますが、不動産取引の関係については、「外国ニ在ル不動産ニ関スル法律行為」と規定していたものを、さきほどの説明のとおり「双方的抵触規定」とすることにより、「行為地と法を異にする地に在る不動産に関する行為」と改められています。

たとえば、A国に所在する不動産の売買契約を日本国内で行う場合には、取引保護規定として日本法により成年か未成年かの判断をするのではなく、当該者の本国法のA国で未成年であれば日本でも未成年となり、契約は成立しないということとなります。一方、日本の不動産にかかる取引をA国で行う場合でも、A国で成年であったとしても、日本の本国法上未成年であれば取引は保護されず、契約は無効となります。

④ 実務上の留意点

日本国内における渉外的銀行取引において、行為能力それ自体が争点となる場面はあまりないとは思われますが、通則法において行為能力の準拠法が本国法主義をとっている以上は、まずその当事者の本国法を調べて、成年、未成年の判断を行い、次に日本法上の成年年齢である20歳以上であるかどうかをみることとなります。

渉外的私法関係にかかる行為能力の判断に関するこれまでの銀行実務の手引きとしては、行為能力の準拠法を「本国法」とすることは原則ではあるものの、法例3条2項の内国取引保護規定があったことで、結局は「日本法による成年であるかどうかをみればよい」といった運用がなされていたこともあるかもしれません。

しかし、通則法に対する一般的な理解と実務上の対応としては、「当事者の本国法の基本的な内容をチェックしておくこと」が、通則法に円滑に対応していくうえで有益と思われます。

とくに行為能力規定において双方的抵触規定が導入されたことに関しては注意を要するでしょう。たとえば、日本では行為能力がないことを理由として与信を拒絶された当事者が、海外の支店にいけば当該地の法律により成年年齢となり融資が受けられるということは、通則法の法的解釈からは可能であり、日本法上の未成年が海外支店の法律上能力を満たしているかどうかについて日本の裁判所で争うようなケースも想定されますので、現行の実務と通則法上の行為能力規定との関係を確認しておくことが重要です。(注7)。

(注1) 一般の自然人が、一般的に権利義務の主体となり得るかという論点である。最近の立法例として、ドイツ、オーストリア、イタリア、スイス、韓国など権利能力にかかる規定が設けられており、国際的協調の立場、失踪宣告の準拠法が本国法であることとの平仄から、その権利能力規定を設けるべきとする考え方もある。法制審議会国際私法部会における議論により、権利能力規定をあえて設ける必要はないとの結論となったが、権利能力規定を通則法4条において解釈する余地を排斥するものではない（権利能力の準拠法に関する考え方については、別冊NBL No.88 法例研究会『法例の見直しに関する諸問題(3)』6～9頁（商事法務・2004年））。

(注2) 小出編著・前掲（本書4頁・注2）24～25頁参照。

(注3) 別冊NBL No.88 法例研究会・前掲（注1）26～34頁。

(注4) なお、このような内国取引の保護にかかる事例としては、リザルディ事件（1861年）がある。メキシコ人23歳のリザルディが、パリにおいて8万フランの宝石を購入し、手形署名を行ったが、当時のメキシコの成年年齢が25歳であったことから、本国法により未成年として自らが手形の無効を主張した。フランス民法3条3項により、身分および能力の問題は本国法によるとする規定があり、これによれば23歳のリザルディはメキシコ法により未成年となり、手形署名は無効となる。しかし、フランス破毀院は、内国取引保護の見地によりフランス法（成人21歳）を適用して、手形署名

を有効とした（溜池・前掲（本書4頁・注3）263頁、櫻田嘉章『国際私法〔第5版〕』152頁（有斐閣・2006年））。

（注5）ローマ条約、ドイツ、イタリア、スイス、ルーマニアなど欧州国の多くが双方的抵触規定をとっている。（別冊NBL No.88 法例研究会・前掲（注1）39頁）。

（注6）「国際私法の見直しに関する中間試案」（本書【資料3】参照）では、相手方が、当事者が無能力であることについて善意、無過失（抵触法上の善意、無過失なので、実質法の概念の異なる点に注意）である場合には、取引保護を認めるという主観的要素を含む案（A2案）も提案されていたが、抵触法上の過失の程度の基準が不明確であること、米国、英国等知られている国や中東、アフリカ等の国への法律への認知度のレベルにより、過失のレベルも異なるのではないかという理由から採用されなかった。

（注7）行為能力の準拠法の審議に際して、全銀協では主要会員の銀行に対し、日本と海外での行為能力の取扱いについてヒアリングを行ってみたところ、日本での成年年齢をもって、海外支店での取引を同様に考慮する手続としている銀行、現地の法律に従って行為能力年齢を判断して対応している手続をとっている銀行の2つに分かれた。（また、金融商品の種類により、行為の能力の取り扱いが異なるという回答もあった）。少なくとも、前者については通則法4条2項の適用にあわせた実務の見直しが必要となるものと思われる。

第 2 部　各　論

2　後見開始の審判

① 通則法 5 条

　通則法 5 条は、後見開始の審判、保佐開始の審判および補助開始の審判に関する国際裁判管轄およびその準拠法について定めています。

　法例 4 条 1 項では、後見開始の審判の原因（後見開始の原因ではない）は成年後見人の本国法により、審判の効力（行為能力の制限、瑕疵ある法律行為の効力など）は、審判地国法による旨を規定し、第 2 項において、日本に住所または居所を有する外国人に対する後見開始の審判の原因について、日本法を累積適用（外国人の本国法上の原因もあり、かつ日本法によっても原因がある場合には適用されるとするもの）することとしていました。法例 4 条 2 項における外国人に対する国際裁判管轄に関して、本条文が本国管轄を原則とするのか、居住国管轄を原則とするのか等について、解釈上の争いがあったようですが、通則法 5 条では、本人が日本に「住所若しくは居所を有するときまたは日本国籍を有するとき」には国際裁判管轄を認めると定められ、後見開始の審判の原因および効力については一律日本法によるものとされました。また、これまで保佐開始、補助開始の審判については、後見開始の審判規定の準用規定（法例 5 条）がありましたが、通則法では 5 条に一括して規定されました(注1)。

② 実務上の留意点

　銀行取引上、後見開始の審判にかかる準拠法規定が直接的に問題となる

場面はあまり多くはないものと思われますが、被後見人、被保佐人、被補助人の当事者が、日本に住所、居所があるか、または日本国籍がある場合には国際裁判管轄があり、その場合には日本法により後見等が開始されるという点が通則法において明確にされたことは、準拠法選択の予見可能性が高まったものと思われます。なお、1つの論点としては、日本において住所または居所がないが、当該日本の銀行に多額の預金のある外国人が、外国で保護を要する状態になったときの財産処分をどのように行うのかという場合の国際裁判管轄の問題があります。

　この場合は、「住所若しくは居所を有するとき又は日本国籍を有するとき」には該当しないため、通則法5条の国際裁判管轄のない状況になります。この点については、法制審議会国際私法部会においても議論がなされ、通常であれば、外国人の所在する外国における保護措置により外国人の代理人が指定されれば、その者が日本において財産管理を行うなどの対応がとり得るとの見解が示されています (注2)。

(注1) 小出編著・前掲（本書4頁・注2）31～32頁。
(注2) 小出編著・前掲（本書4頁・注2）33頁。

第2部 各論

3 後見

1 通則法35条

　通則法35条は、後見人、保佐人、補助人の資格、選任、後見事務の内容、被後見人と後見人との間の関係などの後見等の内容自体にかかる規定です。

　旧法の法例24条1項では原則として、被後見人の本国法を準拠法とすることとし、2項で日本に住所または居所を有する外国人について例外的に日本法による場合を定めていました。通則法35条では、法例24条の外国人に対する日本における住所、居所を有する要件を外して、わが国に住所、居所を有しない外国人の財産が日本に存在して、その処分の必要がある場合について、日本法に基づく保護措置を可能としました。また、同2項においては、後見にかかる裁判所の保護措置のみが日本法となり、後見人等の本国法の規律が原則である趣旨として規定されました (注1)。

【図表12】 通則法35条の概要

通則法35条の概要		
後見、保佐または補助の準拠法（1項）		被後見人、被保佐人、被補助人の本国法
外国人が被後見人等の場合（2項）	当該外国人の本国法によれば、その者について後見等が開始する原因がある場合であり、<u>日本における後見等事務を行う者がいないとき（1号）</u>	日本法
	日本において当該外国人について後見開始の審判等があったとき（2号）	日本法

　この規定により、被後見人の本国法により、当然に後見人となる者がいる場合において、その者が本国で活動するために法律上認められた権限等であっても従来の法例であれば、後見の準拠法が日本になり、その結果我が国ではこれを認めることができず、その者が本国が行った行為が認められないというような不当な措置が回避できることとなります。

2 実務上の留意点

　銀行実務の面では通則法35条により、とくに外国人が被後見人となる場合の準拠法の予見可能性が高まったものといえます。

　1つの論点として、銀行実務では、外国裁判所で選任を受けた後見（補助、保佐）人であると称する者が、日本の銀行に対して被後見人等の財産管理を認めるよう求めてくるような場合への対応が問題になります。こうした場面における実務の対応はさまざまであると思われますが、当該被後見人等が主張する国の領事館、大使館等と連絡をとり、その信憑性を確認できた後に対応している手続も一般的になされているものと考えられます。このように後見人等と称する外国人への対応をどのように法的に解釈すべきかが、通則法35条2項における「日本における後見等事務を行う者がい

ないとき」の意味との関連から、法制審議会国際私法（現代化関係）部会でも議論がなされていたところです。

　この点について、「日本における後見等事務を行う者がいないとき」の解釈として、「日本において承認される外国の後見人選任の審判により後見人とされた者がいないこと」との見解が示されたうえ、どのような場面が日本において承認されるのかという点を中心に議論されました。

　その結果、外国裁判所の確定判決の効力を定めた民事訴訟法118条の管轄要件と公序要件が類推されるといった解釈もとり得るものとされましたので、基本的には現行の実務解釈を変えるものではないようです(注2)。

　外国人が被後見人の場合、外国人が海外の現地における後見人等の立場で財産管理を申し出てくる場合等の取扱いについての対応を整理しておくことが必要と思われます。

（注1）小出編著・前掲（本書4頁・注2）143〜144頁。
（注2）法制審議会国際私法（現代化関係）部会第19回会議議事録抜粋（平成16年11月30日）。「日本において後見人がいないこと」の解釈として「日本において承認される外国の後見人選任の審判によって後見人とされた者がいないこと」の考え方が事務局から提示され、銀行界委員からこの「承認」の条件について質問をしたところ、以下の議論がなされた。
　「●…ここのところは、先ほど議論になりましたように、後見人選任の判決、あるいは審判というものが外国であった場合の、その審判の承認というものを指しております。
　　これに関しては、今回規定を設けることはできないということなのですけれども、先ほど来議論がありましたように、民事訴訟法118条の管轄要件と公序要件が類推されるといったような解釈があり得るということでございます。
　●現場の実務の感覚で、例えば海外で後見の審判を受けましたという外国人の方が来られて、どう扱うかなのですが、銀行によってはまちまちなん

ですが、現地の審判書などを見て、それが本物であるかどうかということの確認として現地の大使館、領事館なりで証明書を求めるようなケースもあれば、どうもちょっと不安であるというようなケースであれば、日本で申し立ててくださいというような場合と、いろいろございまして、こういったような今やっている現状の実務における承認、これを承認に当てはめますと、ここの括弧書きの中に言うところの意味の中に包含されるというような理解としてとらえてよろしいでしょうか。

●恐らく、この部分は現行法の解釈と同じ部分になりますので、外国で選任された審判書等を見て、その審判を行った国に管轄があれば、それは承認される可能性が高いと。最終的には裁判所の判断にはなりますが、抽象的な意味合いで言えば、審判が下されたと同時に、その承認要件があれば日本においても効力を有すると。これまでの銀行の実務においては、そういった後見人と称する者からいろいろな資料を提示してもらって、それを見ているということで、権限が承認されているかどうかを実際に御確認いただいているという実務を行っていたと考えられるのではないかと思いますが」。

第2部 各論

4 失踪宣告

① 通則法6条1項、2項

　通則法6条は、失踪宣告の国際裁判管轄および準拠法について規定しています。法例6条では、外国人の生死が不分明な場合の日本法による失踪宣告について規定し、明文にはないものの、原則としてわが国に管轄があるとし、不在者が外国人である場合の国際裁判管轄を例外的に規定しているものとされていました。

　通則法6条では、外国人か日本人かを問わず、不在者の渉外的関係における一般的な失踪宣告規定として定められました。本条1項では、不在者が生存していたと認められる最後の時点において、不在者が、日本における住所または日本の国籍を有していたときに国際裁判管轄が認められ、そして準拠法を日本法とする旨が規定されました。

　また、本条2項では、1項に該当しない場合であっても、不在者について、「その財産が日本にあるときはその財産のみ、または、不在者に関する法律関係が日本によるべきときその他法律関係の性質、当事者の住所又は国籍その他の事情に照らして日本に関係があるときには、その法律関係についてのみ」例外的に日本に国際裁判管轄権が認められるとしています(注1)。

② 実務上の留意点

　銀行実務において、渉外的私法関係上の失踪宣告が問題になる場合とし

ては、以下のケースが想定されます。

　①日本人の預金者が海外で行方不明になる場合、②外国人が日本国内で融資を受けて行方不明になった場合、③日本に住所、居所がない外国人が日本国内の銀行預金を有している場合に行方不明になる場合などです。いずれも通則法6条1、2項の要件に該当し、日本法により失踪宣告がなされることとなります。

　一方通則法には失踪宣告が外国においてなされた場合に、日本においてその承認をどのようにするかという点については、規定されませんでした。したがって失踪宣告のような非訟事件は外国民事訴訟判決の承認に関する民事訴訟法118条の類推的な適用を含め、解釈に委ねられます。現在の考え方としては、前述の後見開始審判の承認にかかる考え方ほどまでは確定はしていないとしても、個別具体的なケースにおいて、一定要件の下で日本において外国でなされた失踪宣告の効力の承認は認められるという見解のようです。(注2)

(注1) 法例における失踪宣告の準拠法による効果が、死亡の犠牲にとどまらず、婚姻解消、相続開始などの間接的効果を生ずるものとする解釈（山田鐐一『国際私法〔第3版〕』197〜198頁（有斐閣・2004年）、溜池・前掲（本書4頁・注3）256〜257頁）もある。通則法上の解釈としては、失踪宣告は死亡犠牲という効果にとどまり、その結果としての法律関係には効果を及ぼさないという考え方とされている。

(注2) 小出編著・前掲（本書4頁・注2）40頁。

第 2 部 各 論

5 法律行為の成立・効力の準拠法

1 通則法7条（当事者による準拠法の選択）

(1) 趣 旨

通則法7条では「法律行為の成立・効力」の準拠法について定めています。銀行取引における法律行為、例えば預金契約、保証契約、金銭消費貸借契約、貸金庫契約、デリバティブなどの各種契約の成立・効力にかかる準拠法規定です。

同条では、法律行為の成立および効力は、「当事者が当該法律行為の当時に選択した地による」としています。旧法の法例7条の趣旨と同様です。

この「当時」の意味は、法律行為が行われた時点と社会通念上同視できる時点を含むものであり、契約締結時はもちろん、契約締結の交渉の最終段階において準拠法に合意した場合も含まれるとの解釈がなされています。また、契約締結後、相当期間が経過し、当事者が契約の履行や当該契約について訴訟係属した後は、社会通念的に同視はできないとのことであり、この点について留意が必要です（注1）。

(2) 国際私法における意思の概念 ―「黙示の意思」―

通則法7条1項を文字どおりみますと、当事者による選択合意があればその準拠法になるという意味ですから、当然の規定のように思われるかもしれません。しかし実際にはかならずしもすべての銀行取引における契約書、規定、約款類において、明確に当事者と合意による準拠法規定が明記されているわけではないのが実状と思われます。

第2部 各 論

　国際的なクロスボーダーの融資契約など明らかに渉外的な契約書を除けば、とくに国内取引を念頭においた各種預金規定、当座勘定規定、そのほか保証契約書、金銭消費貸借契約書などの規定において、実際に「この契約の成立、効力は○○法による」という文言を規定している約定書は非常に少ないのではないでしょうか。

　では、仮にこうした規定がない場合には、通則法上どのように解釈されるのでしょうか。この解釈は2つ考えられています。

　まず1つ目の解釈は、準拠法にかかる規定は契約等の明文には書いていないものの、当事者の意思は「**黙示の意思**」として合意されているとするものです。

　旧法の法例7条1項では、準拠法指定にかかる当事者の意思を柔軟に解釈し、明らかに準拠法を指定する「明示的意思」に加え「黙示の意思」が含まれるものとして解釈され(注2)、かならずしも明確に意思が表示されていなくても、当事者の準拠法選択を柔軟に許容した運用がなされていました。こうした黙示の意思を探求する運用がなされてきた背景には、法例7条2項の規定にかかる運用上の問題が指摘されていました。法例7条2項では「当事者ノ意思力分明ナラサルトキハ行為法ニ依ル」とあり、当事者の意思がはっきりとはわからない場合には一律に行為地法、すなわち契約を締結した地の法が準拠法となる趣旨が規定されていました。確かに、契約締結地が準拠法となるケースは通常の取引からみると妥当な場面もあるでしょうが、しかし、契約地だけが偶然に海外の地であったり、インターネット、パソコンなどを利用した電子商取引などの隔地的な契約の場面等、契約締結地である行為地が明確ではない状況も多々あります。このような場合でも一律に「行為地法」を準拠法とする当該規定を適用することは硬直的すぎるとの問題点が指摘されていました。そこで、法例7条2項の適用を行うことなく、法例7条1項における当事者の合意を柔軟に解釈し、「黙示の意思」による合意を探求する運用がなされてきたわけです。このように当事者合意の意思の解釈により、契約上は準拠法選択が合意さ

れているものと解釈するというのが1つの考え方です。

そして2つ目の解釈は、契約、規定、約款に準拠法規定がない以上、当事者の準拠法選択がないものとしてのデフォルトルールである、旧法の法例7条2項を改正した通則法8条の適用を受けるというプロセス、すなわち、最密接関係地法を適用する考え方です。これについては後述します。

(3) 国際私法上の意思にかかる判例の動向

国際私法でいうところの「意思」の概念には、現実に存在する「**現実的意思**」と、実際には存在していないが仮に当事者が準拠法選択を行ったのであればこの法を選択したであろうとする「**仮定的意思**」に分けられます。「黙示の意思」は、前者の「現実的意思」として、「明示的意思」同様に現実に存在はしていたが明らかにはしていないだけ、というものです。

では、「黙示の意思」と「仮定的意思」は、現実にはどのように線引きされるのでしょうか。「黙示の意思」を探求した事例としては、最一判昭和53・4・20（民集32巻3号616頁、金融・商事判例549号3頁）(注3)があります。この事例では、タイ国法により設立されたY銀行香港支店が、日本居住の甲が代表を務めるB会社への当座貸越の担保としてY銀行の東京支店において締結された定期預金取引について、「預金契約が日本国内において行われる銀行取引と同様、定型的画一的に行われる附合契約の性質を有するものであること、外国銀行がわが国内に支店等を設けて、営業を営む場合に、主務大臣の免許を受けるべきこと等を参酌し、当該Y銀行東京支店の所在地法たる日本法を準拠法として、黙示的に指定したものと解すべきである」旨が示されています。しかしながら何が黙示的なのか、何が仮定的なのかという明確な基準は示されていません(注4)。

このほかには、東京地判昭和42・7・11（金融・商事判例76号2頁）があります。この事例では、韓国の会社が韓国銀行に対して預け入れた無記名定期預金債権の準拠法について、「当事者の意思は明らかではなく、また、当事者がともに韓国人であるという事実のみにでは黙示の意思により韓国法を準拠法とする旨の指定があったとみることはできないから、行為

地法である日本法が準拠法である」と判示されました。黙示の意思の探求を述べずに行為地法を選択した事例です。

法制審議会国際私法（現代化関係）部会においても、「黙示の意思」の探求をどこまで認めるべきかについて議論がなされました(注5)。部会では、これまでどおり黙示の意思にかかる規定は特段設けないとする案と、「当事者による準拠法の選択は、明示的であるか又は契約その他の事情から一義的に明らかなものでなければならない」案として、旧法の法例7条1項における意思について文言上、制限的かつ明確化する規定を設ける案も示されていましたが、銀行界からは逆に、「一義的に明らか」という文言が規定に入ることによって何が一義的で明らかなのか、というさらなる解釈の争いを生ぜしめる懸念があることから、従来どおりの規定振りとする案を支持する意見を主張した経緯があります。法制審議会における検討結果として、「黙示の意思」について明示的に制限する規定は設けられませんでしたが、通則法施行後の「黙示の意思」についての解釈論が今も残っているという点には留意が必要です。

② 通則法8条

(1) 8条1項

通則法8条1項では、「前条（7条）（カッコ書筆者挿入）の規定による準拠法選択がないときには、法律行為の成立及び効力は、当該法律行為に最も密接な関係がある地の法による」と規定されました。本条項規定により、法例7条2項の連結点である「行為地法」を「最密接関係地法」に変えることで、硬直的な準拠法の適用という問題点は改善されたといえます。

一方でこの「最密接関係地法」という文言は、まさに当該契約等に最も関係する地の法の意味ですから、これまでの法例7条2項「行為地法」に比べてより柔軟な準拠法選択が可能ですが、この文言だけでは逆に広範囲となりすぎて不明確であることから、8条2項では、1項における法律行為に関して、特徴的な給付を行う者の常居所地を最密接関係地法と推定し、

また3項においては、2項にかかわらず、その不動産の所在地法を当該法律行為に最も密接関係地と推定する旨の推定規定が設けられました(注6)。

契約書等に準拠法規定がない場合における通則法上のもう1つの考え方が、この8条による対応になります。

【図表13】　通則法7条と8条による準拠法

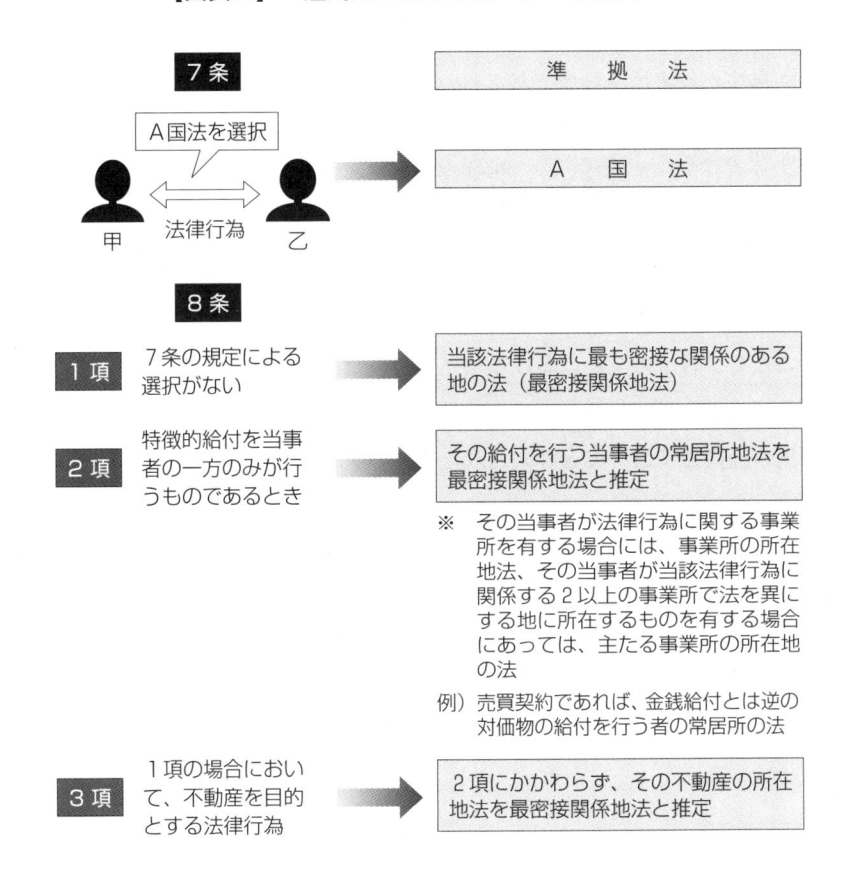

7条

甲 ←法律行為→ 乙　A国法を選択　→　準拠法：A国法

8条

1項	7条の規定による選択がない	当該法律行為に最も密接な関係のある地の法（最密接関係地法）
2項	特徴的給付を当事者の一方のみが行うものであるとき	その給付を行う当事者の常居所地法を最密接関係地法と推定
3項	1項の場合において、不動産を目的とする法律行為	2項にかかわらず、その不動産の所在地法を最密接関係地法と推定

※　その当事者が法律行為に関する事業所を有する場合には、事業所の所在地法、その当事者が当該法律行為に関係する2以上の事業所で法を異にする地に所在するものを有する場合にあっては、主たる事業所の所在地の法

例）売買契約であれば、金銭給付とは逆の対価物の給付を行う者の常居所の法

(2) 8条2項（特徴的給付の理論）

通則法8条2項では、特徴的給付の理論について規定しています。特徴的給付の理論とは、契約において特徴的な給付（金銭給付とは逆の固有の給付）を当事者の一方のみが行う場合には、その給付を行う者の常居所地法を最密接関係地法と推定するものです (注7)。たとえば、売買契約であればあるモノを買った買主は金銭を支払いますが、その対価として売主がモノを給付することを特徴的な給付とし、その行為を行う売主の常居所地の準拠法が最密接関係地であるという推定規定になるわけです。

この考え方は、ヨーロッパの主要国をはじめとする多数の国において取り入れられている理論です。貨幣経済の金銭給付は、どの契約類型においても共通であり、その契約を特徴付けるのは金銭給付の反対側であって、特徴的給付という義務を負う者の常居所地法がその契約において最も密接であるという整理（契約の類型毎の客観的連結を行うことができる）をすることで、種々の契約における準拠法の類型的整理を行うことができ、準拠法選択の予見可能性を高める効果に着目したものであり、この理論がわが国の通則法においても導入されたものです (注8)。

5　法律行為の成立・効力の準拠法

【図表14】　特徴的給付の理論により推定される準拠法（カッコ内は常居所地の主体）

銀行取引の種類	金融種目	実体法上の法的性質（複数に至る説を含める）	特徴的給付の理論による推定
預金		準消費寄託契約	受寄者（銀行）
	普通預金	準消費寄託契約	受寄者（銀行）
	当座預金	手形・小切手等の支払事務を委託する委託契約と当座預金契約の混合契約	受寄者（銀行）
			受託者（銀行）
	総合口座	普通預金契約＋定期預金契約＋当座貸越契約（委任契約、消費貸借、諾成的消費貸借）	受寄者、貸主、受任者（銀行）
内国為替	振込・送金	依頼人と銀行との間：委任契約	受任者（銀行）
	代金取立	依頼人と委託銀行との関係では委任契約	受任者（銀行）
外国為替	送金	依頼人と銀行との間：委任契約	受任者（銀行）
	外国通貨売買	売買契約	売主（銀行）
	信用状	保証契約説、禁反言説、信託契約説、広義の指図と委任契約の並存説	保証人、受託者、受任者（銀行）
貸付	証書貸付	金銭消費貸借契約	貸主（銀行）
	手形割引	売買契約説	売主（顧客）
		消費貸借契約説	貸主（銀行）
	手形貸付	金銭消費貸借	貸主（銀行）
	当座貸越	委任契約、消費貸借、諾成的消費貸借	受任者、貸主（銀行）
保証		保証契約（銀行が保証を受ける場合）	保証人（顧客）
付随業務	貸金庫	賃貸借、寄託契約、その複合契約	貸主、受託者（銀行）
	両替	売買契約	売主（銀行）
	保護預かり	寄託契約	受寄者（銀行）

51

では、主な銀行取引について「特徴的給付の理論」を当てはめてみましょう。【図表14】の整理は、あくまで特徴的給付の理論を基本的な銀行取引について実質法上考慮されている（され得る）法的性質を形式的に当てはめたものです（かならずしもこの法的性質に確定されているものではありません）。日本に存在する銀行の常居所地であれば銀行、その対象となる顧客側の常居所地の準拠法となる場合は顧客とカッコ書に表記しています。

(3) 特徴的給付の理論の銀行取引上の妥当性

このように特徴的給付の理論によって整理された準拠法について、実際に銀行実務での認識と平仄がとれているかどうかについて検証してみましょう。

国内取引における外国人、外国法人との取引に関しては、基本的には日本法（銀行の所在地の法）が適用されるということが通常ですから、銀行の所在地法の場合は、現状の準拠法認識と同様とみてよいと思われます。その観点からみてみますと、ほとんどの取引における準拠法は銀行の所在地である日本法となり、現状の実務における準拠法選択の認識と齟齬はないものと思われます。

ただし「保証取引」については、銀行が保証を受ける場合には特徴的給付を受ける当事者は銀行になりますので、形式上は顧客である保証人の常居所地の法が理論上の整理になります。保証契約においては同理論の整理によると通常の実務感覚による結論に反するのではないかという点について、立法担当者による解説によれば、「そもそも改正法において、8条2項が適用され特徴的給付の理論による推定が行われるのは、当事者間に準拠法の選択がない場合であり、この点銀行取引など、大量かつ定型的に行われている取引においては、当事者間において、主債務と同じ準拠法による、あるいは、銀行の所在する地の法によるとの明示または黙示の意思による準拠法選択がされていると認められる場合が多いであろうこと、…事案によってはむしろ債権者の拠点が最密接関係地であると考えられ、推定

が覆ることもあるものと考えられる」(注9)との見解が示されていることから、保証契約の準拠法に関しても、実際には実務で予見する準拠法と齟齬を来たす可能性は低いのではないかとは思われます。

このほか、銀行取引に限らず買主のブランドにより売主が商品製作をして売り出すようなＯＥＭ（Original Equipment Manufacture）契約については、製品の仕様などは委託者側が決定する場面が多いことから、受注生産者サイドの拠点が特徴的給付を行うとしても、準拠法自体は特徴的給付の理論のとおりにはならないのではないかとの指摘もなされていました。ただこの場合も、あくまで8条2項が推定規定であることから、より密接な地の関係を有することに関する事情が認められる場合には、同様に推定は覆されるとの解釈がなされています(注10)。

しかし、実際に特徴的給付の理論の推定を覆すための措置としては、当事者の準拠法決定の前提となる事実を当事者から主張・立証することが必要になりますが、たとえば、米国に親会社Ｂのある日本の所在地外国法人Ａ社に対して融資を行い、Ｂ社から保証を受けているようなケースを考えてみると、融資にかかる準拠法を日本法とする場合を想定すると、保証契約だけ米国法とするような実務もあるかもしれませんし、最終的には裁判による判断結果になりますから、かならずしも常に当事者主張による事実認定が認められるわけではない可能性があるという点には留意が必要です。

(4) 特徴的給付の理論による限界

A 実質法上の整理が複数あり得るもの

「手形割引」の実質法上の法的性質は、判例通説である売買契約説のほかに消費貸借契約説的な考え方(注11)もありますので、売買契約としてみれば手形の売主である顧客側の常居所地法が準拠法になりますが、消費貸借契約として考えると貸主たる銀行側の常居所地法になります。つまり、法的性質をどう解釈するかによって準拠法が異なってくることもあり得るわけです。また、これまで説明しました法的性質はあくまで実質法上の整理ですので、抵触法上の整理としてどうなるのかという論点を含めてどの

第2部　各　論

ように法的性質をみるのかということは、準拠法選択の結果にも影響を及ぼすものであることに留意する必要があります。

B　特徴的給付の理論の対象となる契約

銀行取引における金融商品は、普通預金、定期預金、当座貸越契約など複数の金融商品にかかる契約が混合している総合口座1つとっても、純粋に1つだけの契約関係に整理されないものが少なくありません。また、実質法上の整理もすべて明確になっているわけではありません。デリバティブ取引などはフォワード取引、フューチャーズ取引は履行期先日付の売買契約、オプション取引は売買一方の予約における予約完結権の売買契約、スワップ取引は理念的には債務履行引受契約ですが、実態的には有償的な金銭給付契約になるとの考え方、その複合的な契約と考える場合、さらにはこれらのサービスをCMS（キャッシュ・マネジメント・サービス）として、一本の契約として取り扱うケースも少なからずあるでしょう。このような複合、混合的な契約を細かく個別分類して一つひとつ準拠法をみるのか、総合的金融サービスの提供として一括りにして契約は1つであると位置付けて準拠法を推定するのか、という点は特徴的給付の理論の適用対象の問題となり、個別の契約毎に検討を要するものといえましょう。実務として、個々の契約で準拠法を個別に違えるような運用をしていなければ、金融サービスとしての一括りで整理するほうが簡潔に思われますが、法的整理としての妥当性には多々解釈があると思われます。

(5)　8条3項

不動産を目的とする法律行為については、その不動産の所在地法を最密接関係地法と推定する規定です。

不動産を目的物とする法律行為の概念には、不動産の売買行為のような不動産の所有権の移転を目的とする法律行為や、不動産の賃貸借契約など不動産を目的物とする発生や移転を目的とする法律行為を意味し、不動産の修繕等の役務を内容とする請負契約などは含まれず、それは2項における推定規定によるとの解釈がなされています　(注12)。

5 法律行為の成立・効力の準拠法

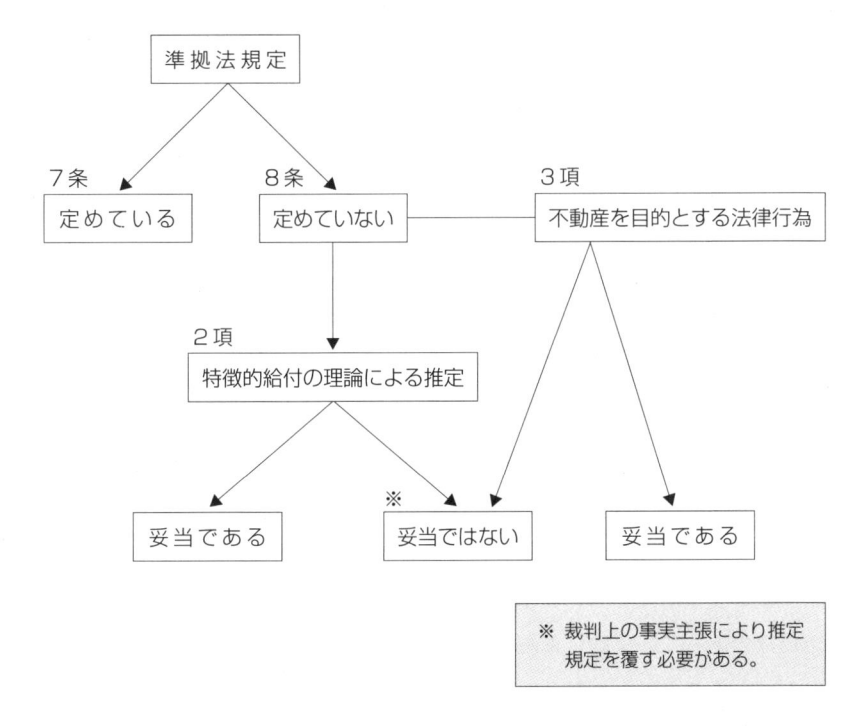

【図表15】 法律行為の成立・効力にかかる対応（通則法7条、8条）

```
                       準 拠 法 規 定
                    ／       ↓        ＼
              7条             8条           3項
         定めている      定めていない    不動産を目的とする法律行為
                              ↓
                            2項
                      特徴的給付の理論による推定
                         ／        ＼         ／     ＼
                                    ※
                    妥当である    妥当ではない    妥当である
```

※ 裁判上の事実主張により推定規定を覆す必要がある。

　銀行業務上、不動産を目的物とする法律行為にかかる準拠法選択の実務との平仄がすでにとれているものと思われますので、実務上、準拠法選択の予見可能性が高まったものといえます。ヨーロッパをはじめ他国においても同様の規定がおかれています (注13)。

③　実務上の留意点

(1)　現状の約款における実状と準拠法規定の必要性

　銀行実務における国内取引における契約、約款類には準拠法規定が明示的に規定されている事例が少ないのではないかと説明しましたが、この理由としては、そもそも国内取引であれば仮に相手が外国人、外国法人であったとしても、国内における不特定多数を対象とする取引であれば、当

然ながら日本法を適用することの合意がなされているという前提で取引が行われているからだと思われます。すなわち、当事者間の準拠法選択の合意にかかる通則法7条、8条の規定からすれば、現行実務では7条による当事者合意による「黙示の意思」がすでに存在しているとの認識によるものといえるでしょう(注14)。国内取引における準拠法の選択の解釈について、今後もこれまでどおり「黙示の意思」による当事者合意があるものとして対応するのも1つの選択肢ではあり得るでしょう。また、現状存在する契約、約款類について一律に準拠法規定を定めて差し替えることは非現実的なもの(注15)であり、それによる効果の意味も少ないかもしれません。

しかし一方では、日本に一時的に滞在する外国人が常に日本法を準拠法とする合意をもって契約を締結しているとはかならずしもいい切れないという不安もあることは事実です。海外にいながら、日本の銀行のホームページをみてメールオーダー、あるいはインターネットによって契約を締結するような場面でも、結果として準拠法選択にかかる争いが生じていないだけであって、実際に準拠法規定のない現状の契約、約款類をそのままにしておくことは、抵触法にかかるリーガルリスクを残すこととなります。

確かに、通則法7条において「黙示の意思」の適用に関する解釈論は維持されましたが、法例のデフォルトルールであった7条2項における行為地法が、最密接関係地法に変更されることにより、旧来のように黙示の意思の解釈に相当程度依拠せざるを得なかった状況は変わったものと考えられることから、これまでどおりの「黙示の意思」解釈がそのまま裁判において踏襲されていくとは考えにくいのではないでしょうか。各種契約規定が見直されていくなかで、準拠法規定の追加、修正していくことが必要です。

(2) 当事者の準拠法選択がない場合の対応

銀行実務として、各契約書や各種規定において準拠法規定がない場合や当事者の準拠法選択がない場合の対策を立てておくべきです。

典型的な契約であれば、8条1項の最密接関係地法、2項の特徴的給付

の理論の適用による客観的連結により、結果として準拠法選択の妥当性は保たれる場合（日本法の適用）が多いとは思われるものの、これまでの説明のとおり、「特徴的給付の理論」を当てはめるべき契約の対象をどのように解釈していくのか、手形割引などの法的性質の解釈いかんにより適用される準拠法が異なる場合もあり得るという問題点は残ります。仮に、客観的連結により当然、裁判において事実上の証明により法的には推定規定を覆すことは可能であっても、あくまで裁判上の問題であり、常に妥当な結果が得られるとは限りません。したがって、準拠法指定の規定のない契約、約款類の内容について、契約上の整理、法的性質の確認、8条2項の適用により準拠法の齟齬が生じるおそれはないか等をあらかじめ検討、準備しておくことなどの行内事務体制の整備を図っておく必要があると思われます。いずれにしても、まずもって準拠法選択にかかる当事者の合意を明確に行っておくことが肝要であることには変わりはありません(注16)。

(注1) 小出編著・前掲（本書4頁・注2）44頁。
(注2) 別冊NBL編集部編『国際私法の現代化に関する要綱中間試案補足説明』141頁（商事法務・2006年）。
(注3) 佐野寛「国際私法判例百選」別冊ジュリスト172号48頁、松岡博『国際取引と国際私法』282頁、287頁（晃洋書房・1993年）。
(注4) このほかに「黙示の意思」を探求した主な判例は以下のとおり。
　①東京地判昭和44・3・4（判例タイムズ235号236頁）
　　ハワイ居住者の貸主Xと日本居住者の借主Yとの消費貸借契約について、Yが契約締結当時日本に住所を有し、日本において事業を行うため借り受けたものであること、Xは邦貨で貸し付けており、利息を日本在住の邦人に邦貨で支払っていることなどを考慮し、日本法を黙示の意思として推定した事例。
　②大阪高判昭和37・10・18（金融法務事情323号13頁（解説として、松岡博『国際私法・国際取引法判例研究〔新版〕』105頁参照（大阪大学出版会・

第2部　各　論

2003年))

　インドネシアにおいて、インドネシア法に従い結成された組合の組合員たるインド系英国人が、日本においてインド銀行日本支店X組合名義で締結した当座取引契約について、「右取引は総てイギリス法系の取引慣行に従い、契約に関する書類はいずれも英文のものを用い、かかる契約書も日本の銀行の当座取引約定書の形式に従ったものではないことが認められ、これらの諸般の事実と、前示のXがインドの銀行であるとの事実及び…右取引契約に際し締結した…特約は、イギリス法系のパートナーシップの法理において認められるところと何等異なるところがないこと」を合わせて考えたうえ、英国法の契約法理を推認して、当該取引上の債務消滅を認めた事例。

(注5)　法制審議会国際私法(現代化関係)部会第26回会議議事録抜粋(平成17年6月14日)。

　法例の7条1項の見直し案の中で、当事者による準拠法の選択は明示的であるか、契約その他の事情から一義的に明らかでなければならないという内容を含めたA案と、従来の法例の規定のとおり特段規定しないとするB案をめぐって以下の議論がなされた(各案については本書【資料3】「国際私法の現代化に関する要綱中間試案」252頁参照)。

「●全銀協も、ここの黙示の意思はかなり強い意見でございまして、B案を支持しました。以前、一義的明らかの基準については、こちらの方で実務対応をもする場合に、例えば契約の中に、期限の利益喪失条項において倒産法の条文を引用してあってその開始手続があったときというものがあったとしても、必ずしもそれが一義的明らかとは言えなくて、総合的に解釈するものだということをお聞きいたしまして、これは実務対応を一体どのようにしたらいいのかという、逆に一義的明らかという表現が入ることによって、その解釈の争いを強めるものではないかという懸念がありました。したがいまして、この箇所につきましてはB案を支持しまして、この一義的明らかにはかなり反対が強いということでございます。

●明文がなくても、黙示の意思というのは絞って解釈するという方向だというふうにお考えだと。

●2項の方で最密接関係地を客観連結の原則的連結点とするのであれば、おのずと1項にもたらされる運用もそうなっていくのかなと思っていまして、その点については別に異論はございません。」

（注6）小出編著・前掲（注1）49～50頁。

（注7）小出編著・前掲（注1）50頁。

（注8）特徴的給付の理論の解説としては、別冊NBL No.80 法例研究会『法例の見直しに関する諸問題(1)』41～49頁（商事法務・2003年）が詳しい。

（注9）小出編著・前掲（注1）54頁。

（注10）小出編著・前掲（注1）53頁。

（注11）木内宜彦『金融法』283～285頁（青林書院・1989年）、田中誠二『新版銀行取引法〔四全訂版〕』230頁、240頁（経済法令研究会・1990年）。また、法例7条にかかる論点の指摘について、阿部耕一「法律行為の成立および効力（7条）、不法行為（11条）にかかる規定の見直し、消費者保護規定」金融法務事情1717号21頁～25頁。

（注12）小出編著・前掲（注1）58頁。

（注13）ローマ条約4条、スイス国際私法119条、韓国国際私法26条（法例研究会編・前掲（注8）46～49頁）。

（注14）平成16年7月に、全銀協では法制審議会国際私法（現代化関係）部会の検討対応として、現状における契約書規定類における準拠法規定の必要性についてのアンケート調査を行ったが、かなり多くの銀行がそのような準拠法規定を設ける必要はないとの回答であった。ただし一部銀行では、今後多様化する渉外的取引に備え、準拠法規定を少しずつ盛り込むべきではないかとの意見もあった。

（注15）「全銀協「『国際私法の現代化に関する要綱中間試案』に対する意見」（http://www.zenginkyo.or.jp/abstract/opinion/entrytimes/opinion170524.pdf）阿部耕一「全銀協「『国際私法の現代化に関する要綱中

第2部 各 論

　　　間試案』に対する意見」の概要」金融法務事情1743号27〜28頁参照。
（注16）このほか「法律行為の成立および効力」を含む銀行実務への影響についての考え方は、阿部耕一「法の適用に関する通則法と銀行実務への影響について」法律のひろば2006年9月号　58〜61頁参照。

第2部 各論

6 消費者契約の特例

1 通則法11条1項、2項

(1) 11条1項

　通則法11条1項は、消費者契約の成立、効力にかかる準拠法の特例規定です。

　前項の5．法律行為の成立・効力の準拠法における通則法7条では、法律行為の成立および効力は当事者が当該法律行為の当時に選択した法によること、また、当事者による選択がない場合には、8条により最密接関係地法とし、特徴的給付の理論による推定が行われることをご説明しました。通則法11条1項は、7条でいう法律行為の成立・効力にかかる一般的な準拠法ルールについて、消費者契約の場面での特例として規定されたものです。

　具体的には、消費者契約を締結する場合、契約当事者が、その契約、効力にかかる準拠法について、消費者の常居所地法以外の法を選択した場合に、消費者が常居所地法の強行規定を適用すべき意思を事業者に対して表示した場合には、当該消費者契約の成立、効力に関してその強行規定を定める事項については、その強行規定をも適用する旨が規定されています。

第2部 各 論

【図表16】 消費者契約の特例

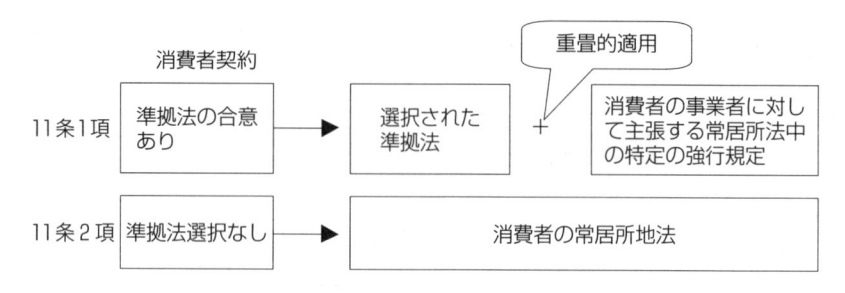

```
              消費者契約                    重畳的適用
         ┌─────────┐      ┌─────────┐    ┌──────────────┐
11条1項  │準拠法の合意│ ──→  │選択された│ +  │消費者の事業者に対し│
         │あり     │      │準拠法   │    │て主張する常居所法中│
         └─────────┘      └─────────┘    │の特定の強行規定   │
                                         └──────────────┘

         ┌─────────┐      ┌─────────────────────────┐
11条2項  │準拠法選択なし│ ──→ │    消費者の常居所地法        │
         └─────────┘      └─────────────────────────┘
```

　例えば、日本人の消費者甲が、日本においてインターネットで、A国に本拠地をもつ海外の事業者Xとの間において掃除機の売買契約を締結し、その準拠法はA国法として合意し、掃除機を購入したとします。

　ところが、商品に欠陥があり、日本の消費者はその商品を売った事業者に対して、瑕疵担保責任を請求しようとしたところ、事業者は、契約準拠法がA国法であることから「A国の消費者保護法では、事業者は契約がいったん成立した場合には、商品の瑕疵担保責任を負わないという規定があるとし、当該責任を負わない」ことを主張したとします。このような場合、経済的弱者である購入者たる消費者を保護する観点から、消費者甲は、日本の消費者契約法8条5項により隠れた瑕疵担保責任について事業者の責任全部を免除することは無効と主張することにより、たとえこの売買契約において両当事者がA国法を準拠法としていたとしても、甲の常居所である日本の消費者契約法の強行規定が適用され、事業者は瑕疵担保責任を負うこととなります。

　銀行取引についてみてみますと、日本国内にある銀行がB国に常居所地を有する消費者乙（後述する能動的消費者（アクティブコンシューマー）ではない消費者とします）とカードローン契約を締結し、カードローン契約書上はその契約の成立・効力について日本法を適用することで合意していたとします。

　乙は、その後、数か月の間、弁済の未払いが継続したことから、当該銀

行は乙に対して、年率15パーセントの遅延損害金を請求したところ、乙は B国における消費者契約法の強行規定では、「事業者が、ローン契約上、遅延損害金、利息、手数料あわせて7パーセント以上とってはならない」という規定があり、当該銀行のカードローン契約において定められている15パーセントの遅延損害金利息のうちB国の消費者契約法の上限利息である7パーセント以上の利息の請求は無効であるという主張が可能であるということとなります。

　本条項の趣旨は、消費者契約において消費者に不利な準拠法が選択された場合でも、消費者の常居所地法上の強行規定の主張を認め、事業者との力関係で弱者である消費者を保護することにあります。

　通則法11条1項は、あくまで契約の準拠法に加えて、消費者の常居所地法の特定の強行規定が重ねて適用されるということです。よって契約の準拠法を日本法とした場合には、日本における消費者契約法等の強行法規は当然に適用され、さらに消費者の常居所地国の消費者契約にかかる強行規定が付加される（重畳的に適用される）ということであり、消費者の常居所地国法が日本の消費者契約法を排除して、それに代わるものではないという点に留意が必要です（注1）。

(2) **11条2項**

　通則法11条2項は、7条の当事者による準拠法の選択がない場合には、8条の最密接関係地法および特徴的給付の理論によるデフォルトルールにかかわらず、当該消費者契約の成立および効力は、消費者の常居所地法によるとするものです。消費者契約の場合には、消費者にとって常居所地法以外の最密接関係地は関係しにくいことなどを理由として、消費者保護の観点から設けられたものです（注2）。

(3) **消費者契約の意味**

　通則法11条でいう消費者とは、「事業として、または事業のために契約の当事者となる場合におけるものを除く個人」をいい、事業者とは「法人そのほかの社団または財団および事業として、または事業のための契約の

当事者となる場合における個人」との間で締結される契約と解釈されており、これは消費者契約法2条のおける定義とほぼ同様です。

銀行取引の場面では、まさに銀行と事業者ではない、個人である消費者との間の預金、保証、各種ローン契約等が含まれると考えてよいでしょう。

(4) 強行規定

「強行規定」の意味は、任意規定に対する反対の概念であり、当事者の意思により排除できないものを意味します。日本の消費者契約法は当事者の意思により排除できない強行規定です。「強行規定」であるかどうか、また、消費者が主張している規定が有効であるかどうかなどは、裁判所が判断することとなります (注3)。なお、消費者の強行規定の主張は、裁判外でも行うことができることとされています。

② 通則法11条3項～5項

通則法11条3項から5項は、消費者契約における方式（たとえば口頭による方式だけで契約は成立するのか、書面方式、双方調印方式を要するのか等）にかかる準拠法規定です。まとめると【図表17】のとおりになります。

【図表17】 消費者契約における契約方式と準拠法

	準拠法選択の内容	方式の準拠法
3項	消費者契約の成立について、第7条の規定により、消費者の常居所地法以外が準拠法として選択された場合	消費者が常居所地法中の特定の強行規定を適用すべき旨の意思を事業者に対して表示したときは、当該消費者契約の方式はその強行規定のみに規律される。
4項	消費者契約の成立について、第7条の規定により、消費者の常居所地法が準拠法として選択された場合	消費者が、専らその常居所地法によるべき旨の意思を事業者に対して表示したときは、当該消費者契約の方式は専ら消費者の常居所地法による。
5項	消費者契約の成立について、第7条の規定による準拠法選択がない場合	当該消費者契約の方式は消費者の常居所地法による。

6 消費者契約の特例

③ 通則法11条6項

　通則法11条6項は消費者契約の特例の適用除外規定です。
　1号では消費者契約に関係する事業者の事業所で、消費者契約に関係するものが消費者の常居所と法を異にする場合、たとえばA国を常居所としている消費者甲と、日本の事業所が存在する場合、消費者甲が事業所の所在地国（日本）に赴いて、消費者契約を締結した場合、2号では、同じく消費者契約に関係する事業者の事業所が消費者の常居所と法を異にする場合に、消費者が当該事業所の所在地と法を同じくする地（日本）において当該消費者契約に基づく債務の全部の履行を受けたとき、または受けることとされていたときには、消費者契約の特例の例外とするものです。つまり、この場合には消費者契約の特例が適用されないということになります。
　このように、もともと法域が異なる場所に所在していながら、自らの意思で国境を越えて事業者所在地において締結をする、あるいは事業者の債務の全部履行を事業者の所在地にて受ける消費者のことを、**能動的消費者（アクティブコンシューマー）**といい、当該消費者は、消費者契約の特例による保護から除外されました。このような能動的消費者までが常居所地法による保護を受けられるとすると、国内でのみ活動している事業者までも消費者の常居所法の適用を想定しなければならないこととなってしまいますと、事業者の準拠法に関する予見可能性を阻害し、事業の遂行に支障を来たす可能性があります。11条6項は、消費者が自ら海外に赴いて契約を締結したような場合は、抵触法の保護を与えないとすることで、消費者保護政策と事業者の利益のバランスを確保することを目的としたものです。（注4）。
　通則法11条6項1号、2号いずれも但書があり、消費者が常居所地にある時に事業者から事業所所在地において契約を締結すること（または事業所所在地において債務の全部の履行を受けること）の勧誘を受けて契約締結（または、債務の全部の履行の受領）に至った場合をこの適用除外規定

から除外しています（つまり、消費者契約の特例が適用されることになります）。この、事業者による消費者に対する契約締結等に向けての「勧誘」とは、保護の必要性が比較的低い能動的消費者に対して、消費者保護規定の適用を正当化するに足りる程度の具体的かつ積極的な働きかけが必要であり、具体的には個人を指定した電話、ダイレクトメールなどの個別的な勧誘を意味するとされています。一般的なインターネットによる広告については、消費者保護規定の適用があるとした場合には、事業者にとって非常に酷な結果となることとして、本条でいう「勧誘」には該当しないという見解が立法担当者より示されています（注5）。

【図表18】　能動的消費者（11条6項1号、2号）

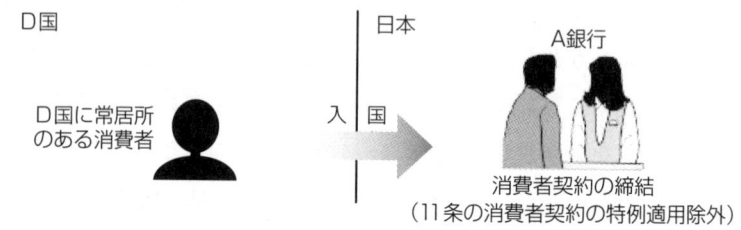

D国　　　　　　　　　日本　　　　A銀行

D国に常居所　　　　入　　　　→
のある消費者　　　　国

消費者契約の締結
（11条の消費者契約の特例適用除外）

※　ただし、当該消費者が消費者契約の締結についての勧誘をその常居所地（D国）において受けたときを除く。

　他方で、この「勧誘」の解釈についてはさまざまな考え方がとり得ることから、銀行実務としては、「勧誘」にあたるもの、そうではないものの整理をしておくことが必要と考えられます。
　3号、4号は、消費者の常居所がどこであるかまたは相手方当事者が消費者であることを事業者が知らず、または誤認し、かつ知らないこと、誤認したことについて相当の理由がある場合等について、消費者保護規定の適用の除外とする規定です。

④ 国際的な動向

　消費者契約の保護に関する著名な事例としては、グランカナリア事件(注6)があります。この事例では、スペインへ旅行に行ったドイツ人の消費者がスペインの会社から法外な値段で物品を購入させられたもので、契約書に当時クーリングオフを認めていなかったスペイン法が準拠法と指定されたものです。

　ローマ条約5条では、消費者契約の保護として、契約準拠法と消費者の常居所地法のいずれか消費者にとって有利な法律を適用（優遇比較）する内容(注7)が規定されており、スイスの国際私法においては消費者の常居所地法の法律によることが規定されています(注8)。

　世界的にみても、消費者の保護にかかる準拠法規定による運用が幅広く行われているようです。

⑤ 銀行取引と消費者契約の特例

⑴ 銀行取引において実際に、消費者契約の特例の規定が問題となる場面

　国内における一般的な銀行取引において、消費者契約の特例が関係すると思われる場面をみてみましょう。

　実際に、わが国の銀行取引において、留学や一時滞在、海外勤務などの理由で、海外から日本に赴いて、口座開設、各種預金、ローン契約等を締結する顧客は、通則法11条6項1号における能動的消費者に該当するケースがほとんどではないかと想定されます。

　契約の履行についても、日本に一時的に滞在する外国人といえども、債務の履行はほとんどといってよいほど日本国内で行いますから、同条同項2号の観点からも能動的消費者に該当するといえます。したがって、国内における対面取引における銀行取引においては、一般的には対面による銀行取引においては、消費者契約の特例が適用されるケースは少ないものと思われます。

第2部　各　論

　では、メールオーダーやインターネット取引などの非対面取引についてはどうでしょうか。たとえば、日本国内の銀行の海外向けに発信された広告、ホームページをみて、インターネットにより海外の消費者の常居所において、当該消費者が直接契約を締結する場面があるとすれば、通則法11条1項でいうところの「能動的消費者」の概念から外れると思われます。事実上、インターネットの画面だけにより、契約を締結する消費者向けの金融商品はあまりないようですが、今後のeビジネスの発展次第ではインターネット上で契約する商品も現れてくることも予想されます。法制審議会国際私法（現代化関係）部会の議論においても、銀行界から、eコマース商品に関して、今後、国際的に日本以外の国々の不特定多数の消費者と消費者契約を締結する金融商品を扱う場合には、実務上、消費者一人ひとりの常居所を意識し、当該常居所の消費者契約の強行規定をチェックしていくということは非常に困難であり、実務対応に支障が生じるおそれがあるとの意見を述べた経緯があります(注9)。

(2)　銀行取引と消費者契約の「勧誘」について

　国内の銀行取引において、常居所を海外にもつ消費者との取引であれば、基本的には「能動的消費者」に該当すると思われますが、当該消費者から、適用除外規定の例外である通則法11条6項1、2号但書における、事業者からの「勧誘」があった場合に該当するかどうかという点については注意が必要です。

　立法解釈としては、確かに一般的な、不特定多数を対象とするインターネット広告などは、ここでいうところの勧誘には該当しないこととされていますが、既存の顧客に対するダイレクトメール（電子メール含む）については、個別顧客への特定の「勧誘」に該当する可能性が高いので、どのような「広告」あるいは銀行取引上のやりとりが「勧誘」となり得るのかについて、考慮が必要と思われます。

(3) 取引開始・消費者契約の特例にかかる事例

では、実際に銀行取引において想定される事例をみてみましょう。

事例1

（取引の開始）
　P国人の甲が来日し、日本のＸ銀行と口座を開設し、普通預金契約を締結しようとしている。当該預金取引にかかる準拠法は何法か。なお、Ｘ銀行の預金規定においては、準拠法にかかる規定は定められていない。

　銀行の窓口において、外国人との預金取引をはじめる場面です。銀行と、Ｐ国人甲との間では当該預金契約にかかる準拠法の合意は規定上なされていません。したがって、法律行為の成立にかかる準拠法の問題、すなわち、通則法7条・8条の適用にかかる事例となります。

　日本における銀行との預金取引なのだから、当然に「準拠法が日本法で合意されている＝黙示の合意がある」と考えることも可能ですが、甲が契約したあとになって、Ｐ国では銀行の約定金利は△％以上でなければならないという法律があり、当然日本でもＰ国法が適用されるべきだとして、準拠法の選択に争いが生じる可能性がまったくないわけではありません。したがって、「黙示の合意」だけに依拠することにはリスクがあります。

　通則法7条による準拠法の選択がない場合には、通則法8条でいう最密接関係地法の適用を考慮することとなりますが、この場合でも、当然に日本の裁判所において「最密接関係地法＝日本法」であることの判断があればよいですが、その点についても争いがある場合には、8条2項の特徴的給付の理論による最密接関係地法の推定を行うこととなります。

　特徴的給付の理論（注10）によれば、普通預金契約の法的性質が準消費寄託契約であることから、事例1の回答としては、受寄者であるＸ銀行の常居所である日本法が準拠法になるということになります。

第2部 各 論

事例2

(消費者契約の特例)

　事例1で預金取引を行ったP国人の甲がその後、X銀行と定期預金契約(注11)、カードローンの契約を締結した(それぞれの契約書において準拠法規定はない)。

　このとき、X銀行として準拠法の適用について留意すべき点は何か(日本の裁判所での準拠法の争いが生じた場合)。なお、甲は、自らがX銀行からP国でメール等の授受を行い、当該取引について勧誘を受けたものと主張している。

　P国法によれば、銀行取引では、預金債権の譲渡・質入禁止を行ってはいけないこと、また、金銭消費貸借契約にかかる遅延損害金については、未払時点の月から6か月間の遅延損害金は発生しないこととなっている。

　契約の準拠法について、甲の消費者契約特例規定の適用の可否を含む検討が必要です。

(1) 一般的原則

A　定期預金契約の準拠法

　準拠法の当事者間の合意がないことから、通則法8条により、最密接関係地、特徴的給付の理論の適用によって、法律関係の性質を消費寄託契約における特徴的給付を提供する側のX銀行の常居所である日本法が推定適用されます。

B　カードローン契約

　金銭消費貸借契約において、通則法8条の最密接関係地法の適用、推定規定の適用によって、特徴的給付の理論により、金銭消費貸借契約における特徴的給付の貸主である銀行の常居所が日本であるので、日本法が推定適用されます。

(2) 消費者契約の特例の関係

　通則法11条により、消費者契約の成立および効力について一定の要件のもとで、消費者が事業者に対して常居所地法の強行規定の適用の主張をした場合には、その法が適用されることとなります (注12)。

　事例2において、甲が「P国法では、定期預金債権の譲渡質入は禁止してはならない」、また「P国法では、カードローンの返済は、6か月までは遅延損害金は発生しない」と規定されていると主張すれば、その内容が適用される可能性があります。

　では、甲による消費者契約の特例の適用の可能性を考慮してみましょう。

　まず、消費者契約の特例の条件として、①当事者が消費者（事業として、または事業のために契約の当事者となる場合におけるものを除く個人）であること（通則法法11条1項）、②消費者契約に関係する事業所が、消費者の常居所と法を異にする地に存在した場合であって、自ら当該事業所の所在する地に赴いて契約を受ける能動的消費者（アクティブコンシューマー）(注13) ではないことが条件になります。

　さらに、③能動的消費者であったとしても、事業者からの勧誘 (注14) をうけた場合には、②には該当せず、消費者契約の特例の適用になります（通則法11条6項1号但書）。

　消費者との取引における準拠法チェック過程を整理すると【図表19】のようになります。

　通則法上の適用過程はこのようになりますが、チャート図の後半の過程にいけばいくほど、事業者による「勧誘」の解釈や、公序良俗に違反するのかどうかなど、争点は増えて、リーガルリスクの範囲は拡大してきます。

　とくに、インターネット上、外国に常居所のある消費者が、日本の銀行のWEBサイトを見たうえで、資料を個別に請求した後で来日して銀行取引を契約する場合、あるいは、外国でインターネット上で、契約締結する場合 (注15) は、消費者は能動的消費者に該当せず、消費者契約特例の適用除外にはならない点に留意が必要です。

本事例の場合では、甲はP国から日本に来て契約を締結していることから能動的消費者に該当すると判断できます。次に、事業者からの勧誘をうけたどうかの解釈によって、適用除外の例外（通則法11条6項1号但書）に該当するかどうかが争点になります。

X銀行からの勧誘を何らかのかたちでうけていれば、甲は消費者契約の特例を適用し、預金契約や、ローン契約の要件としてP国法の効果を主張することができます。次に、P国法の適用が公序良俗の原則（以下「公序則」といいます）（通則法42条）により除外できるかは、次の争点になります。本事例では、日本の取引慣行を阻害するまでの内容とはいえないので、公序則ではP国法の適用を除外することは難しいと考えます。

消費者との渉外取引の場面では、まずは、甲が消費者契約の特例を主張したときに備えてP国法の該当事項の確認、さらに甲が能動的消費者としての資格があるかどうかの確認、そして公序則の適用可能性のチェックを行っておくことが必要でしょう。

事例3

日本国内のX銀行に口座開設をしたA国人甲（A国が常居所地である能動的消費者）は、日本国内、国外支店に双方利用できるカードローンの約定を締結した（遅延損害金の金利10パーセント、基本約定の準拠法は日本法）。その後、甲はA国に帰国し、X銀行のA国支店から、数回にわたりカードローン（A国通貨）を借り入れたが、A国の消費者契約法上、事業者は金利を5パーセント以上とってはならないという強行規定があったため、日本の裁判所において個々のローン契約における金利についてはA国法の規定を適用すべきとして、5パーセントを超える金利分の請求について無効を主張した。甲の主張は認められるか。

わが国で、基本約定を締結しても、海外の支店等でもそのサービスの提供を受けることのできる金融商品があります。この事例では、日本国内で

の契約の履行については、甲は能動的消費者であるとの前提ですので、甲はＡ国の強行規定を主張しても、消費者契約の特例は、通則法11条1項の能動的消費者であることを理由に適用されません。その結果、日本でのカードローンの実施に関しては、日本の約定で定めている10パーセントの金利は有効といえます。

　しかし、甲がＡ国に帰国しますと、甲の常居所はＡ国になりますので、新たにＡ国支店から借り入れる場合には、基本約定書の契約に基づいているとはいえ、実際にＡ国において新たに発生する個別のカードローンによる契約については、甲は能動的消費者ではなくなり、甲はＡ国の消費者契約法の強行規定を主張することが可能となるとの解釈もあり得るのではないかと思われます (注16)。この事例ではＡ国の消費者契約法の強行規定の適用を日本の裁判所で主張したとすればＡ国法の規定の適用が認められることもありうると考えられます。

第2部 各 論

> **事例4**
>
> 　日本国内のＺ銀行は、海外の顧客向けにホームページを立ち上げて、会社概要や、各金融商品にかかる広告宣伝を行っていた。日本に留学を予定しているＣ国に常居所があるＣ国人丙は、Ｚ銀行のホームページをみて総合口座・カードローン契約を来日時に利用しようと思い、商品の申込方法について日本のＺ銀行に対してＥメールにより質問、照会を行った。Ｚ銀行の広報担当者からは、必要な書面の入手の仕方、また、〇月までに口座開設をすれば、カードローンの金利は１パーセント優遇される旨メールによる返信があった。
>
> 　丙は、その後留学のため来日し、Ｚ銀行において口座開設を行い、カードローンで借入れ（準拠法の規定はない）を行ったが、返済は遅延し、期限の利益喪失後、Ｚ銀行にある預金と相殺された。
>
> 　丙は、Ｃ国法では、金融機関が預金と借入れを相殺することは消費者契約法で禁じられており、そもそもこの契約はＺ銀行から当該商品の「勧誘」を受けたことにより締結したものであるから、Ｃ国法の当該強行規定の適用を求め、相殺の無効を主張した。丙の主張は認められるか。

　来日を予定している外国人が、事前に自らの常居所においてわが国の銀行が開設しているインターネット上のホームページをみてＥメールによりアクセスし、照会や質問などを行うようなケースが想定されますが、こうした海外の消費者からの質問・照会に応じ、金融商品の紹介や情報提供をする行為が「勧誘」とみなされてしまう可能性がまったくないとはいえません。

　そして、本事例のように、インターネットによる広告自体は不特定多数を相手とするものでありそれ自体は「勧誘」とはならなくても、その後の消費者との個別のやりとりにより、個別顧客へのダイレクトメールと同一的に考えられ、銀行からの「勧誘」があったと解釈される場面もあり得ると思われます。本事例では丙の主張が認められる可能性はあると思われます。

6 消費者契約の特例

【図表19】 消費者との取引における準拠法のチェック過程（一例）

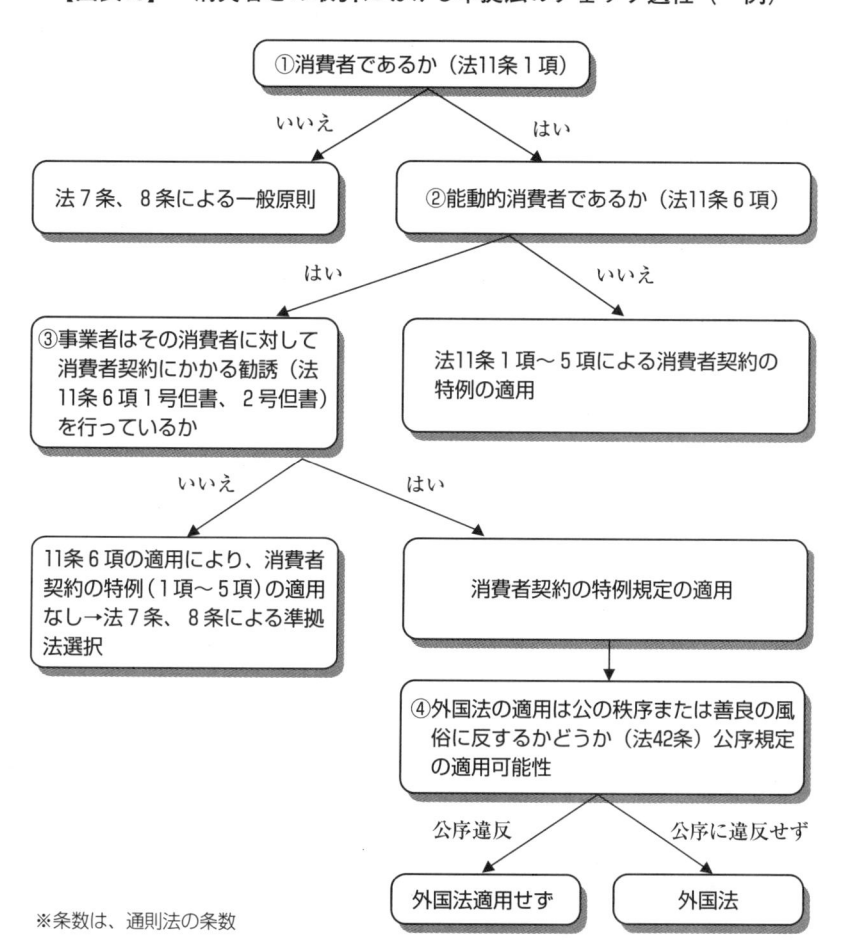

```
①消費者であるか（法11条1項）
      │
   ┌──┴──┐
 いいえ   はい
   │      │
法7条、8条   ②能動的消費者であるか（法11条6項）
による一般原則        │
                  ┌──┴──┐
                 はい    いいえ
                  │      │
        ③事業者はその消費者に対して    法11条1項～5項による消費者契約の
        消費者契約にかかる勧誘（法    特例の適用
        11条6項1号但書、2号但書）
        を行っているか
              │
          ┌──┴──┐
         いいえ   はい
          │      │
  11条6項の適用により、消費者   消費者契約の特例規定の適用
  契約の特例（1項～5項）の適用          │
  なし→法7条、8条による準拠          │
  法選択                    ④外国法の適用は公の秩序または善良の風
                            俗に反するかどうか（法42条）公序規定
                            の適用可能性
                                │
                            ┌──┴──┐
                          公序違反  公序に違反せず
                            │      │
                        外国法適用せず  外国法
```

※条数は、通則法の条数

第2部 各 論

6 実務上の留意点

　消費者契約の特例規定の対応として以下の留意点が考えられます。

(1) 消費者契約書に準拠法の合意規定をおく

　銀行実務では、消費者契約の特例の適用を受ける場面は、実際には非常に少ないとは思われるものの、これまでご紹介した事例のように全く関係がないとはいえません。当該消費者が能動的消費者であるかどうか、常居所の変更があったのかどうか、その取引の背景として顧客への「勧誘」が存在したかどうかという点について確認していくことは、実務上非常に困難であろうと思われます。こうした事情を鑑みますと、まずは国内の消費者契約規定について当事者間の準拠法の合意をとっておくことが必要と考えられます。

　とくに、カードローンなどの消費者契約締結の際に準拠法の合意規定がない場合には、通則法11条2項により、準拠法が消費者の常居所地法だけに一律に規律されてしまいますので、まずは消費者契約に締結の際に、日本法（またはその他の国のものであれば、その法）を準拠法とすることを明確に規定し、少なくとも消費者からの主張がない場合には当事者合意の準拠法が適用されるという法的な関係を確立しておくことが重要と思われます。

(2) 広告を行う場合の「勧誘」に注意する

　消費者契約の特例の適用除外となる「能動的消費者」に該当したとしても、事業者側からの「勧誘」があるとみなされてしまうような場合には、消費者契約の特例による消費者の常居所地の強行規定の主張が可能になりますので、海外の一般向けの消費者広告が予想に反して「勧誘」に該当するという解釈がとりうる余地を極力なくしておくことが必要です。

　とくに事例4で紹介しましたがインターネットによる広告は、基本的には「事業者の勧誘」にはならないとの解釈がとられているようですが、先ほど説明しました事例4のように、広告を起点として消費者が個別に銀行

とコンタクトをとり、情報収集や商品の勧誘を内容とする情報の提供を受けてしまうことで、「勧誘」とみなされる可能性も否定できません。したがって、海外向けの広告の方法や、それをみた顧客との対応について、消費者契約の特例の観点から後々争いが生じないよう、行内事務体制を整理しておくことが重要と思われます。

(3) **海外主要国の消費者契約規定のチェック**

世界的には消費者保護にかかる抵触規定を規律することが主流となりつつあること、また、消費者による消費者保護の規定の主張は裁判上のみならず、訴訟外でも行うことが可能であることからも (注18)、通則法の下では銀行実務の現場において、消費者契約の特例の適用を考慮する必要があります。

少なくとも取引先の多い主要国の消費者契約規定の主な概要（日本の消費者契約規定との差異など）について、事前に調査、確認をしておくという作業も重要です。

(注1) 小出編著・前掲（本書4頁・注2）70頁。

(注2) 小出編著・前掲（注1）67、68頁。

(注3) この点については、裁判所の調査により消費者の主張する常居所地、強行規定が否定される可能性があるなど、裁判所における運用上および法的妥当性についての意見は参考となる。道垣内正人ほか「法適用通則法の成立をめぐって」ジュリスト1325号26頁〔櫻田発言〕。

(注4) 別冊NBL編集部編『法の適用に関する通則法関係資料と解説』44頁（商事法務・2006年）。

(注5) 小出編著・前掲（注1）76、77頁。

(注6) 西谷祐子「ドイツ国際消費者契約法上の諸問題『強行法規の特別連結』に関する一考察」法学63巻5号620頁以下参照。

(注7) 法制審議会国際私法部会では、当初、この消費者の常居所地法と当事者の間の締結された法との優遇比較する案も議論されたが、全国銀行協会か

ら、消費者の常居所地法を強行規定の有効性や、具体的な内容を優遇比較していくことは事業者の立場からも困難であるとして主張し、要綱中間試案の段階では修正された経緯がある。詳細は阿部耕一「法律行為の成立および効力（7条）、不法行為（11条）にかかる規定の見直し、消費者保護規定」金融法務事情1717号27〜29頁。
（注8）小出編著・前掲（注1）80頁。
（注9）法制審議会国際私法（現代化関係）部会第3回会議議事録抜粋（平成15年7月1日）。

　消費者保護規定にかかる、銀行界委員・幹事と他の委員・幹事との間のやりとりとして、とりわけインターネットによる銀行取引についての問題について、下記の議論がなされた。

「●要するに、フィジカルに国境を越えてしまったらもう保護されない消費者であるというふうに考えてよろしいわけ。ただ、バーチャルに国境を越えても、自分の住んでいる国でコンピュータ操っている分には、ホームページを幾らネットサーフィンしても、それはアクティブコンシューマーじゃないということです。

●ということは、日本の銀行がインターネットでいろいろな商品を海外に発信して、アメリカなりイギリスなりで申込みの承諾を受けるようなケースは、それはアクティブコンシューマーではないと。この場合は、消費者の保護の常居所地法によるので、例えば現地の法律によるというふうになりますよね。そうすると、日本の例えば消費者契約法では、ローン契約では相殺というものが認められておりましたと、ところがインターネットを見ていた海外の人の、たまたまその国では相殺という規定がない。ないことは消費者にとって保護であると、したがって消費者の常居所地法の法が適用されるという可能性があるということになるのですが、この解釈でよろしいでしょうか。

●その規定が強行規定ということがちゃんと書かれてあると思うのですが。そうであれば、そのとおりだと思います。消費者の常居所地法の相殺に関

する規定が。
●であれば、やはり銀行界としては海外の消費者の常居所地法というものをよく調べた上で発信しなければいけないという、手間暇がかかるということにはなってしまうと思うので、それはやはり○○委員のおっしゃるとおり、なかなか賛成はしにくいということになります。
●今の○○幹事が挙げられた設例なんですけれども、インターネットで誘引をされるときに、これは専ら日本語なんですか。それとも英語での勧誘というのもあるのですか。どちらの例を考えておられるのでしょう。
●それは両方あり得ると思うのですけれども。
●英語であれば、これは例えばイギリスなりアメリカなりの、専ら向こうの人も対象に含めているわけですから、英国や米国の消費者保護法の規律がかかっても、それはやむを得ないのじゃないかと思うのです。
　問題は、専ら日本語でやっているときにも、つまり日本人だけが相手と一般には考えていいと思うのですが、昔は日本語を勉強する外国人も多かったようですけれども、最近は少ないようですから、その場合までアクティブコンシューマーにならなくて、たまたま見た人が日本人なのにイギリスに住んでおられて、そこが常居所になる場合に、英国法の消費者保護法の強行規定が適用されてしまう、そこがいいのかどうかということはもう少し議論した方がいいのかなという感じを受けました。」

(注10) 本書50、51頁。
(注11) 定期預金契約の準拠法については、最高裁昭和53年4月20日判決（民集32巻3号616頁、判例時報890号83頁）では銀行所在地法である日本法を黙示的に合意したものと判断している。
(注12) 本書61〜63頁。
(注13) 本書65頁。
(注14) 小出編著・前掲（注1）76頁。
(注15) 外国人が海外から日本のホテルにインターネットで宿泊予約する場合は、まさに直接的な契約であり、インターネット発信地の法域からの申し込み

であることから、すべて消費者特例規定の適用可能と考えられる。Q国から日本のホテルに予約をした消費者が、Q国法では事業者はキャンセル料はとってはならない、といった規定があるとすれば、その法律の適用を主張された場合には、通則法11条により、Q国法が適用されることとなる。銀行取引で国境を越えた取引をインターネットで行う場合も同様の解釈がなりたつ点に注意いただきたい。阿部耕一「法の適用に関する通則法と銀行実務への影響について」法律のひろば2006年9月号　65頁。

(注16) もっとも、この事例では基本約定において日本法によるとの規定があることから、準拠法合意は個別契約についても合意されており、A国の常居所地法の適用を主張することは認められないのではないかとの解釈もあり得ると思われる。

(注17) 常居所は国際私法における準拠法決定のための人工的な概念であり、通則法には定義はおかれていないので、家族生活をめぐる諸問題については、一時的居所ではなく、ある程度の期間の居住という客観的事実のほか、居住期間のみにではなく、居住目的や居住状況などの諸要素を考慮することが必要となる。澤木敬郎＝道垣内正人『国際私法入門〔第6版〕』96、97頁（有斐閣・2006年）参照。

　　戸籍上の事務取扱いとしては、法務省民事局長通達（平成元年10月2日法務省民2第3900号）があり、この通達によれば、外国における常居所認定の場合において、日本人の場合には、その外国に5年以上永住目的等特別の場合には1年以上居住する場合という。溜池・前掲（本書4頁・注3）118頁。

(注18) 小出編著・前掲（注1）73頁。道垣内ほか・前掲（注3）25頁。

第2部 各論

7 不法行為の準拠法（一般原則）

　通則法における不法行為にかかる規定は、まず17条に不法行為にかかる原則的連結政策、そのほか生産物責任および名誉・信用の毀損といった特殊な類型の不法行為についての特例（18条、19条）、事務管理および不当利得（14条）、例外条項（15条、20条）、特別留保条項（22条）があり、構造的に規律されています（注1）。

1　通則法17条

　通則法17条では、「不法行為によって生じた債権の成立及び効力」にかかる原則的連結政策について定めています。旧法である法例11条では「其ノ原因タル事実ノ発生シタル地ノ法律ニ依ル」として、連結点を一律に「原因事実発生地法」によるとしていました。この「原因事実発生地法」の意味については、何をもって原因事実が発生した地であるのかについては、加害行為者の意思活動が行われた地（加害行為地）と、法益侵害の結果が現実に発生した地（結果発生地）のいずれの地の法を意味するのかという解釈上の問題点が指摘されていました（注2）。

　そこで、通則法17条では、法例11条の「原因事実発生地」から「加害行為の結果が発生した地の法（侵害結果発生地）」と変更することで、その連結点が明確化されました。この「加害行為の結果が発生した地」とは、立法担当者の解説によれば、基本的には加害行為によって、直接に侵害された権利が侵害発生時に所在した地を意味するとされています。

　加害行為の結果発生地は、あくまで加害行為に侵害が発生した結果の地

であり、それが要因として間接に発生した損害発生地ではないということです。

また、債権関係、無体財産関係の不法行為にかかる問題は、加害行為の結果の発生地がどこであるかを一律に明確化することは困難であることから、個別の侵害された債権の種類行為、解釈から結果発生地を確定する必要性があることに留意が必要です（注3）。

たとえば、甲がA国からB国にいる乙へ菓子を送り、B国で受け取った乙がその菓子をC国で食べてD国で中毒になり、E国で死亡した事例（注4）を想定してみますと、侵害結果発生地は甲が死亡した地であるE国になります。また、米国に旅行をした日本人学生がレンタカーを借りて交通事故を起こし、運転手に対して不法行為による損害賠償請求を行った事例についてはこれも交通事故をおこした米国が侵害結果発生地になります。このように、損害が明らかなものであれば、どこが侵害結果発生地なのか、または、加害が行われた地であるかを確定することは容易と思われます。

しかし、銀行取引における不法行為の結果発生地をどうみるかは、単純にはいかないようです。債権契約の中での効力、成立にかかるものについては、加害の行為地がどこなのか、それによる侵害結果である財産的損失はどこで発生しているかという点については、かならずしも一律に整理できるものではなく、個別に侵害された債権の種類、事例の解釈から結果発生地を確定する必要があります。この点については後述の事例において説明します。

② 予見可能性にかかる規定

通則法17条但書では「不法行為によってその地における結果の発生が通常は予見することができないものであったときは、加害行為が行われた地の法による」と規定されています。これは、加害行為者の予見可能性にかかる規定ですが、渉外的な不法行為において、その地において結果が発生するかどうか、つまりその場所で侵害結果が発生する予見ができない場合

には、「加害行為の結果発生地」ではなく、その行為が行われた地が連結点になります(注5)。

　この予見可能性の意味ですが、加害者がその地における結果の発生を具体的に予見し得たか否かという加害者の主観を問題とするのではなく、客観的な規範の問題として、加害者および加害行為の性質・態様、被害発生の状況等、当該不法行為に関する事情に照らして、その地における結果の発生が、通常予見可能であったか否かという意味であることに留意が必要です(注6)。

③　国際的な立法動向

　不法行為にかかる準拠法規定の国際的動向としては、今回のわが国の通則法同様、原則的には侵害結果発生地であるが、加害者の侵害の発生の予見可能性を考慮しているもの（スイス、オランダ）、被害者が加害行為地法と結果発生地法を選択することができるもの（ドイツ、イタリア）があるほか、各国でさまざまなようです(注7)。

④　銀行取引における渉外的不法行為

　銀行取引において、国際的な不法行為が問題になった近年の事例としては世界各国の銀行が国際的な詐欺事件に巻き込まれたＢＣＣＩ事件があります(注8)。これは、世界69か国365か所に支店のあるＢＣＣＩグループ（バンク・オブ・クレジット・アンド・コマース・インターナショナル）が長期間にわたり組織的な粉飾を行い、1991年7月5日に東京マーケットがクローズした後に欧米各国当局が資産凍結、営業停止を行ったことから、当該銀行と円ドルの為替取引を行っていた複数の邦銀が、資金授受が不能に陥ったという事件です。本件において準拠法自体の解釈にかかる訴訟は行われませんでしたが、頻繁ではないにせよ、日本の銀行が国際的な詐欺事件に不可避的に巻き込まれる可能性があり、不法行為にかかる準拠法規定への認識の必要性を問う事件であったといえます。

それでは、銀行実務の場面として想定され得る不法行為の事例をいくつか紹介します。

> **事例1**
>
> レンダー・ライアビリティ（貸し手責任）
> 　日本のＸ銀行は、Ａ国にある化学薬品メーカーＹ社（本社Ａ国）に対する経営支援、企画立案を含めた取引を行っている。Ｘ銀行は、Ｙ社との間において、Ｂ国において新たにＹ社の工場を建設し、設備資金とするための金銭消費貸借契約を締結し、融資が実行された（契約当事者はＹ社のＡ国本店）。
> 　その後、設立されたＢ国のＹ社の工場から排出される廃水により近隣に対して公害が発生し、地元住民からは公害訴訟がなされ、Ｙ社の業績は下がり、事業不振に陥った。Ｙ社は、Ｘ銀行に対して、レンダー・ライアビリティを理由に不法行為責任による損害賠償請求を日本の裁判所に提起した。当該不法責任にかかる準拠法は何法によるか。

　日本の銀行が、海外企業にかかる国際的なプロジェクト・ファイナンスや事業支援、融資を行った結果、その融資先からレンダー・ライアビリティを根拠に責任追及をされる可能性があります。この事例では、わが国のＸ銀行は、Ａ国にあるＹ社のＢ国への事業展開によって発生した損失について、Ｙ社からレンダー・ライアビリティを理由に不法行為による損害賠償請求を受けたという事例です。

　まず通則法17条でいう、「加害行為の結果が発生した地」ですが、Ｙ社がＢ国に工場を建設し、その工場からの廃水による公害訴訟を受けているのですから、Ｂ国が加害行為の結果発生地と考えることで問題はないものと思われます。次に「加害行為が行われた地」はどこでしょうか。これについては、Ｙ社の事業所があるＡ国にて金銭消費貸借契約を締結したのであればＡ国という解釈も考えられますが、融資の実行はＢ国においてなさ

れていますので、「加害行為が行われた地」もひとまずB国としておきます。

　次に、損害賠償請求を受けたX銀行の対応として、通則法17条但書でいう当該侵害結果発生にかかる予見可能性があったどうかについて検討します。ここで再度注意したいのは、ここでいう予見可能性とは、X銀行が「Y社が公害を発生させること」を予見するのではなく、「融資の結果として発生した侵害がその地（B国）において発生するかどうか」ということを指しているということです。この事例では、X銀行は、B国への工場設立、事業展開に関する資金として融資を行っていることから、B国で侵害が起きることの予見は十分期待されるとの結論になります。この事例での検討では加害行為が行われた地も結果発生地も同じB国ですから、通則法17条但書におけるX銀行の侵害結果の予見可能性の有無の判断を行ったとしても、結果としてB国法が準拠法になると考えられます。

　では、Y社がX銀行に知らせることなく一方的に工場設立地をB国からC国に変更し、C国で同様の公害訴訟が発生したことによるレンダー・ライアビリティの責任をX銀行に追及する場合はどうでしょうか。この場合には、Y社は勝手にB国からC国へ工場建設地を変更したのですから特段の事情がない限り、X銀行がC国への侵害を予見することは困難と思われます。したがって、X銀行としては「加害行為の結果発生地」のC国ではなく、自らの予見が困難であったとして、「加害行為が行われた地」の法（B国法）の適用を主張することとなります。

　ここで「加害行為が行われた地」が融資の実行地（B国）なのか、契約の締結地（A国）なのかでX銀行としての不法行為責任を問う準拠法が異なります。

　このあたりは財産的行為の加害行為地をどうとらえるべきかという大きな論点になります。

第2部 各 論

事例2

シンジケート・ローン

①米国企業であるA社がチーフアレンジャーのB銀行（ニューヨーク）に借入れの申込みをした。②B銀行は東京にあるC銀行をサブアレンジャーに指名し、アジア地域のレンダーの取りまとめを依頼した。③C銀行は香港にあるD銀行、バンコクにあるE銀行、シンガポールにあるF銀行にシンジケート・ローンへの参加を招聘した。④B～F銀行は個別にA社とローン契約を締結、融資を実行した。⑤ところがA社は倒産し、シンジケート・ローン参加の銀行がすべてデフォルト・リスクを被った。そこでシンガポールのF銀行は、C銀行（東京）がF銀行に対し、A社にかかる虚偽情報を提供したとして、⑥C銀行の所在地国日本において、C銀行に対する不法行為による損害賠償請求を申し立てた。

当該損害賠償請求にかかる準拠法は何法によるか。

7 不法行為の準拠法（一般原則）

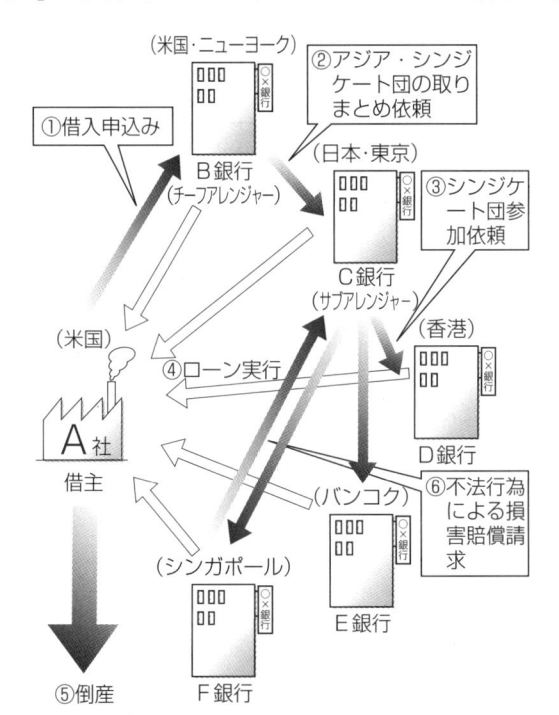

【図表20】 国際的なシンジケート・ローン組成（事例2）

（米国・ニューヨーク）
①借入申込み
B銀行（チーフアレンジャー）
②アジア・シンジケート団の取りまとめ依頼
（日本・東京）
C銀行（サブアレンジャー）
③シンジケート団参加依頼
（米国）
A社　借主
④ローン実行
（香港）
D銀行
（バンコク）
E銀行
⑥不法行為による損害賠償請求
（シンガポール）
F銀行
⑤倒産

　事例としては、少し複雑ですが、こうしたクロスボーダーの国際協調融資の場面での不法行為にかかる準拠法をどのようにみるかという問題です。

　シンガポールにあるF銀行は、日本のC銀行に対して、C銀行がA社の業績に関する虚偽情報を提供したことを根拠として不法行為による損害賠償請求を行ったことから、「加害行為」に該当するものはC銀行の虚偽情報提供行為ということとなります。

　ではこの事例における通則法17条でいう「加害行為の結果が発生した地」はどこでしょうか。訴える側のF銀行の立場からすればデフォルト・リスクを被った地であるシンガポールと考えるものと思われます。（しかし、米国にあるA社が倒産したということから考えると、加害行為の結果発生地を米国とし、米国法とする解釈もあり得ます。）

次に、「加害行為が行われた地」についてですが、Ｃ銀行の虚偽情報提供行為がなされた地と考えると、仮にそれが日本で行われたのであれば日本法となります。Ｄ、Ｅ、Ｆ銀行を一括して、他の第三国においてシンジケート・ローン参加への招聘のため情報提供を行ったのであれば、その地の法ということも想定できます。このように考えると、Ｃ銀行の情報提供地が変われば、加害行為地もそれに応じて変わる考え方もありえますが、日本のＣ銀行の立場からみれば特段の事情がない限り日本にＣ銀行の所在地である日本が加害行為となります。

次に、訴えられたＣ銀行の侵害結果の予見可能性についてですが、招聘されたＦ銀行の所在地を知らないということは通常は考えられませんので、予見可能性がないことを立証することは困難であり、本事例の回答としては「加害行為の結果が発生した地」である前述のとおりＦ銀行のあるシンガポール法が本件の不法行為にかかる損害賠償の準拠法ということになります。

では、Ｆ銀行の親会社である中国のＧ社において同様の損害が発生し、同様の訴訟が日本で提起された場合はどうなるでしょうか。この場合にはＣ銀行とＦ銀行との間の情報交換がどこまで行われていたかといった個別事情をも考慮せざるを得ません。Ｃ銀行がＦ銀行の親会社Ｇ社の存在について熟知しており、当然Ｆ銀行の損害がＧ社へ波及することの状況があるか、そうでないかにより予見可能性の有無の結論は異なってくると思われます。Ｃ銀行が、Ｇ社の存在を前提として、デフォルトリスクを被ることが予見できるのであれば、加害行為の結果発生地の法となり、そうでなければ予見可能性がないものとして、「加害行為が行われた地」の法として、本事例での解釈される当該地（Ｃ銀行の立場では日本法）が準拠法となる可能性があります。

7 不法行為の準拠法（一般原則）

> 事例3
>
> 海外送金の誤送金
> 甲はスイスにあるＡ銀行から、中継銀行の日本のＣ銀行をとおして、取引先である乙の口座のある米国のＢ銀行へ１万ドルの送金の振込み依頼を行った。ところが、日本のＣ銀行の、オペレーションミスにより、米国のＢ銀行には送金されず、タイにあるＤ銀行の丙の口座に送金されてしまった。乙は、送金されなかったことにより取引が解消され経済的損失を被ったとして、Ｃ銀行に対して、日本の裁判所において不法行為による損害賠償請求を申し立てた。当該損害賠償にかかる準拠法は何法によるか。

【図表21】 海外送金の誤送金

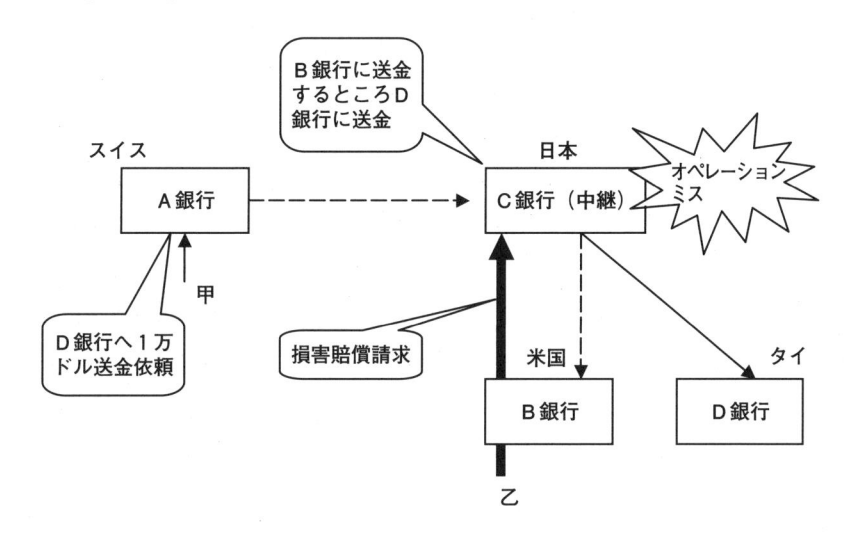

海外送金については、日本の銀行が仕向、被仕向、中継銀行の立場がありますが、その中で中継銀行としてのオペレーションミスにより発生した誤送金における事例です。

89

この事例の「加害行為の結果が発生した地」はどこでしょうか。もともと1万ドルは、米国のB銀行の口座に送金されるはずであったのにその送金がなされなかったことから、加害行為の結果が発生した地は米国となり、米国法が適用されることとなります。一方、日本のC銀行のオペレーションミスによって資金はタイのD銀行に送金されているのですから、その侵害結果がタイに発生したという解釈もまったくないわけではありません。

　このケースでは送金されるべき資金が入らなかったとして、米国を加害行為の結果発生地とするのが妥当と考えておきます。

　次に、「加害行為が行われた地」はどこでしょうか。オペレーションミスが発生した中継銀行のC銀行は日本にあることから、日本が加害行為地になると考えられます。C銀行としては、米国における侵害結果発生にかかる予見可能性はなかったことを立証することとなりますが、被仕向国、受取人にかかるである送信電文の記録がある以上、C銀行は侵害結果が米国で発生することについて通常予見できなかったことの証明は困難と思われます。よって、事例の場合には、米国法が準拠法となると考えられます。

　ところで、世界各国に事業展開している企業は、ある国の1つの銀行にCMS（キャッシュ・マネジメント・サービス）として資金を集中させて、すべてその国のその銀行にて資金の授受、決済を行っている場合があります。たとえば、オーストラリアの銀行にCMSを依頼している企業の口座に送金が行われるべきところ、誤送金によって送金されなかったことにより、当該企業の各国での事業展開が不調に終わり、不測の損害が発生した場合の「加害行為の結果が発生した地」はどこになるでしょうか。被仕向銀行の所在地であるオーストラリアの法律によるべきであるという解釈もあるかもしれません。当該企業の損害の発生した各国の国際私法において、原則、侵害結果発生地において準拠法を委ねているとした場合に、同社の事業の損害がすべてCMS銀行の所在するオーストラリア法だけで規律されることが実際に適切なのかどうかは、当該企業と事業と実際に損害が発生した地との密接関連性や加害者の予見可能性等を総合的に考慮して判断

する必要があると考えられます。

⑤　実務上の留意点

　銀行取引において渉外的に不法行為となる事例をいくつか紹介しましたが、通則法17条における「加害行為の結果が発生した地」、「加害行為が行われた地」、そして予見可能性の有無を含めて解釈に委ねられる場面が少なくないこと、その解釈いかんでは、準拠法が異なる結果を招くことにお気づきいただけたかと思います。無体財産権の侵害となるため侵害時点における法益の所在地が一義的に明らかにならないため銀行取引における加害行為の結果発生地は依然として解釈にわかれます。こうした法解釈に委ねられている部分がある以上、不法行為にかかる一般的原則である通則法17条に対し、準拠法リスクにかかる万全の対応策といえるものはないかもしれません。

　銀行の立場からすれば、自らが不法行為責任を追及する場合、また逆に自らが不法行為責任を追及される場合のいずれにおいても、不法行為にかかる準拠法リスクを軽減するためには、まずは渉外的金銭消費貸借契約、保証契約等個々の契約地がどこであるのか、さらに、その契約（融資、保証、送金先）の実行地はどこなのか、そして、仮に不本意にも不法行為による責任追及を受けるような場面があったときに、どのようなケースが考えられるのかについて、事前に整理をしておくことが肝要と思われます。また、選択される可能性の高い準拠法が想定されているのであれば、事前にその地の法令の調査、確認を行っておくことが有効と思われます。

（注1）法務省民事局参事官室「国際私法の現代化に関する要綱中間試案補足説明」別冊NBL編集部編『法の適用に関する通則法関係資料と解説』74〜97頁、139頁（商事法務・2006年）。

（注2）別冊NBL No.84　法例研究会『法例の見直しに関する諸問題(2)』13頁（商事法務・2003年）。

(注3) 小出編著・前掲（本書4頁・注2）98、99頁。

(注4) 道垣内正人『ポイント国際私法（各論）』246頁（有斐閣・2000年）。

(注5)「予見」の対象は、当該具体的な結果の発生ではなく、それと同種の結果の発生をいう。つまり特定の甲という者が被害を受けることを予見する必要はなく、甲のような者がそこで被害を受けることが予見の対象である。澤木敬郎＝道垣内正人『国際私法入門〔第6版〕』240頁（有斐閣・2006年）。

(注6) Ａが危険物（爆発物）を日本で荷造りし、外国に住むＢに送付したところ、荷造りの仕方が悪かったため、Ｂの手元についたときに爆発し、たまたまＢの家に遊びにきていたＣが障害を受けた場合、ＡはＣの人身障害を予見していなかったとしても当該危険物による同種の人身障害が発生し得る場所としてＢを予見すべきであったと判断される可能性が高いと思われる。しかし、Ｂの手元で爆発する前にＢがＡの関知しないところで他国に居住するＤに対して危険物をそのまま送付し、Ｄが受領した後に爆発してＤが傷害を受けた場合において、Ａが当該危険物の爆発による人身傷害が発生し得る場所としてＤの居住する国を予見することができず、かつ、予見する注意義務もなかったと判断されれば、Ａが行動した場所である日本法がＤのＡに対する不法行為債権の成立および効力の準拠法となると思われる。法務省民事局参事官室・前掲（注1）79頁。

(注7) 小出編著・前掲（注3）102頁、別冊NBL No.84　法例研究会・前掲（注2）20〜22頁。

(注8) 編集部「①ＢＣＣＩ事件の全貌」金融法務事情1305号4頁、小林秀之「②ＢＣＣＩ事件と国際倒産法」金融法務事情1305号9頁。

第2部 各 論

8 不法行為の準拠法（例外的規定）

1 原則的連結と例外的連結

　不法行為の準拠法選択にかかる原則的連結政策として、通則法17条ではその連結点を「加害行為の結果が発生した地」とし、また加害者の予見可能性の有無により連結点が「加害行為が行われた地」となることをご説明しました。通則法では、こうした一般原則の規定だけでは多様化する様々な不法行為の準拠法決定に困難が伴う事情を考慮して、生産物責任や名誉または信用の毀損についての個別的不法行為として特定の類型に属する特則（注1）や原則的連結や個別的特則だけではより密接な関係地法を導けない場合の例外規定を設けています（注2）。

2 生産物責任にかかる準拠法（通則法18条）

(1) 趣　旨

　生産物責任とは、生産物の瑕疵により生ずる生産業者に対する不法行為責任をいいます。概念的には製造物責任とほぼ同様と考えてよいでしょう。

　たとえばある自動車メーカーが、当該メーカーが製造した自動車の売買市場として世界を転々流通する可能性のあるものについて、仮にその自動車の欠陥による責任が生じた場合通則法17条の一般原則によって侵害行為の結果発生地としての規定を一律に適用してしまうと、その侵害の結果発生地は世界中に存在する可能性があります。これではメーカーとしては、いざ渉外紛争に巻き込まれた場合の準拠法の予見可能性を欠いてしまいま

す。そこで例外的規定として、通則法18条では、生産物責任にかかる債権の成立、効力の準拠法にかかる連結点を「被害者が、生産物の引渡しを受けた地」の法によるとしています。

この18条でいう「生産物」は、製造物責任法（平成6年法律第85号）上の「製造物」より広く、加工された動産に加え、未加工の農水産物や、不動産（建物等）などを意味するものです。「引渡しを受けた地」の意味は法的に占有取得した地を意味し、実際に被害者が占有した地ではなく、「市場地（市場においた地）」という概念であるとされています(注3)。

通則法18条但書では、生産業者が、その地における生産物の引渡しが通常予見できないものであったときは、生産業者等の主たる事業者の所在地法（生産業者等が事業所を有しない場合にあってはその常居所地法）によるとされています。これは、一般原則同様に、被害者保護と生産業者の予見可能性のバランスを図る規定です。

(2) 銀行取引と生産物責任

銀行取引の場面では、生産者たる取引先にかかる生産物責任と貸し手責任という形で、渉外的な訴訟となる場面が想定されます。

事例1

日本のX銀行は、日本に本社をもつ製薬会社乙社のA国法人に対する融資を行っていた。

乙社の製薬品は、A国からB国にて輸出販売されていたが、B国からC国へ流通し、D国在住の丙がC国で当該製薬品を購入、服用し、D国に帰国後、副作用による障害を被った。丙は、日本の裁判所において、製薬会社Z社（日本）に対し生産物責任にかかる損害賠償と、X銀行に対し貸し手責任による損害賠償を請求した。Z社への生産物責任にかかる損害賠償とX銀行への貸手責任による損害賠償請求の準拠法は何法によるべきか。

この事例では、Z社における「被害者が生産物の引渡しを受けた地」（市場地）がどこか、ということが論点になります。A国からB国までの市場が想定されていますので、B国法の適用までは問題はないと思いますが、18条但書により、B国以外の国での商品の引渡し地、C国での引渡しの予見可能性があったかどうかによって結論が異なります。C国でのD国人丙への引渡し（購買）について通常予見できないものと判断されると、実際に製薬を販売している乙社の主たる事業者があるA国法が準拠法になります。逆に、C国が市場となることが予見可能とすれば、C国法の適用可能性もあります。

X銀行に対する貸し手責任については、通則法17条の原則的連結政策をもとに検討することとなりますが、銀行の融資を行った地を加害行為が行われた地とするのであれば米国法となります。本事例ではX銀行からすると、D国在住の丙の損害を予見することは困難と思われますので、17条の但書による予見可能性があったとはいえないとして、加害行為を行った地（融資を行った地）のA国法が準拠法となると考えられます。

③ 名誉・信用毀損にかかる準拠法（通則法19条）

(1) 趣　旨

通則法19条は、名誉または信用を毀損する不法行為について、17条の特則として規定されています。被侵害法益が名誉または信用という無形の存在であることを踏まえ、連結点を「被害者の常居所地法による」(注4) としています。この規定には、加害者の予見可能性を考慮した規定はありません。

名誉・信用毀損にかかる渉外的な不法行為について、通則法17条をそのまま規定するとなると、「加害行為の結果が発生した地」を原則としますので、たとえばインターネット(注5)で世界中に名誉・信用を毀損するような情報を発信してしまいますと、それを受信したすべての地が結果発生地となり、どの地域、結果発生地であるかを確定することは非常に困難

になります(注6)。

　たとえば、米国で世界的に著名な映画俳優について、ある国において名誉毀損にかかる情報をインターネットで配信した場合、その著名人の名誉は日本をはじめ、各国での名誉毀損されたこととなってしまいますが、このように1つの不法行為で複数の国の準拠法をすべてみていくことは不可能といえます。

　一方で名誉毀損にかかる「情報を発信した地」の法を準拠法といたしますと、被害者の保護の観点から問題になります。

　そこで通則法では、名誉・信用毀損にかかる不法行為の準拠法の連結点を被害者の常居所地法として、最密接関係地を単一に連結できるように規律しています(注7)。

(2) **銀行取引と名誉・信用毀損について**

　銀行取引においては、銀行が主体となって名誉・信用毀損を行う場面と、受ける場面が考慮されます。前者はほとんどないといってもよいでしょうが、インターネットにより、金融関連情報を世界中に発信している現状を踏まえますと、掲載事項の誤記載等により、なんらかの形で取引先、第三者に対する信用を毀損するケースがまったくないとも限りません。仮にでも、多国籍企業への情報公開ミスなどにより不法行為責任を負うような場合には、通則法19条により、被害者の常居所地法が準拠法となるということに留意してください。

　一方、銀行が名誉・信用毀損を受ける場合には、被害者の常居所地法となりますので、日本の裁判所での争いである限り、通常であれば日本法が常居所地法となると考えてよいでしょう。

8 不法行為の準拠法（例外的規定）

> **事例2**
>
> 日本のX銀行は、米国、英国、仏、独に支店がある。英国において、英国の新聞社Y社は、X銀行の英国支店が、マネー・ローンダリングに関与したという情報を世界中に配信したが、後日それは誤認であることが判明した。X銀行は信用を失墜し、Y社の東京支社を相手取り、日本において名誉毀損による賠償を請求することとした。本不法行為にかかる準拠法は何法によるか。

　この事例の被害者であるX銀行の事業者の常居所地法はどこかということですが、通則法19条の規定により、被害者が法人の場合には、その主たる事業所の常居所地法が準拠法になりますので、X銀行の英国支店、米国、仏、独、そして、日本の本店がすべて信用毀損の損害を被ったとしても、主たる事業所の日本が準拠法になります。「関係する事業所」（通則法8条2項）ではないという点に留意してください。

④ 明らかにより密接な関係がある地がある場合の例外（通則法20条）

　通則法20条では、さらに17条〜19条の規定にかかわらず、①不法行為の当時において、当事者が法を同じくする地に常居所を有していたこと、②当事者間の契約に基づく義務に違反して、不法行為が行われたことその他の事情に照らして、17条〜19条により指定された地よりも明らかに密接な関係がある他の地があるときは、当該地の法律によるとし、前3条の規定のさらなる例外規定が設けられています。これは①、②のような場合が、準拠法の具体的妥当性が確保されるケースが多いということを鑑みて、準拠法決定をより柔軟化させることを趣旨とし（注8）、この2つの類型のほか、その他の事情に照らしてより密接な関係地があるときは、その地を最密接関係地とするものです。

(1) 当事者の同一常居所地法

　最密接関係地の根拠の類型として、①当事者が法を同じくする地に常居

所を有していたこと、については「不法行為の当事者双方の社会生活の基礎となる法律である同一常居所地法は、当事者双方に密接に関係する地の法律であり、その法律を適用することが当事者の利益にかなう」という考え方を根拠としています(注9)。

ただし、当事者が法人の場合で、世界各国に支店、事業所を有している場合にはどの地を常居所地とするかという問題もありますが、これは解釈に委ねられているようです。

たとえば、日本のX銀行が、A国の企業Y社の日本の支社に対して日本で融資を行う場合、X銀行A国支店がA国でY社に融資を行う場合、あるいは、X銀行A国支店がB国の銀行と提携して、X銀行のC国支店からC国にあるY社の支社に対して融資を行う場合などを想定してみますと、それぞれの事業所のどこが常居所地になるかは、最密接関係地の観点から個々に判断していくしかありません。なお、常居所地の判断する時点は、不法行為発生時における当事者の常居所地を前提としています(注10)。

(2) **当事者間の契約に基づく義務に違反して不法行為が行われたこと（附従連結）**

最密接関係地の根拠の類型の2つ目として、②「当事者間の契約に基づく義務に違反して不法行為が行われたこと」については、不法行為の問題が、当事者間の法律関係に関係する以上、加害行為の結果発生地よりも当事者間の法律関係の準拠法を適用することが当事者の予見可能性を確保して合理的な結果を導くことが可能であること、また請求権の競合のような場合の適応問題を回避することを目的としています(注11)。

適応問題とは、本書の第1部総論の章（25〜26頁）で説明しましたが、準拠法相互のズレが生ずる場合の対応の問題です。たとえば、日本のX銀行に関して、英国に本社をもつ外国法人Yの子会社のZの米国支社への融資について英国本社Yが保証契約を締結していた場合（準拠法は融資、保証いずれも英国法）、外国法人Yがなんらかの事情で保証債務を履行しなかったケースを想定してみます。実際の損害は融資を行っていた米国で発

生し、X銀行の米国支店がデフォルトリスクを負ったとする場合を考えてみますと、日本の銀行の外国法人にかかる損害賠償請求権が当初の保証契約によっても根拠付けられるような場合には、保証契約上の請求権（英国法）と、不法行為にかかる損害賠償請求権（加害行為の結果発生地が米国であるので米国法による損害賠償請求）が競合することになるとも考えられます。こういった場合には、当事者の契約の義務違反としての準拠法選択を行い、契約準拠法上の英国法が最密接関係地である法として解決することが可能になります。

(3) 銀行取引上の留意点

20条によって通則法17条の一般的連結政策だけでは解決できなかった場面でも、①当事者の同一常居所地法によるか、②当事者の契約に基づく準拠法を選択することで、より密接な関係地の法を選択する手段がとりえることになります。銀行取引の立場からは、②の観点からより密接な関係地への連結政策を行うほうが事実認識に適合する場面が多いものと思われます。ただし、当事者の常居所地法が一致しているといっても、偶発的に常居所地法が一致している場合もあれば、契約準拠法に委ねることがかならずしも最密接関係地とはいえない場面もあり得るということです。通則法20条の規定はあくまで、①②を例示として、より明らかに密接な関係が有される場面に限られるということであって、通常の推定規定と比べて適用要件が厳格化されているという点に注意が必要です。

5 事務管理、不当利得（通則法14条、15条）

渉外的な事務管理、不当利得については、通則法14条において原則的連結を原因事実発生地法とし、15条における例外規定として、20条同様の趣旨の規定が定められています。

6 当事者による準拠法の変更（当事者自治）（通則法21条）

通則法21条では、不法行為の当事者は、不法行為の後において不法行為

によって生ずる債権の成立および効果について変更することができ、変更によって第三者の権利を害する場合には、その変更は第三者に対して対抗することができない旨を規定しています。

　不法行為は正義、公平の原則に基づく公益的な側面よりも、当事者の利益調整という側面が強調されることから、当事者自治を認めて変更を認めることが妥当と考えられることを趣旨とするものです (注13)。

　不法行為の後に限って変更できるとしていますが、これは事前に当事者間で不法行為の準拠法変更を認めることは、事業者と個人との契約においては、弱者たる消費者保護に欠ける準拠法選択がなされることを防ぐためです。事後的変更により「第三者の権利を害する場合」とは、不法行為によって生ずる債権の存在を前提として、準拠法の変更前に当該債権について法的な利害関係を有した者がいる場合において、その法的地位が変更後の準拠法の適用と比して不利益になることを意味するとされています (注14)。

　銀行取引の場面に当てはめてみますと、金銭消費貸借契約があって、その債務者に保証人が複数いるような場合において、本体の金銭消費貸借契約の準拠法を変更する場合には、保証人がいわば第三者の範ちゅうに該当し、保証人との関係において、保証契約の内容が当該変更後の準拠法により不利益となってしまう場合には、保証契約の部分は、変更前の準拠法が適用されることとなります。

事例3

（準拠法の事後的変更）

　日本のX銀行のR国支店は、R国の法人Y社に対して、準拠法はR国法として金銭消費貸借契約を締結し、融資を行っていた。その後、X銀行は、R国の海外支店を閉鎖、撤退することとした。A銀行は、当時のY社への金銭消費貸借契約の準拠法を日本法に変更するができるか。

銀行実務としては、事例のような場合について、準拠法のみを変更することが通則法上規定されていることに不便はないと思われますが、同条項における第三者の範囲は何か、たとえば前記契約にかかるＹ社の取引先を含むのか、保証を差し入れている第三国の会社がいた場合はどのようになるのか等については、個別具体的な状況から判断が必要とされ、若干の解釈論に備える必要があります。(注15)

事例の回答としては、第三者の権利を害しない範囲で日本法に変更することができるとなります。準拠法だけの変更となりますと、前記の解釈論を若干ながら含むこととなりますので、実際の実務としては、現行実務どおり、契約それ自体を変更・更改することが適切な処理であると考えます。

7 不法行為についての公序による制限（特別留保条項）(通則法22条)

通則法22条は、特別留保条項にかかる規定として、不法行為についての外国法の適用を公序により制限する規定です。

同条1項では、不法行為について外国法を適用した場合に不法行為が成立する場合であっても、日本法の下ではその不法行為は成立しない場合については、日本法を累積的に適用して、当該外国法に基づく損害賠償その他の処分の請求はすることができないとし、また2項では、不法行為について外国法によるべき場合において、当該外国法と日本法いずれにおいても不法となるときについて、その損害賠償その他の処分の請求は、日本法により認められたものでなければならないとされています。

自国の不法行為法制度とは異なる外国不法行為法の適用を公序により排斥する原則であり、法例11条2項3項の趣旨をそのまま残したものです。

不法行為だけに外国法と自国法を累積的に適用する法制度（ダブル・アクショナリビリティ・ルール）をとっている国は少数のようであり、国際的には主流の考え方ではなく、法制審議会においても本条文の同趣旨の規定の廃止を求める意見も多数ありましたが、結果として、本規定の存在意義については現在でも必要との判断から存置されたものです (注16)（注17）。

第2部 各 論

本件にかかる判例として、「カードリーダー事件」(最一判平成14・9・26民集56巻7号1551頁、判例時報1802号19頁)があります。日本企業Yが日本において製品を米国に輸出し、そのYの子会社が米国で販売した行為について、特許侵害に基づく不法行為とされ、原因結果発生地を米国としたうえで、法例11条2項を適用して日本法を累積的に適用した事例です。

8 実務上の留意点

不法行為にかかる連結政策は、原則的連結政策である通則法17条をはじめ、不法行為にかかる取引形態(18条、19条)、明らかなより密接な関係地がある場合の例外(20条)、当事者自治(21条)、不法行為についての公序による制限(22条)など、多層的な適用関係になっていますが、これらの規定の適用にかかるフローは、【図表21】のように整理できます。

この図をみましても、取引類型や当事者の環境などによって、さまざまな準拠法選択の適用可能性があり、国際的にも多様化する渉外的不法行為について、これだけの規律の区分化・重層化が求められていることがわかります。

しかし、17条の原則的連結政策を含め不法行為規定全般にいえることですが、銀行取引の場合には、無形の財産的取引であることから、「侵害が発生した地」、「加害行為地」、そして事業所としての「常居所地」、そして「最密接関係地」が、具体的には何(どこ)を指すのかについて、個々の解釈問題が内包されていることは、これまで説明してきたとおりです。したがって、ただ単にこの図のように機械的に通則法の条文を適用していくことで、すべて銀行実務の感覚に合うものとして確実に最密接関係地の準拠法を決定できるわけではないことに留意が必要です。

銀行取引における渉外的な不法行為の問題は、頻繁とはいえないまでも貸し手責任、国際倒産時における損害、名誉毀損など、突如予期しない形で起こり得る不法行為事例への対応として準拠法決定は大きな意味をもちますので、いま一度通則法の条文に照らし合わせ、個々の条文の意味と適

用関係の理解と、想定される不法行為事例への対応方針について整理しておく必要があると思われます。

【図表22】 不法行為規定の条文の適用フロー

```
                    不法行為の発生
                         ↓
    当事者により不法行為にかかる債権の成立・効果にかかる
    準拠法を変更するか（当事者による準拠法の変更）(21条)

         変更しない ↓              ↓ 変更する

    明らかに密接な関係がある地があるか (20条)
      ・当事者間の契約に基づく義務の違反か
      ・当事者が法を同じくする常居所地を有
        しているか
      ・その他事情に照らし明らかに密接に関
        係する地があるか

         ない ↓         ↓ ある

    一般原則 (17条)
    生産的責任の特例 (18条)
    名誉・信用毀損の特例 (19条)

              ↓      ↓      ↓

                準 拠 法 確 定

                    ↓ 外国法の適用の場合

    不法行為についての公序による制限 (22条)
      ・外国法において不法行為とされた行為が日本法上も不法とさ
        れるものであるか（1項）
      ・1項で不法行為とされた場合、日本法により認められる損害
        賠償その他の処分でなければ請求することができない（2項）
```

(注1) 法務省民事局参事官室「国際私法の現代化に関する要綱中間試案補足説明」79頁。諸外国における状況として、スイス国際私法における交通事故、生産物責任、不正競争、不動産に起因するインミッシオン（工場施設等の不動産から発せられる周辺への悪影響を法益侵害とする類型）、イタリア国際私法（製造物責任に関する特例）、オーストリア国際私法（不正競争に関する特則規定）などがある。

(注2) 小出編著・前掲（本書4頁・注2）103頁。

(注3) 小出編著・前掲（注2）106～108頁、法務省民事局参事官室・前掲（注1）86頁。

(注4) 小出編著・前掲（注2）110頁参照。

(注5) 道垣内正人『ポイント国際私法（各論）』252～254頁（有斐閣・2000年）。

(注6) 従来、名誉または信用を毀損する不法行為に関しては、名誉または信用を毀損する情報が伝播したすべての地点において侵害結果が発生していると考え、各法域毎に異なる不法行為が発生し、それぞれについて準拠法決定をすべきであるとする考え方（モザイク理論）もあるが、単一の法律関係について、準拠法がまちまちになる等当事者の紛争解決を複雑にするとの批判があり、こうした考え方は取り入れなかった。法務省民事局参事官室・前掲（注1）87～89頁。

(注7) 諸外国の動向については、別冊NBL No.84　法例研究会『法例の見直しに関する諸問題(2)』83～84頁（商事法務・2003年）。

(注8) 小出編著・前掲（注2）116頁。

(注9) （注1）73頁カナダのスキーツアーに参加した日本人同士の接触事故にかかる不法行為に基づく損害賠償請求権が問題となった事例では、接触事故自体がカナダのスキー場で発生したにもかかわらず、原因発生地を日本法とする判断をしている（千葉地判平成9・7・24判例時報1639号86頁）。

(注10) 法務省民事局参事官室・前掲（注1）74、75頁。

(注11) 法務省民事局参事官室・前掲（注1）76頁。

(注12) 小出編著・前掲（注2）119頁。

(注13) 小出編著・前掲（注2）120頁。

(注14) 西谷祐子「新国際私法における不法行為の準拠法決定ルールについて」NBL 813号 36、37頁。英国判例、ドイツ民法等における特別留保条項にかかる変遷等について詳細に紹介されている。

(注15) 法制審議会国際私法（現代化関係）部会第26回会議議事録抜粋（平成17年6月14日）銀行代表委員発言「それらのとき（事後的な準拠法変更を要するとき＝筆者挿入）にはおそらく更改をすると思うんです。リストラクチャーで融資の組み替えをするとかいろいろするときには、恐らく、準拠法の事後的指定という、そこだけではなくて、契約全体をいじることが多いと思います。したがって、（事後的に準拠法を変更することについての）実務的ニーズは高いかどうかといったら高くはないと思います。

(注16) 小出編著・前掲（注2）122、123頁。

(注17) そのほか東京地判平成10・5・27判例時報1668号89頁（トリプトファン事件）。

　日本の化学製品メーカーであるYから合成アミノ酸であるLトリプトファンの供給を受けて医薬品を製造・販売したドイツの薬品メーカーXが、Lトリプトファンが原因と思われる疾病の発生により製品の回収を余儀なくされ、販売許可停止等による損害賠償を被ったとして、Yに対して損害賠償請求をした事件。不法行為責任については法例11条2項（通則法では22条1項）により、行為地法であるドイツの要件の充足に加え、日本法の要件も満たさなければならない旨判示。

第2部 各論

9 債権譲渡、債権質、相殺

① 債権譲渡の成立、効力

債権譲渡は国内・国外とわず銀行実務上重要な法律行為の1つです。

債権譲渡にかかる準拠法の適用の関係をみると、①債権譲渡の成立、譲渡人・譲受人間の効力の準拠法、②債権譲渡行為にかかる債務者に対する効力の準拠法、そして③債権譲渡行為の第三者に対する効力の準拠法の3つの関係に分けることができます（【図表23】）。

【図表23】 国際的な債権譲渡にかかる関係

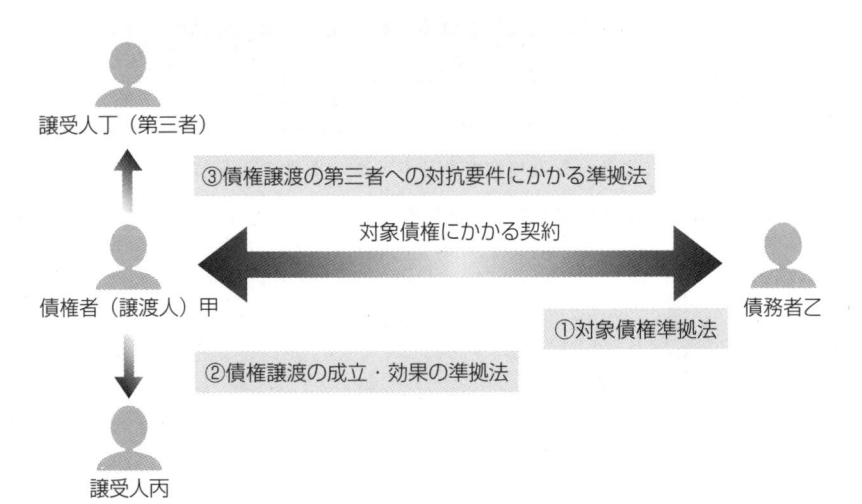

譲受人丁（第三者）

③債権譲渡の第三者への対抗要件にかかる準拠法

対象債権にかかる契約

債権者（譲渡人）甲 ←→ 債務者乙

①対象債権準拠法

②債権譲渡の成立・効果の準拠法

譲受人丙

通則法制定前の債権譲渡関係の規定としては法例12条があり、「債権譲渡ノ第三者ニ対スル効力ハ債務者ノ住所地法ニヨル」と規定されているだけでした。債権譲渡それ自体は当事者の合意だけで譲渡の効力が生じることから、譲渡人と譲受人間などの問題は7条（法律行為）の規定で対応することができ、第三者対抗要件だけの規律を設けたというのが、起草時の考え方であったようです。

しかしながら、わが国の国際私法の考え方として、債権譲渡行為を準物権的行為として捉えて、その原因関係の準拠法（売買、贈与等）と区分けしたうえで準物権行為の準拠法については、譲渡対象債権の準拠法とするという考え方が通説とされていました。

この通説的な考え方にたちますと、たとえば、日本国内のA銀行が日本の国内にあるC社に対するローン日本法を準拠法として契約を日本法を準拠法として締結し、その後A銀行は当該貸金債権を海外のB社に譲渡する債権譲渡契約を締結したとします。この場合、当該譲渡人A銀行と譲受人Bとの間の原因行為（この場合は売買）とは別途独立した債権譲渡行為については、その対象債権の準拠法である日本法が、債権譲渡にかかる準拠法になります。

債権譲渡の原因行為という概念が少しわかりにくいかと思いますが、債権譲渡を行うには、その原因となる行為があり、これとは別に債権譲渡行為自体は別個の準物権行為として整理し、その準拠法を考慮するものと理解してください。

また、これに対して債権譲渡行為という原因行為と区別せずに、債権譲渡は債権的法律行為であるからその準拠法7条（当事者による準拠法選択）によるとする考え方があります (注1)。

要綱中間試案においては、前者の通説的考え方に立って、債権譲渡行為を原因行為として区別したうえで、その効力は、「譲渡の対象となる債権の準拠法による旨の規定を設ける」案（A案）（【図表24】）と、双方の考え方を含め解釈に委ねることとして、規定をおかないという案（B案）が

提示されました。

【図表24】 債権譲渡行為を原因行為と区別したうえで、対象債権にかかる準拠法とする考え方

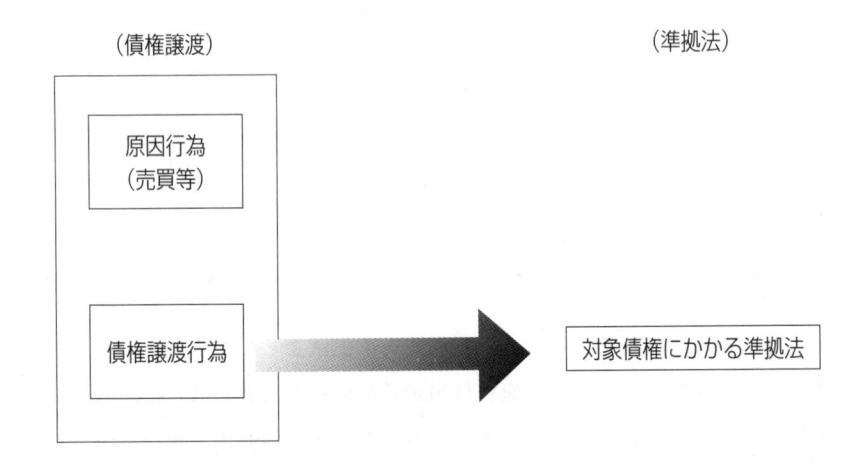

(債権譲渡)　　　　　　　　　　　　　　(準拠法)

原因行為
(売買等)

債権譲渡行為　→　対象債権にかかる準拠法

　要綱中間試案に対する全銀協意見書では、「債権譲渡を行う場合には対象債権の譲渡可能性を確認した後に債権譲渡行為を行うのが一般的であって、結果的には債権の売買行為である原因行為の準拠法と対象債権の準拠法のいずれも確認のうえで債権譲渡を行っている。(略)したがって、銀行実務上、いずれかを強く支持する根拠はないものの、債権の譲渡可能性を対象債権準拠法により確認しているということを明確にする観点から、A案を支持する」との意見を表明していました。(注2)
　しかしながら、国際私法上、債権譲渡行為と原因行為から独立した準物権行為とする通説自体への異論があり、原因行為と債権譲渡行為の単独行為の境界について解釈上の争いもあることまた、取引上の規定化する強いニーズがないこと等を考慮してB案が支持され、規定はおかないこととなりました(注3)(注4)。本件は学説的な問題であり、実務の観点からは特段の影響はないものと思われます。

9 債権譲渡、債権質、相殺

② 債権譲渡にかかる債務者、第三者に対する対抗要件にかかる準拠法

(1) 法例12条の見直し

　債権譲渡に関する第三者対抗要件にかかる準拠法規定について、法例12条では、「債権譲渡ノ第三者ニ対スル効力ハ債務者ノ住所地法ニヨル」とされていました。ここでいう第三者には債務者も含まれることとされ、【図表23】の②③があわせて規定されていたこととなります。

　たとえば日本の銀行が日本国内に住所をもつ債務者に対する貸付債権を海外の銀行に売却する場合は、債権譲渡にかかる債務者と第三者に対する対抗要件の準拠法は、債務者の住所地である日本法が準拠法になるということになります。

　しかしながら、その後当該債務者の住所が変更された場合に、その住所が不明確であることや（注5）、異なる国に住所を有する債務者が混在している多数の債権を一括譲渡する場合には、各債権について債務者の住所地法上の対抗要件を備える必要が生じるため、債権の流動化の阻害になっているのではないかと指摘されていたこと、さらに「規制改革推進3か年計画」（平成13年3月30日閣議決定、平成14年3月29日閣議改定、平成15年3月28日再改定）「規制改革・民間開放推進3か年計画」（平成16年3月19日閣議決定、平成17年3月25日改定）などにおいて、国際的な債権流動化の促進の観点から、法例12条の見直しについての検討が要請されました。この法例12条の見直しの必要性が平成19年の法例改正の起点となったとされています。

(2) 通則法23条

　通則法23条では、「債務者その他の第三者に対する効力は譲渡に係る債権について適用すべき法による」と規定されました。この条文の規定背景として法制審議会国際私法（現代化関係）部会での検討過程について若干説明します。

　法制審議会では、債権譲渡の第三者に対する対抗要件にかかる準拠法に

ついて、次の2つの提案がなされました。

1つは、債務者・第三者対抗要件の準拠法を「譲渡人の所在地法によらせるべきである」とする考え方（A案）、もう1つは「対象債権の準拠法によるべきである」とする考え方（B案）です。

前者の「譲渡人の所在地法によらせるべきである」とする考え方によれば、たとえば複数の異なる国にある債権をひとまとめにして、他国の譲受人に対して一括譲渡する、バルクセールのような事例を考えてみると、日本の銀行が当該複数の債権を譲渡するのであれば、日本の銀行は、自らの所在地法である日本法により対抗要件を考慮するだけですので、これは法的安定性の観点から優れているようにも思われます。しかし、現行実務では、渉外的に債権を譲渡する場合、譲り受ける場合のいずれにおいても、法的安定性をより要求するものであり、対象債権の内容、第三者対抗要件、譲渡可能性など、関係所在地における訴訟を想定し、数々のリーガルチェックを経たうえで取引を行うのが通常です。

また、渉外的紛争は、かならずしも日本国だけが訴訟地になるわけではないことをあわせて考慮すると、本規定をおくことについて直接的な効果が見受けられないこと、また、逆に第三者対抗要件にかかる規定のみを譲渡人の常居所地法によらしめることにより、対象債権の成立・効力と、第三者対抗要件の準拠法が異なるような場面が考えられ、準拠法適用の複雑化を懸念する指摘もありました。

全銀協における検討においても、この債権譲渡の第三者対抗要件を譲渡人の常居所法によるとするA案については実務的な問題点が多く、むしろ、対象債権の準拠法による考え方（B案）のほうが、現状の実務に適合すると思われることを理由として、B案の対象債権準拠法による考え方の方を支持する意見を表明しました。(注6)(注7) そして、各産業界からの意見もB案を支持する意見が多く、最終的な法制審議会における議論の結果「対象債権の準拠法によるべきである」考え方を規定化することで合意されました(注8)(注9)。対象債権の準拠法となりますと、通則法7条、8

条における法律行為の成立及び効力の準拠法、取引によっては11条の消費者契約の特例規定等により適用される準拠法となります。

③ 債権質

　通則法には、債権質にかかる準拠法に関する規定は設けられませんでした。これまでの法例上明文の規定がないことや、諸外国における立法例がないこと等(注10)により、あえて規定を設ける必要はないとの判断によるものです。

　債権質の準拠法は、銀行取引においては、預金債権に対して質権を設定して与信を行う場合に関連します。

　債権質の準拠法については、①債権質を物権と解したうえで物権の準拠法規定（法例10条、通則法13条）によるとする立場、②債権質を物権と解するが、法例10条によらず、その目的たる債権自体の準拠法による立場（通説）、③債権質を債権譲渡の一種として考えたうえで法例12条（通則法23条）が適用または準用されると解する立場（有力説）等があり、見解が分かれています。(注11)。

　銀行実務上は一般的には目的の債権自体の準拠法によるとすると認識しておき、学説の動向に留意しておくことでよいと思われます。

④ 相　殺

　渉外的な相殺が行われた場合の準拠法の適用については国際私法上の論点があります。しかし、各国制度において相殺という概念についての定義が明確ではないこと、性質が異なること、そして立法例がないことなどを踏まえ、学説上の議論が十分になされていないことなどから、通則法上の規定は設けられませんでした(注12)。

　相殺にかかる通説的考え方は、受働債権の準拠法と自働債権の準拠法が累積的に適用されるというものですが、担保的機能に注目し、受働債権の準拠法によるとする考え方（受働債権説）もあるようです(注13)。

第2部 各 論

　たとえば、A国人甲が日本のX銀行と預金取引（準拠法の指定なし：最密接関係地法の観点から日本法が準拠法）を行い、あわせてローン契約（準拠法はA国法とする）を締結している場合に、X銀行が、甲に対して相殺を申し出る場合には、通説的には日本法とA国法を累積的に適用することになります。また、受働債権説によれば預金債権の準拠法である日本法を適用することになります。

　しかしながら、何が自働債権で何が受働債権なのかは、国際私法独自の面から判断することとなるので、日本の実体上の概念のみで解釈することはできないことに改めて注意が必要です。

5　事例および実務上の留意点

　では、債権譲渡、債権質、相殺に関係するいくつかの事例をみていきます。

> **事例1**
> 　日本のA銀行は、米国に所在するB銀行の、メキシコの企業C社にかかる貸出債権を譲り受けることを検討している（米国B銀行とメキシコの企業C社との間の貸出債権契約の準拠法は米国法である）。
> 　日本のA銀行がB銀行から債権譲渡を受ける際、準拠法に関して注意するべき点は何か。また、当該対象債権の準拠法が合意されていなかった場合についてはどうか。

　シンプルな事例として、日本のA銀行が海外の銀行から1つの債権を譲り受ける場合をみてみます。債権を譲り受ける日本の銀行は、少なくとも以下の事項についての検討が必要になると思われます。

(1)　**債権譲渡の対象債権の準拠法が合意されている場合**

　この事例では、債権譲渡の対象となる貸出債権の準拠法が米国法に合意されていますので、次のチェックが必要になります。

> ①対象債権準拠法である米国法の内容をチェックする（当該債権の譲渡可能性があるのか。また、債権契約として成立しているかどうか）。
> ②Ｂ銀行との債権譲渡契約を締結する際に必要な方式、契約内容としての不備はないか（たとえば米国法上形式的な不備がないか、あるいは米国法上の契約成立にかかる対抗要件を備えておく必要はないか）。
> ③他の債権者、または債務者からの相殺、または債権質権者からの対抗が主張される可能性はないか（当該債権の関係者から、不測の対抗を主張される懸念はないか。その場合において、対象債権のみならず他の準拠法を想定しておく必要はないか）。
> ④日本以外の訴訟地の場合について準拠法の争いが生じた場合の対応は可能か。

　この事例では、対象債権の準拠法は米国法に合意されているので、通則法23条によって、債務者、第三者対抗要件も米国法に基づいて判断し、方式を含めてそれが適切に対応されているかどうかのチェックを行うこととなります（②）。

　次に、債務者、他の債権者からの不測の権利の対抗の主張を受けた場合における、自らの債権譲渡の対抗要件にかかる準拠法とそれらの権利主張に対応する手段は何かといった、法律関係のチェックが必要になります（③）。

　そして予想に反して、日本以外が訴訟地となり、当初想定していなかった債務者や第三国の債権者等からの権利主張を受けた場合には、債権譲渡の対抗要件についても対象債権準拠法だけの問題にとどまらないこともあります。そのような場合には、債務者の存在するメキシコにとどまらず、契約履行地やＣ社の主要取引先のある国など、予想可能な範囲での準拠法の確認が必要と思われます（④）。

　世界各国における貸出債権を一括して譲り受け、さらに譲渡するといったバルクセールを行う場合であっても、準拠法リスクを避けるためには、

想定される範囲での全ての対象債権について同様のチェックを行う必要があると思われます。

(2) 対象債権の準拠法の合意がない場合

対象債権準拠法の合意がない、またはその準拠法が明確ではない場合には、まず、その準拠法の確認作業が前提になります。金銭消費貸借契約であれば、通則法8条により最密接関連地法となり、特徴的給付理論により推定し、特徴的給付を行う債権者側の常居所地法が準拠法となります。この事例ではB銀行が米国に所在しているので米国法になります。

しかし、黙示的にB銀行とC社の間でメキシコ法とする旨の合意が主張されるケースもありうるかもしれません。したがいまして、銀行実務としては、対象債権の準拠法がはっきりしていない場合には、前述のとおり想定されうる準拠法（米国、メキシコ、その他契約締結地等）のチェックは必要と思われます。さらに日本以外の訴訟地になる可能性もありますので、そのときには当該国外の法廷地の国際私法の確認も必要でしょう。

事例2

> 日本のY銀行は、中国に本社のあるメーカーE社の東京支店への貸出債権を英国のZ銀行に譲渡することを検討している。なお、当該貸出債権契約の準拠法は日本法である。日本のY銀行が債権譲渡を行う際、準拠法に関して注意すべき点は何か。

この事例では、対象債権の準拠法が日本法となっていることから、債権譲渡を行う場合には、日本法の実質法による対抗要件その他の法的手当てを行うことになります。

次に、日本以外の訴訟地の可能性を検討し、たとえば英国のZ銀行から、当該債権譲渡の第三者対抗要件について、英国を訴訟地として争われた場合や、E社の中国本社から当該債権譲渡の成立、第三者対抗要件について中国を訴訟地として、準拠法を中国法として主張された場合などの検討も

不可欠といえます。

このように、債権譲渡一般については、債権譲渡の債務者、第三者対抗要件が、通則法23条で「譲渡に係る債権について適用すべき法」となっているからといって、それだけをチェックすれば十分というわけではなく、まずは通則法で対応できる範囲での当該対象債権の準拠法の確認と対抗要件の具備を検討し、他国の準拠法が選択された場合のリスク等を総合的に勘案するなど、慎重な対応が求められます。

> **事例3**
> 日本に在住するA国人甲（A国にあるY社の代表取締役）は、A国に本店のあるX銀行から貸付を受けるため、X銀行東京支店に5,000万円の定期預金契約を締結し（準拠法の合意なし）、その定期預金証書をX銀行A国本店に持参したうえで、当該証書に質権設定契約を締結（準拠法の合意なし）し、X銀行A国本店から融資を受けた。
> (1)甲とX銀行東京支店における定期預金契約の成立、効力、(2)X銀行A国本店における債権質の成立・効力にかかる準拠法は何法か。

(1) 定期預金契約の準拠法

本事例のような定期預金契約の準拠法については、契約書上とくに明記されておらず、合意されていないことから、通則法8条の法律行為の成立・効力にかかる準拠法規定のうち、準拠法の当事者合意がなされていない場合の最密接関係地法、特徴的給付理論による推定規定が働くことになります。

定期預金契約それ自体は準消費寄託契約ですので特徴的給付理論により、特徴的給付を行う受寄者であるX銀行東京支店の常居所である日本法が適用されるものと考えられます。もしくは、黙示の意思の探求により判断することも考えられますが、日本国内における預金契約の締結なので、特段の勘案要素がない限り準拠法は日本法であると整理できると思われます。

115

ただし、A国に本店のあるX銀行と、A国人との間の契約であることから、円建ではなく、A国通貨建の預金であったり、A国法の規律を前提とした規約が存在している場合等には、逆に準拠法がA国法であるという黙示の意思が推定される可能性もありますので、個々の事例により、黙示意思による準拠法選択を一義的に確定することは予見可能性を超える結論もありうることに注意が必要です。

(2) **債権質の準拠法**

甲がA国本店に定期預金証書を差し入れた債権質の成立・効力にかかる準拠法はどう考えるべきでしょうか。

債権質自体を物権的性質とみるのか債権的性質とみるかによって、結論は異なります。物権的性質とみるのであれば、通則法13条の適用（目的物の所在地法）を考える余地もありますが、その場合には、債権証書の所在地であるA国を準拠法とする考え方もあるでしょう。

前述のとおり、債権質の準拠法を通説である、対象債権自体の準拠法とすると、本件の場合、預金債権の準拠法である日本法になります。

事例4

その後（事例3の事象の後）、甲はX銀行への融資の返済が不能となったので、X銀行A国本店は、甲に対して、X銀行東京支店の定期預金を解約して、X銀行A国本店に送金し、返済に充てるように依頼したが、甲はその定期預金債権をB国の乙へ譲渡した。

この場合のX銀行A国本店の債権質の第三者への対抗要件と乙への債権譲渡の第三者への対抗要件について、それぞれの準拠法と各権利の優劣をどのように考えるべきか。

また、定期預金契約の成立・効力の準拠法をA国法により合意していた場合はどうなるか（類似事例：最一判昭和53・4・20民集32巻3号616頁、金融・商事判例549号3頁）(注14)。

この事例は、債権質と債権譲渡のそれぞれの準拠法が考慮され、権利が対立するケースです。

(1) **債権質の第三者対抗要件の準拠法（X銀行A国本店の債権質）**

債権質の第三者対抗要件を、通説的に債権質の成立・効力と同様に考えるとすれば、対象債権の準拠法となり、本事例では通則法7条、8条により日本法となります（甲に対するX銀行の貸付は、事例3の前提から事業性融資であり、消費者契約の特例規定（通則法11条）は考慮する必要はありません）。したがって質権にかかる民法364条、467条により第三債務者（X銀行東京支店）に対して、確定日付のある証書による通知・承諾がなければ第三者対抗要件を主張できないことになります。

(2) **債権譲渡の第三者対抗要件（甲から定期預金債権の乙への譲渡）**

甲は乙へ定期預金債権を譲渡したので、通則法23条により、債権譲渡の対抗要件は対象債権の準拠法である日本法になると考えられます。

したがって、債権質の第三者対抗要件と債権譲渡の第三者対抗要件の準拠法は結果として同じ（日本法）になります。その優劣についても日本法により解決することとなります。

対象債権の存在する定期預金契約がA国法を準拠法としていた場合はどうでしょうか。通則法23条では、対象債権準拠法としているので、一転してA国法により債権質、債権譲渡の成立・第三者対抗要件を判断することとなります。

事例5

B国に本店のあるX銀行（東京支店）は、B国に本社をもつJ社（東京支社）に対し貸付を行っていた（貸出債権αの準拠法はB国法）【図表25】【図表26】。

X銀行は、日本のY銀行に対して当該債権について債権譲渡契約を締結したが、X銀行は、C国のZ銀行に対しても債権譲渡契約を締結した。さらに、X銀行は、J社の信用不安を要因として、貸付債権αとJの預

第2部 各 論

> 金債権（預金債権β：準拠法は日本法）の相殺をも主張していた。
> 　この事例におけるX銀行の債権αにかかる債権譲渡とX銀行のαとβ との相殺の準拠法は何法か。また、X銀行の債権αにかかる債権譲渡、相殺それぞれにかかる対抗要件の優劣について、日本の裁判所で争う場合にはどのように整理できるのか。

【図表25】　事例5の当事者相関図

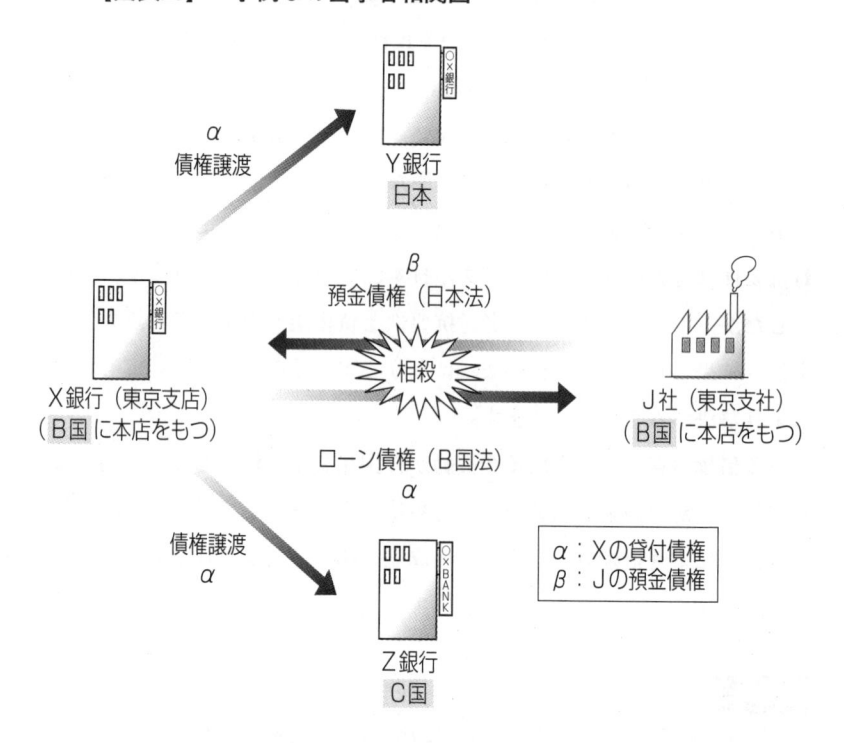

- α 債権譲渡 → Y銀行（日本）
- X銀行（東京支店）（B国に本店をもつ） ←→ J社（東京支社）（B国に本店をもつ）
  - β 預金債権（日本法）
  - 相殺
  - ローン債権（B国法）α
- X銀行 → Z銀行（C国）　債権譲渡 α

α：Xの貸付債権
β：Jの預金債権

【図表26】 各債権関係にかかる準拠法の整理

	法律行為の種類	準拠法
X ⇒ J	ローン債権の成立・効力	B国法
J ⇒ X	預金債権の成立・効力	日本法
X ⇒ Y（Z）	債権譲渡の第三者対抗要件	B国法
X ⇒ J	相殺（成立・第三者対抗要件）	日本法・B国法の累積
Q ⇒ J	債権質	日本法・B国法の累積

(1) X銀行とY銀行との間の債権譲渡の対抗要件の準拠法

Y銀行の立場からすると、Xの貸金債権αの債権譲渡に関して、第三者（C国のZ銀行）に対する対抗要件の準拠法は、通則法23条により、対象債権の準拠法により判断することになるので、対象債権の準拠法であるB国法になります。

(2) X銀行のJ社の相殺にかかる準拠法

相殺の準拠法の考え方は、前記のように、通説的には自働債権、受働債権を累積的に適用することとなり、日本法とB国法の双方が適用（受働債権預金債権である日本国法のみの適用も可能ではあると思われます）になります。仮に、J社から相殺が主張された場合であっても、日本法、B国法を累積適用されます。

B国法において、相殺の効力は債権譲渡のほか、すべての対抗関係に優越する旨が規定されているとすれば、B国法の相殺規定の適用により、J社との相殺がすべてに優先するという結論になります。

少し複雑になりますが、この事例において、D国のQ銀行が当該定期預金債権について質権を設定し、第三者対抗要件を主張していた場合はどうなるでしょうか。J社の定期預金債権に対する債権質、XのY、Zへの債権譲渡、そして、J社との相殺（またはXからの相殺）の3つの債権関係が多面的に競合する場面があり得ます（【図表27】参照）(注15)。

【図表27】 多面的債権関係

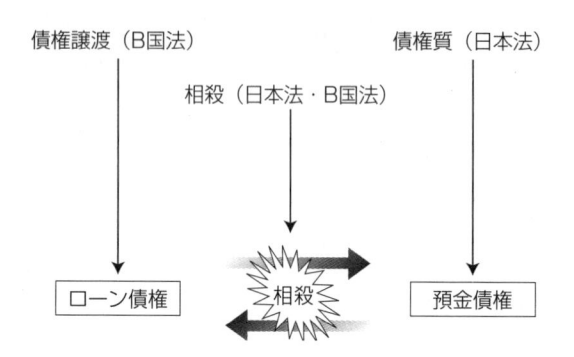

債権譲渡（B国法）　　債権質（日本法）
　　　　相殺（日本法・B国法）

ローン債権　←相殺→　預金債権

　それぞれの債権関係にかかる準拠法の整理は、【図表26】のとおりとなるものの、各法律関係の解決すべき優劣、準拠法が競合する場合の判断などを含めると、通則法上の解釈を越えて、何をもってコアの債権として、何（誰）を優先的に保護するべきかという政策的なプライオリティも考慮すべき問題になります。

　本事例では特定の法律関係の準拠法が日本法となるので、日本法を準拠法とする適用範囲では整理できますが、仮に、定期預金債権の準拠法を日本以外の国の準拠法とした場合、当該国の準拠法で債権質の対抗要件、相殺において自働債権、受働債権を考え、相互の優先性については当該国の準拠法をもとに検討することになります。そして適用された準拠法によると「相殺の対抗要件は、すべての法律関係に優先する」と規定されていれば、相殺権を主張するX銀行の相殺権がすべてに優先することになります。

　現実的には、このような準拠法の適用が各債権関係において同時に競合するようなケースが頻繁に生じるとは思われませんが、あくまで国際私法上の準拠法選択の問題に限れば、1つの債権について多面的な対抗関係が生じ、準拠法同士が交錯する可能性があります。この場合には個々の法律関係の単純な連結政策だけでは解決できない事象があり得ることに留意が必要です（注16）。

銀行実務上の対応としては、債権譲渡、債権質、相殺にかかる通則法上の基本的な考え方を理解したうえ、個々の銀行における具体的な渉外取引の事象から起こり得る、準拠法をめぐる訴訟を想定して、準拠法リスクを最小限に抑えるための対策を講じておく必要があると考えられます。

（注1）別冊NBL編集部編『法の適用に関する通則法関係資料と解説』202頁（商事法務・2006年）。

（注2）全銀協「『国際私法の現代化に関する要綱中間試案』に対する意見」参照。(http://www.zenginkyo.or.jp/opinion/entrytimes/opinion170524.pdf)

（注3）法制審議会国際私法（現代化関係）部会第26回会議議事録抜粋（平成17年6月14日）
　　　　事務局発言。「準物権行為を観念して、それを譲渡対象債権準拠法によらしめるという規定を設けるかどうかというところでございます。（略）A案を支持する意見で多くの意見が、債権の譲渡可能性が譲渡対象債権準拠法によって規律されるということが明確になるという点を挙げておるんでございますが、これは解釈によりますが、必ずしも準物権行為の準拠法と関連する問題なのかどうかということでございます。譲渡可能性の問題は債権自体の内容、性質の問題でありますので、当然債権準拠法によって規律されると解するのが通説なのではないかというふうに考えられますので、もしその理由だけでこの規定を設けるべきであるということであれば、必ずしも最終根拠とはならないのではないかというふうに考えております。それから、法制的な観点からも、準物権行為という講学上の概念を表現するのは非常に難しいということが判明いたしましたので、この点についてはB案でよろしいでしょうかということでございます」。

（注4）小出編著・前掲（本書4頁・注2）129頁。

（注5）溜池・前掲（本書4頁・注3）389頁、櫻田嘉章『国際私法〔第5版〕』234～235頁（有斐閣・2006年）。

（注6）（注2）前掲参照。

(注7) 譲渡人の債権譲渡契約後に常居所地が移った場合、あるいは訴訟地の多様性などを含め、本件にかかる批評について、石黒一憲『国際私法の危機』61〜78頁（信山社出版・2004年）。

(注8) 債権譲渡の第三者への対抗要件について、譲渡人の常居所地法によるべきであるという考え方としては、国連国際債権条約30条1項、米国統一商事法典第9編、ベルギー国際私法87条3項および4項。一方で、対象債権準拠法としている国として、英国、ドイツ、スイス、韓国などがある。法務省民事局参事官室「国際私法の現代化に関する要綱中間試案補足説明」95、96頁。

(注9) 法制審議会国際私法部会における検討時にかかる債権譲渡・債権質・相殺の準拠法規定については、浅田隆「債権譲渡規定（12条）の見直し、債権質・相殺の規定化を中心に」金融法務事情1717号31〜39頁。

(注10) 小出編著・前掲（注4）130頁。

(注11) 法務省民事局参事官室・前掲（注1）209頁。石黒一憲『国際私法〔第2版〕』204頁（新世社・2007年）。溜池・前掲（注5）320頁、櫻田・前掲（注5）235頁。

(注12) 小出編著・前掲（注4）131頁。

(注13) 石黒一憲『金融取引と国際訴訟』249〜251頁（有斐閣・1983年）。

(注14) 松岡博『国際私法・国際取引法判例研究』96頁以下（大阪大学出版会・2001年）。

(注15) 国内における単一の債権の多重譲渡、差押えについては、最一判昭和49・3・7民集28巻2号174頁、金融・商事判例410号2頁（確定日付ある通知の到達時による優劣性）。

(注16) 石黒・前掲（注11）367〜377頁。石黒教授は債権譲渡、債権質、相殺にかかる競合の問題について、前掲最一判昭和53・4・20の事例をもとに、複数の三面的債権関係として、Aを債権者、Yを債務者とした貸金契約の準拠法をβ、Aから債権を譲り受けた2者X1、X2がいた場合の債権の地位の移転にかかる準拠法をαとしていた場合、債務者Yが誰に支払いを行

えば免責されるかという競合する債権者のプライオリティの問題については基本的には準拠法 β に一括してよらしめるべきであり、ＸＡ、ＸＡの内部関係の問題としての a を基盤にすべきではないとの見解を示されている。石黒・前掲（注13）242、243頁。

第2部 各論

10 物　権

　「物権」関係の準拠法規定については、通則法13条1項において、「動産又は不動産に関する物権及びその他の登記をすべき権利は、その目的物の所在地法による」と規定され、物権の得喪については、同条2項で、「前項の規定にかかわらず、同項に規定する権利の得喪は、その原因となる事実が完成した当時におけるその目的物の所在地法による」と規定されています。

　この物権にかかる規定の趣旨は、旧法の法例10条から変更されていません。

　法制審議会国際私法（現代化関係）部会では、移動中の動産（走行性のある動産（鉄道、自動車））、法定担保物権、約定担保物権、船舶、航空機のような動産について独自の準拠法規定を設けることも検討されましたが、いずれも特則を設けるまでに至りませんでした（注1）。

1　物権の準拠法

(1) 動産と不動産

　物権の準拠法規定にかかる国際私法上の学説（注2）としては、動産と不動産を区別し、動産は所有者の住所地法、不動産は所在地法を連結点とする「異則主義」の考え方があります。これは、不動産の所在地が最密接関係地法として妥当とする一方で、一般的な動産（たとえば家具や自動車、宝石など）は所有者に付属するものなので、その住所地によらしめることを妥当と考えるものです。

しかし、この異則主義によれば、住所の異なる複数の人が1つの動産を共有している場合があること、また、そもそも動産、不動産の区別が画一的ではないことなどから、動産、不動産を統一して規定すべきだとする「**同則主義**」の考え方があります。

この対立する2つの考え方がありますが、わが国では同則主義に則り、動産、不動産のいずれも所在地が最密接関係地とする原則になっています。国際的な立法事例においても「同則主義」が主流のようです (注3)。

(2) **物権的渉外問題**

物権の準拠法という場合、物権の成立・効力、方式について選択される準拠法を指します。ここで「物権」というと、民法の規律による物権の概念のみを想定しがちですが、何が物権なのか、債権との相違は何かなどについて、抵触法上の観点から考慮しなければならないことに留意が必要です。

渉外事件の判例のなかでも、動産物権の成立・効力の準拠法は、かならずしも原因関係の判断として物権による準拠法に依拠する事例だけでなく、原因関係を債権的に判断した事例もあり、物権、債権の区分の問題を含めて、事実関係をどのように整理していくかが重要になります。

たとえば、相続の遺産分割にかかる事例において、遺産分割前に相続持分を第三者へ移転したことについての訴訟では、相続の問題ではなく、相続人の処分権の有無を含めて全体が物権問題に該当するとして判断した事例 (注4) もあれば、自動車の所有権を対象とする保険代位については、契約準拠法である保険契約の準拠法とした事例 (注5) もあります。このように判例においても、物権、債権、相続等の原因関係における判断が個別事案によって異なっているようです。銀行実務としては、契約は債権、所有権や抵当権は物権という実質法上の整理を前提にしがちですが、渉外事件における原因関係をどのように捉えるのかという、その法性決定（本書「5. ①(1)国際私法のプロセス」の章）については、その判定次第で準拠法が異なり、その結果適用される法規も異なってくることを考慮します

と、訴訟の場面ではより慎重な整理が求められます（【図表27】参照）(注6)。

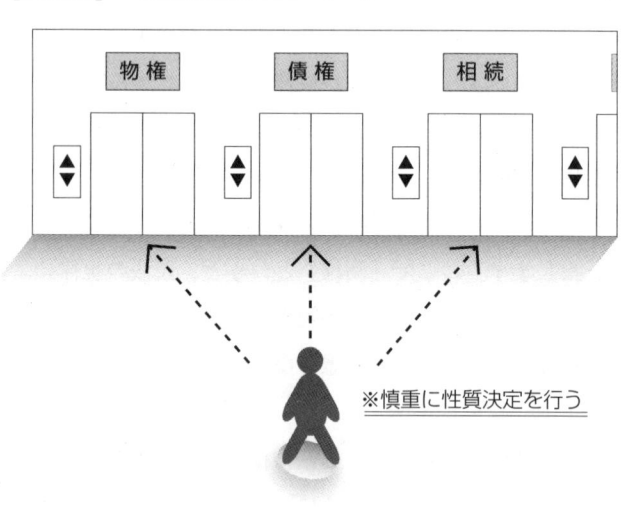

【図表28】　国際私法のエレベーター

※慎重に性質決定を行う

　なぜここで法性決定の問題に再度触れたかといいますと、物権がとりわけ動産の所在地に属する連結点となっていることに対して、ほかの当事者自治を原則とする法律行為の成立・効力とは明らかに準拠法の連結点が異なる可能性がありますので、この法性決定の入口の操作を誤ると、予見可能性を超えた準拠法選択の結論になり得るからです。「国際私法は暗闇への跳躍」であるからそれはしかたがない、と割り切る発想もあるかもしれませんが、殊に法律関係の規律が変わり、その効果が変わることは実務上リーガルリスクを抱えることとなりますので、銀行実務の観点からも、法性決定の重要性を改めて認識していただきたいと思います。

(3)　**通則法13条**

〈1項〉

　物権にかかるすべての問題（物権の成立、物権の種類（主物、従物の区別など）の内容、効力）は、「目的物の所在地法」によることとなります。

10 物　権

たとえば相続において、相続財産として認められる財産があって、個々の物権がその財産の構成に該当するのかどうか、占有権・所有権が物権として認められるかどうかについて、それを物権の問題として整理する場合、その目的物の所在する地の法が連結点になります。地上権、地役権の問題、物権的な返還請求権、妨害排除請求権のような物権的請求権も目的物の所在地法になります。ただし、物権的請求権に基づく損害賠償請求権、費用償還請求権は、法定債権の問題として、通則法14条や17条により、加害結果（事実結果）発生地の法律によるとする考え方もあるようです(注7)。

通則法13条1項でいう「登記をすべき権利」とは、物権以外の権利であって、登記により物権と同一の効力または類似する効力が生ずるものを意味し、不動産の買戻権、不動産賃借権が該当します(注8)。

〈2項〉

通則法13条2項は、同条1項に規定する権利の発生、消滅にかかる特則として、物権の得喪・変動の原因となる事実が完成した当事におけるその目的物の所在地法によるとしています。

「原因となる事実が完成した当時」(注9)とは、抵当権の設定であれば設定時であり、時効による所有権の取得であれば取得時効の完成時を意味します。物権の得喪について、物権の発生が時効に基づくものであれば、その原因事実発生時点である時効期間満了時点における目的物の所在地法となり、その後に目的物がほかの所在地に移動したとすると、その物権の内容の効力はその所在地法になります。

たとえばA国から動産を買ったとして、その動産がB国に移動したとします。A国法上は所有権取得の要件をみたしていたが、B国法上は所有権取得の要件をみたしていなかった場合に、当該動産の物権の得喪つまり所有権の取得は、原因事実の完成時であるA国法が準拠法となり（通則法13条2項）、A国法によって所有権取得があるかどうかを考慮します。そして、この物権の内容と効力は所在地のB国法によることになります（同条1項）。

また、日本の企業甲社とＣ国の企業乙社が、Ｃ国に所在する自動車の売買契約をＣ国法を準拠法として締結したとします。この場合、Ｃ国での売買契約は、所有権移転の要件を所有権の移転の意思だけでなく、引渡しまで要件としていた場合、その目的物たる自動車が実際に引き渡される前に当該自動車が日本に移動した場合を想定してみますと、Ｃ国法によれば、引渡しがないためにこの時点では新たな所有権移転の意思表示がない限り所有権移転は成立していないこととなります（売買契約締結時には引渡しがないので物の所有権は移転しない）。したがってこのケースでは、引渡しがなされた要件完成時の日本法により、所有権移転の物権的効果意思の合意を行うこととなります（ただし、その合意は新たにしなくてもＣ国での所有権移転意思を両当事者が引き続き有していると認められる場合には日本法上の合意があるとみなすことができるものと考えられます(注10)）。

各国の立法事例をみても、物権は原則として目的物の所在地法による考え方が多いようです(注11)。

(4) 担保物権

担保物権の準拠法にかかる規定を設けるかどうかについては、法制審議会でも議論されましたが、結果として、世界各国にその規定を設けている国がないことや、現行規定における解釈においてとりわけ問題点が示されていないことなどから、特段の規定は設けられませんでした。

担保物権の国際私法上の解釈・運用は、一般的には次のようになります。

A 法定担保物権

留置権、先取特権のような法定担保物権について、その成立は目的物の所在地法と被担保債権の準拠法によることとし、その効果は目的物所在地法によるとする考え方が一般的なようです(注12)。この通説に対して被担保債権準拠法と物権準拠法の送致範囲を分けて各準拠法を接続するという説もあるようです(注13)。

法制審議会では、法定担保物権の得喪について、「被担保物権の得喪は、その原因たる事実の完成したる当時における被担保債権の準拠法及び目的

物の所在地法の重畳的適用を設けるべきであるかどうか」について議論もなされましたが、各国に立法例がないこと、法定担保物権と約定担保物権との意味について国際私法的に解釈を明確化することの困難性が指摘されて、特段の規定を設けることには至りませんでした。

　B　約定担保物権

　質権、抵当権といった約定担保物権の成立・効果等にかかる準拠法については、通則法13条の規定により、目的物の所在地法によることとなります。法制審議会では、資産流動化促進の観点から、動産に関する約定担保物権に対する効力について、担保権設定者の常居所地（住所地）法によるとする規定を設けている諸外国の事例もあることからそのような規定の必要性が論点になりましたが、登録行為に強い権利発生を委ねるような債務者主体の登録公示制度がないわが国においては、当該規定の意味があまり認められず、特段の規定を設けないこととなりました(注14)。

② 　事　例

　具体的な事例をみていきましょう。

(1)　移動中の動産にかかる準拠法

> 事例1
>
> 　日本の自動車メーカー甲社が、自動車の部品をA国で製造し、それをB国で組みたてて自動車を完成させ、C国経由でD国に輸出することとしていた。自動車がC国へ輸送されている段階において、甲の債権者乙（B国）が貨物の差止請求を行った（【図表29】参照）。この自動車の物権にかかる準拠法は何法か（日本の裁判所で争う場合）。

【図表29】 事例1の当事者相関図

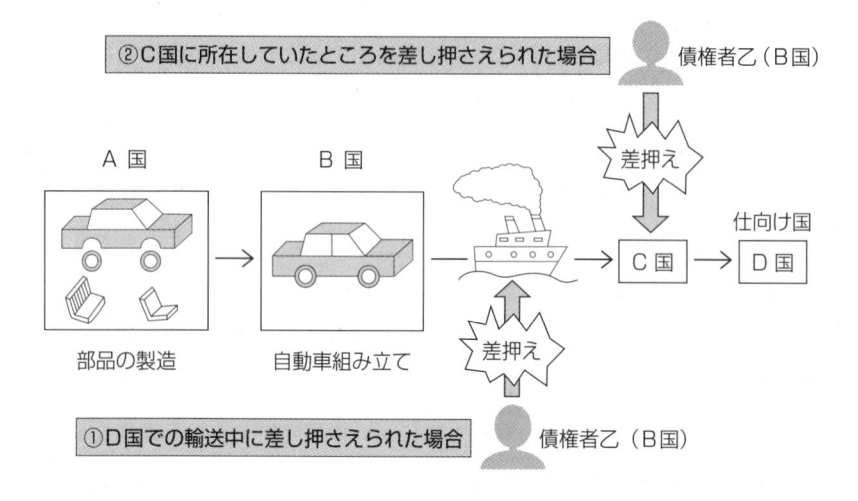

これは移動中（運送中）の動産にかかる物権行為の準拠法の問題です。日本の自動車メーカー甲社がＡ国で自動車部品を製造し、Ｂ国で組立てを行い完成した自動車をＣ国経由でＤ国へ輸出する過程において、Ｃ国へ向かっている途中でＢ国の債権者から差押えがなされた場合に、物権的効力の準拠法をどのように考えるかということです（【図表29】参照）。通則法13条1項をそのまま適用すると「目的物の所在地法」になりますが、事例のように動産が移動していて所在地が明確でない場合には、どのように考えればよいでしょうか。

わが国の国際私法の解釈によると、目的物と最終的に仕向けされる国が最密接関係地であるとの考え方により、移動動産にかかる物権の準拠法は仕向地（この事例ではＤ国）とする考え方が通説（注15）のようです。したがってこの考え方にたちますと自動車の物権的効力についてはＤ国法が準拠法になります。

では、この事例において、Ｂ国から輸出された自動車がＣ国に一時的に保管されていて、そこで乙が差し押さえた場合はどうでしょうか（【図表29】②参照）。これも通説的な考え方によれば、Ｄ国への移動中なので、

当該動産の物権にかかる準拠法は仕向地国になります。ただし実際のところ、動産の所在地であるＣ国でも物権的な争いが生じてしまえば、結局はその動産所在地の法を考慮せざるを得ないと思われます。すなわち、実務の場面では、仕向地法を念頭に置きながら、動産の所有権をめぐる優劣の争いが生じている場面ではその動産の所在地法を考慮しておく、という理解でよいでしょう。

　法制審議会では、移動中の動産にかかる準拠法の特則の是非が議論されましたが、現実的にこうした移動中の動産にかかる準拠法を争うことはほとんどないこと、仕向地が未定、あるいは複数に分かれている場合などの取扱いについて困難な問題が生じ得ること、各国に立法事例がないことなどから特則は設けられず、解釈にゆだねることとなりました (注16)。

(2) 船荷証券

> **事例2**
>
> 　英国の鉄鋼メーカー甲社は、日本の運送会社乙社に対し、英国から米国経由で日本にあるドイツ法人丁社に鉄鋼を輸出する運送契約を締結した（準拠法は英国法）。乙社の船荷証券を含む船積書類は日本の銀行丙に送付された。日本に所在する輸入業者丁社（ドイツ法人）は、日本において船荷証券を輸入代金と引換えに受け取っていたが、貨物が米国に保管されている段階で売主である甲社の債権者戊の差押えを受け、乙社は戊に貨物を引き渡した。その後、当該貨物を引き渡したことに対し、丁社は乙社に、日本の裁判所において損害賠償請求を請求した（【図表30】参照）。
> 　① 船荷証券の物権的効力（証券の有効性、証券の引渡しが当該動産の受渡しと同一の効力を有するかどうか等）の準拠法は何法か。
> 　② 貨物の物権的効力にかかる準拠法は何法か。

【図表30】　事例2の当事者相関図

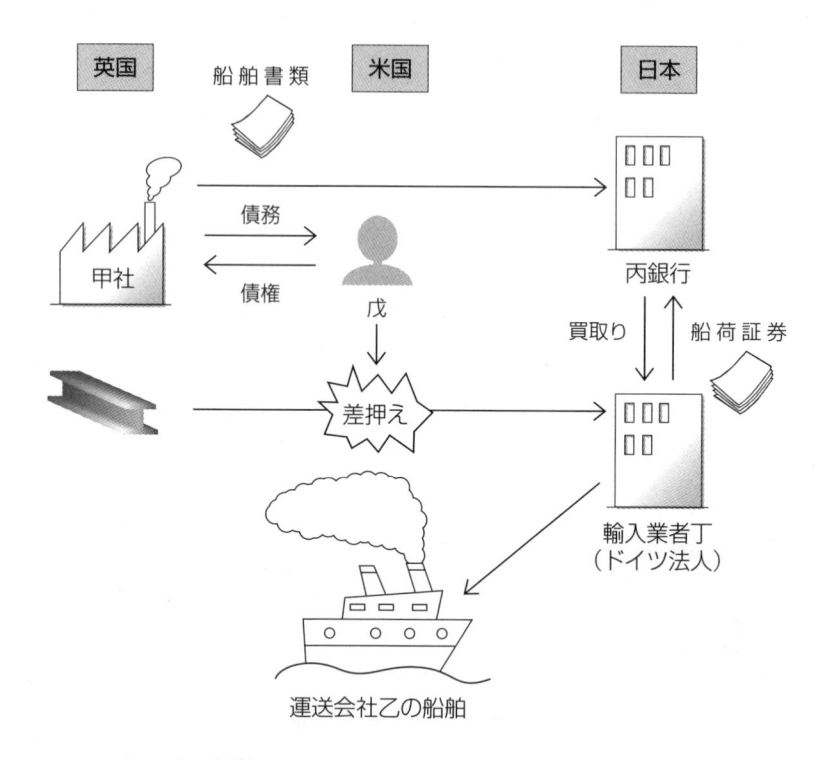

A　船荷証券の物権的効力

　船荷証券は、貨物の所有権、引渡請求権を証する有価証券です。物が移動を伴う場合に発行された船荷証券や、貨物引換証書の物権的効力（証券の引渡しが当該動産の受渡しと同一の効力を有するかどうか）の準拠法は何法かがここでの論点です。学説的には、船荷証券のように、それ自身が動産そのものとほぼ同視できるレベルの価値であることから鑑み、当該船荷証券の所在地法によるとする考え方が多数説です(注17)。これに対して、船荷証券の物権的効力も、目的物動産の所在地法での効力としても認めなければならないとの観点から、動産の所在地法の準拠法と同一とする説があります。

　国際私法の一般的な解釈として、「有価証券の物権的効力はその証券の

所在地法」によると理解しておけばよいでしょう。この事例では船荷証券の所在地である日本法が準拠法になります。

　ところで、Bolero（Bill of Landing Electronic Register Organization）のような電子的な貿易決済、すなわち、船荷証券、支払指図や決済にいたるまでの情報を電子的に登録、移転するシステムが実務で利用されていますが、通則法ではこうしたヴァーチャルのネットワークにおける物権的行為に着目した形での規律の整備はなされませんでした(注18)が、このような電子的な貿易決済や有体物を電子化した移動システムについて国際私法としての規律をどのようにしていくべきかは今後の国際私法上の重要論点となります。

　B　貨物の物権的効力

　船荷証券が発行された場合の貨物の物権的効力の問題については、①運送中の物権に関する問題として考える仕向地法説、②証券の性質、効力の問題として証券発行の基礎となる運送契約の準拠法によるとする説、③運送契約の準拠法と貨物の所在地法、すなわち仕向地法が同じ効力を認めなければ効力を認めないとする説、④証券の所在地法によるとする説等があります(注19)。

　銀行実務上、船荷証券の位置付けが動産と同視できるレベルであったとしても、貨物の物権的効力について、関連する船荷証券や貨物引換証のような証券類だけに依存した④の考え方による準拠法の決定は、現在の商取引の実状からみますと現実的ではないと思われます。

　したがって、この事例の回答としては、貨物の物権的効力は、移動動産にかかる通説的解釈に則って、仕向地法を所在地法とした準拠法、すなわち日本法を準拠法とすることと考えることでよいと思われます。実務では①の船荷証券の物権的効力の準拠法である当該証券の所在地を念頭に置きつつ、貨物についてはその仕向地法により物権的効力を考慮し、また、動産の所有に関して優劣を争うような場面が生じた場合には、動産の所在する地の法律によって争うこととなる可能性を留意しておけばよいでしょう。

C 船舶、航空機

船舶や航空機といった、海や空など、国域がはっきりしない空間にあり、偶然に寄港した地や、公海、公空に存在しているなど、その所在地が明らかになりにくい動産については、一般的な動産の物権にかかる規定とは別の位置付けとして国際私法上の論点となっています (注20)。

これらの動産を所有する場合には登録という行為が行われているため、国際私法の一般的な考え方では、当該動産の登録地をその所在地とする考え方がなされています。

船舶の場合、基本的にパナマ、リベリアが主要な登録地であり、その国の国籍が認められ、その国旗を掲げることができることから、登録地を旗国地の法として旗国法（旗国法主義）によるともされています。

国際私法の論点整理としては、関連する条約や旗国の意味、そして旗国地と登録地との不一致の場合を含めた数々の論点や、それにかかる学説が種々ありますが、銀行実務としては、船舶、航空機における物権の準拠法は、登録地または旗国地法と覚えておくことでよいでしょう (注21)。

実務としては、船舶、航空機にかかる法定担保物権、約定担保物権の競合の問題など、これらをめぐる渉外的な諸問題が発生した場合における準拠法適用の整理を行っておくことが必要です。

> **事例3**
>
> A国の運送会社甲社（日本支社）は、パナマ国籍の船舶により、日本の業者乙社の貨物を、日本から中東のC国に運搬する運搬契約（準拠法はA国法）を締結していた。当該船舶には、日本所在の丙銀行が船舶抵当権を設定していた。日本所在の会社丁社は、甲所有の船舶へ日用品等を納めていたところ、甲社が破産したことから、丁社は船舶先取特権に基づき船舶の差押えを行った（丁社の被担保債権にかかる準拠法は日本法）（【図表31】参照）。
>
> 丙銀行の船舶抵当権と当該船舶にかかる先取特権にかかる準拠法、お

10 物　権

> よびその優劣にかかる準拠法はそれぞれ何法によるべきか。なお、パナマ法によれば、船舶先取特権は、競売執行費用、船舶保管料、船員給与の各債権、船舶抵当権に劣後することとされている。

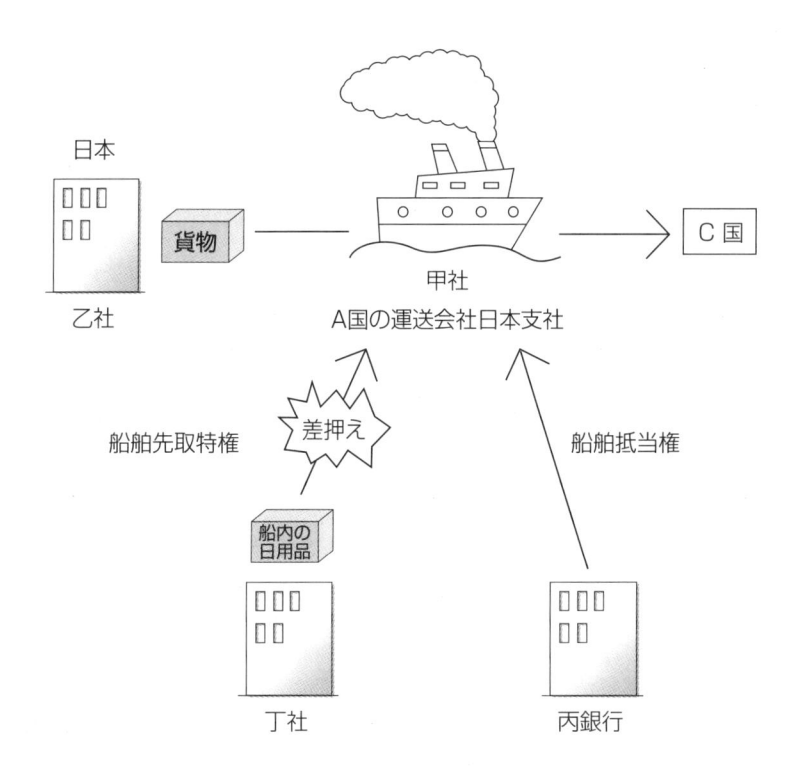

【図表31】　事例3の当事者相関図

　法定担保物権である船舶先取特権としての成立、効果、そして船舶抵当権の効果の準拠法にかかる問題です。

　まず、法定担保物権の船舶先取特権の成立は、前述のとおり被担保債権の準拠法と、目的物の所在地法を累積的に考慮することになります。

　本事例の場合ですと、丙銀行が船舶抵当権を設定してますので、被担保債権の準拠法は日本法となります。一方、目的物の所在地法は前記の国際

135

私法の通則的な考え方により、動産の登録地法・旗国法として解釈しますと、この場合はパナマ法が準拠法となります。当該法定担保物権の成立については、その双方により判断したうえ、効力についてはパナマ法を準拠法として適用することになります。

船舶抵当権については、物権の目的物の所在地法となり、これも同様に解釈し、パナマ法が適用されることとなります。

次に、船舶先取特権と船舶抵当権のいずれかの優先性をどの準拠法で判断すべきかは、登録地法によるとする見解、事実上の所在地法によるとする見解、そして法廷地法によるとする見解があるようですが、画一的な解釈はないようです。この事例に類似する判例（広島高決昭和62・3・9渉外判例百選68頁、金融法務事情1172号42頁）によれば、船舶抵当権、船舶先取特権の相互間の順位については、当該担保物権の目的物の所在地、すなわち旗国法（事例ではパナマ法）により決定する考え方が示されています。

この考え方に従うと、本事例での先取特権と抵当権の優劣性についてはパナマ法が適用され、船舶先取特権は、競売執行費用、船舶保管料、船員給与の各債権、船舶抵当権に劣後することにより、丙銀行の抵当権が優先することとなります。一方、日本の商法では船舶先取特権は抵当権に優先します（商法849条）ので、日本法が準拠法になる場合には結論が逆になります。

船舶関係の準拠法にかかる銀行実務としては、船舶の所在地法として登録地・旗国地であることの多いパナマ、リベリア両国の海事法を含む、船舶に関連する担保物権規定についての事前確認を行っておくことが必要と思われます。

③ 実務上の留意点

通則法13条の物権・担保物権にかかる規定は、原則「目的物の所在地法」によることとされており、単純にみえますが、しかしながら、動産の所在が明らかではなく、または関連する有価証券が同時に存在し、別に所

在地にあるような場合など、実際に起き得る渉外的事例は件数的に少ないとは思われるものの、実際にそのような物権の渉外的訴訟がおきた場合には、複雑な法律関係を紐解いて、準拠法を当てはめていく作業が必要になりますので、法性決定を含めた一連の物権関係の準拠法適用の手順を整理しておくことが重要です。

（注1）小出編著・前掲（本書4頁・注2）87、88頁。
（注2）澤木敬郎＝道垣内正人『国際私法入門〔第6版〕』264～265頁（有斐閣・2006年）。
（注3）櫻田嘉章『国際私法〔第5版〕』182、183頁（有斐閣・2006年）、溜池・前掲（本書4頁・注3）329～331頁。
（注4）東京高判平成2・6・28金融法務事情1274号32頁。
（注5）東京高判平成12・2・3金融・商事判例1090号46頁。
（注6）森田博志「物権準拠法の決定と適用範囲に関する問題提起」国際私法学会『国際私法年報8（2006）』87頁（新山社・2007年）参照。
（注7）溜池・前掲（注3）336、337頁。
（注8）小出編著・前掲（注1）90頁。
（注9）森田・前掲（注6）91頁以下において、「原因事実完成時」の解釈について精緻な分析をされているので参照されたい。
（注10）櫻田・前掲（注3）195頁。溜池・前掲333、334頁。
（注11）小出編著・前掲（注1）91頁、92頁。
（注12）法定担保物権の成立の問題は、法律関係の性質決定上、あくまで物権ではあるが、これは1つの債権を担保するための考慮であり、被担保債権の準拠法がそれを認めない場合にはそれを認める必要がないという意味での累積適用であって、二重の権利性質を考慮しているものではない（溜池・前掲（注7）338、339頁）。

　また、法制審議会ではこの考え方の立場から「法定担保物権の得喪は、その原因たる事実の完成した当時における被担保債権の準拠法および目的

物の所在地法を重畳的に適用する考え方（秋田地判昭和46・1・23下民集22巻1～2号52頁、東京地判51・1・29下民集27巻1～4号23頁、広島高決62・3・9判例時報1223号83頁）を規定する案も示されていた。しかしそもそも法定担保物権、約定担保物権を抵触法上のどのように位置付けるべきかの検討を要することもあり、規定化は時期尚早とされた。

(注13) 石黒一憲『国際私法〔第2版〕』216～222頁（新世社・2007年）。

(注14) 法制審議会国際私法（現代化関係）部会第8回会議議事録抜粋（平成15年12月6日）銀行界委員発言。「銀行も今の○○委員のとおり、アメリカのＵＣＣのように債務者を主体とした登録制度がもし我が国でできて、その後海外を含むいろいろなところの動産について、日本の中の公示制度で利用していくという将来的な見込みが十分立てば、この（注2）（動産に関する約定担保物権に対する効力について担保権設定者の常居所地（住所地）法によるとする規定を設けている）のような考え方を更に進めていくニーズは高いのですが、現時点でどうかと言われると、なかなか…。動産ですので、やはり海外動産を担保に国内で貸付け、その逆、あるいは転担保で動産の方を移転して与信するというニーズ自体は、現時点では余りないということでございます。（略）」。

(注15) 横浜地判大正7・10・29（評論8巻諸法4頁、判例体系Ⅰ三九一頁）の判批として、佐藤やよい「移動中の物」我妻榮ほか編『渉外判例百選〔第三版〕』66頁（有斐閣・1995年）。山田鐐一『国際私法〔3版〕』310頁（有斐閣・2004年）。また、移動中の動産について仕向地国を所在地法としている立法例としては、スイス、イタリア、韓国がある。別冊NBL No.84 法令研究会『法例の見直しに関する諸問題(2)』138頁～141頁（商事法務・2003年）。

(注16) 小出編著・前掲（注1）87頁。

(注17) 同一動産に複数の証券が発行されてその所在地が個々に異なってしまうような場合、どこを証券の所在地法とすべきかという問題や、転々と証券が移動するたびに、有価証券としての権利をその地の準拠法において判断

しなければならない点などが指摘され、この点にかかる規定は設けられなかった。法制審議会国際私法（現代化関係）部会第 8 回会議議事録抜粋（平成15年12月 6 日）参照。

(注18) Bolero（Bill of Lading Electronic Register Organization）のような貿易電子決済システムについては、Bolero参加者のネットワークにおいて船荷証券類、決済データが電子的に登録、移転されることから、紙をベースにした動産移転とは別な観点からの検討が必要になる。この点については、電子的証券の国際私法的な検討はまだ時期尚早として、法制審議会での検討が見送られた経緯がある。法制審議会国際私法（現代化関係）部会第 8 回議事録抜粋（平成15年12月 6 日）参照。

(注19) 溜池・前掲（注 7）336、337頁。山田・前掲（注15）308、309頁。

(注20) 海事国際私法として船舶関係の法定担保物権、約定担保物権に関する文献は数多くあるが、銀行実務として直接的に影響を受ける項目は少ないと思われるため、個々の論点の紹介は省略する。船舶、航空機にかかる特則の論点のほか、海事国際私法上の学説等については、法例研究会・前掲（注15）160〜175参照。

(注21) 航空機、船舶等に対する物権の準拠法については、登録国法とするものが多い（ドイツ民法施行法45条、スイス国際私法107条、韓国国際私法20条など）。小出編著・前掲（注 1）92頁。

第2部 各論

11 相続・遺言

① 相続の準拠法

通則法36条では「相続は、被相続人の本国法による」と規定されています。国際私法上、相続の準拠法の基本原則としては、「**相続統一主義**」と「**相続分割主義**」の2つの考え方があります。相続統一主義は、不動産相続と動産相続を区別せずに、相続の準拠法選択に関して、相続関係を一体として一律に連結点を求める考え方です。この相続統一主義によりますと、個々の財産所在地のいかんにかかわらず、すべて統一的に被相続人の属人法によるので、その適用が簡明です。一方では、被相続人の本国法が財産所在地の法と異なる場合、たとえば、A国人甲がB国に不動産を残して死亡した場合には、A国法によって相続が認められたとしても、B国法の内容により不動産の相続がかならずしも可能ということにはならないという指摘があります。

これに対して、相続分割主義は、相続の準拠法を不動産相続と動産相続とを区別して、不動産に関する相続問題はその不動産の所在地法、動産に関する相続については、被相続人の住所地法または本国法を適用するという考え方です (注1)。

相続分割主義であれば、不動産の所在地法が準拠法になるので、相続財産としての処理についての準拠法が属人法と錯綜する場面はなくなる一方、不動産が複数の国に分散しているときには、準拠法を異にする複数の相続が生ずることとなります (注2)。

諸外国では、英米法諸国以外のフランス、ベルギー、ルーマニア、中国等が相続分割主義であり、大陸法系諸国のドイツ、オーストリア、イタリア、スペイン、ポルトガル等が相続統一主義をとっています。わが国の通則法36条では相続統一主義をとっています(注3)。

2 通則法36条

(1) 適用範囲

通則法36条でいうところの「相続」の概念についてですが一般的には、「遺産を管理・清算して相続人に分配、移転する一切の過程を含むもの」と解されています。適用範囲については、種々学説がありますが、基本的には以下のように考えられています。

A 相続の開始時期

相続開始の原因、時期は、相続の準拠法によります。失踪宣告、死亡宣告が相続開始の原因となるかどうかについても、相続の準拠法によるとの考え方が多数のようです。(注4)

B 相続人

相続人となるべき者の範囲は、相続の準拠法によります。被相続人が遺言によって相続人を指定できるか、その要件、効果、相続する能力があるのかといった点なども相続の準拠法によります。

C 相続財産

どのような財産が相続財産を構成するのか、いわゆる相続財産の構成要件についての問題は、相続の準拠法によります(注5)。

たとえば相続する財産が不動産である場合や、損害賠償請求権のような債権的権利について考えてみましょう。不動産であれば、物権にかかる準拠法は不動産の所在地法（通則法13条)、損害賠償請求権であれば、不法行為の侵害結果の発生地の法（通則法17条）によって、それぞれの財産・権利が相続財産となり得るかについて考慮することとなりますが、その個々の準拠法が相続性を認めないような場合には、どのように考えればよ

いのでしょうか。

　学説上、個々の準拠法の適用が相続性を許さない限りは、総括的な相続の準拠法の適用はできないとする「**個別準拠法は総括準拠法を破る**」という原則があります（【図表32】参照）。この原則に従うと、相続の問題を考慮する場合には個別準拠法、総括準拠法を累積的に適用し、個別準拠法が相続性を認めても総括準拠法がそれを認めなければ権利義務は相続財産に帰属しないこととなります (注6) (注7)。

【図表32】　相続の準拠法の適用

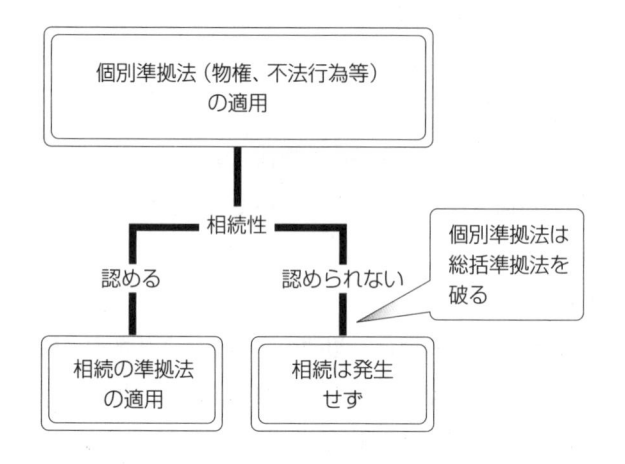

```
          ┌──────────────────────┐
          │ 個別準拠法（物権、不法行為等）│
          │         の適用          │
          └──────────┬───────────┘
                    │
                  相続性
          ┌────────┴────────┐
       認める              認められない    ← 個別準拠法は
          │                  │              総括準拠法を
          ▼                  ▼              破る
     ┌─────────┐       ┌─────────┐
     │相続の準拠法│       │相続は発生│
     │ の適用    │       │  せず   │
     └─────────┘       └─────────┘
```

D　相続財産の移転

　相続人への移転の仕方、手続など相続の開始によって、相続人が直ちに被相続人の地位を承継するのか、あるいは一定の行為を要するのかなどについては、相続の準拠法によります。ここでも上記で説明した「個別準拠法は総括準拠法を破る」原則が適用され、相続準拠法によれば、不動産の相続人について相続開始と同時に所有権が移転するとされていても、所在地法において登記、登録がなければ移転がなされないとなっているのであれば、個別準拠法が優先し、即時移転の効果は実現されないこととなりま

す。

　また、本件のようなケースについて相続の準拠法が英米法系の法律である場合には、当該法制により選任された遺産管理人の下に清算が行われることとなりますが、推定相続人が存在している場合には、わが国の場合には遺産管理人を選任するための手続がないため、実行ができません。この点については、外国実質法の実行可能性として、どの程度まで法廷地の手続でカバーできるかといった問題があります。実際には、外国法上任命された遺産管理人の日本に所在する財産に対する権限を一定程度認めるという運用もなされているようです (注8)。

E　相続分、寄与分および遺留分

　相続分、寄与分および遺留分については、相続の準拠法によりますが、これも上記原則により個々の財産にかかる準拠法による個々の効力の有無を考慮する必要があります。

F　遺産の分割

　遺産分割の時期、方法、基準、効果等も相続の準拠法によります。遺産分割が裁判所で行われる場合には、被相続人の死亡当事の住所地国、または遺産所在地国の裁判所に一般的管轄権があるとされています (注9)。その場合には、被相続人の住所、または財産の所在地が日本にあれば、わが国の家庭裁判所が被相続人の財産の分割を日本法の手続で行うこととなります。

G　相続の承認および放棄

　相続承認にかかる問題は、相続の準拠法によります。すなわち、相続人は、すでに開始した相続の放棄ができるのか、または限定承認を行うことができるのかどうか、そのときの相続人の権利義務の関係はどうなるのかいった問題も、被相続人の本国法によって定められることとなります (注10)。限定承認の方式については、一定の方式、申述、届出などが求められますが、それについては通則法10条（法律行為の方式）により定められる準拠法、すなわち被相続人の本国法または行為地法によります (注11)。

第2部 各 論

　H　相続財産の管理

　相続財産の管理・清算は、相続の準拠法によると解されています。また、相続財産管理人の選任、権限なども相続財産の管理、清算に不可欠な事項であり、これも相続の準拠法によります。相続財産管理人の選任管轄は、被相続人の死亡時の住所地、管理の対象たる相続財産の所在する国であると解されています。(注12)。

　I　遺言執行

　遺言執行者の指定、専任、権限については、相続の準拠法によります(注13)。

　J　相続人の不存在

　被相続人に相続人が存在するかどうかという問題は、相続の準拠法によります。また、相続人がいないことが明らかになった場合の遺産の相続の帰属については、相続の準拠法による説、無主の財産の処置の問題として相続の問題とせずに財産の所在地法とする説に分かれていますが、財産の所在地法とする考え方が多数説のようです。

　さらにその財産所在地法とする説における国際私法上の解釈としては、①相続人不存在の財産を無主物として通則法13条でいう物権等の準拠法規定によるべきとする説、②無主の財産の運命に関する問題とみて個々の財産の準拠法によるべきとする説、③国際私法の規定がないことから、条理により、財産所在地の準拠法とする説に分かれるようですが、③の考え方が有力のようです(注14) (注15)。たとえば、A国人が自分の財産をB国に残して死亡した場合で、相続人がいないことが確定した場合には、その財産の処分についてどうするかの判断は、通説的には、相続の問題とはせずに、財産所在地法によるとする見解に立ち、B国法によることとなります(注16)。

(2)　相続の連結点

　連結点については、確定が容易でかつ被相続人の本国の法律によるとする見解（本国法主義）があります。この考え方はわが国の国際私法で取り

入れられているほか、ドイツ、オーストリア、イタリア、スペイン、ポルトガル、ポーランド、ハンガリー、ギリシャなど大陸法系の国をはじめとする多くの国で採用されています。

　一方、被相続人の生活活動の中心が相続の身分法的側面、財産法的側面に深く密接していることから、被相続人の住所地法または常居所地法（住所地法主義）によるべきとする見解もあります。この住所地法主義をとる国としては、スイス等があります (注17)。

　銀行実務の観点からみますと、日々の生活の本拠が日本国内でありながら、国籍が海外にある在日の外国人の相続については財産の所在する地である住所地・常居所地のある日本法を適用することが準拠法の選択としてきわめて簡潔であり、合理的ではないかとの考え方もあります。

　確かに、在日外国人に関する相続の準拠法については、当事者の常居所地法である日本法を準拠法とすることのほうが簡明で使い勝手がよい場合もあるかもしれませんが、その一方では、国際私法上の「常居所」の定義が明確ではないという問題があります。

　よって、常居所を連結点といたしますと常居所地がどこであるのかという常居所の確定の作業が発生することとなり、さらにその解釈に争いが生じてしまうことは、準拠法選択の手続上の障害となってしまいます。

　また、定年後に外国で余生を過ごす日本人、あるいは海外で長期出張・滞在している日本人について相続の問題が生じた場合には、財産が日本にあり、かつ相続人の多くが日本に居住している場合には本国法である日本法を適用することが望ましいことは明らかです。このときに、常居所法である外国法を準拠法としてしまうと円滑な相続手続をとりにくいとの懸念もあります。

　法制審議会においても、相続の準拠法の連結点を本国法とするか、住所地法・常居所地法とするかについて議論がなされましたが、上記問題点を総合的に勘案し、従来どおりの「国籍」を連結点とした本国法による考え方が採用されました (注18)。

③ 被相続人による準拠法選択

　各国の立法例の中には、被相続人による準拠法選択を認める事例 (注19) もあることから、法制審議会においても被相続人による準拠法を認めるべきかについて議論がなされました。確かに被相続人から準拠法の選択を認めるとすれば、より密接な準拠法選択ができるものとの見方もありますが、銀行実務の側からすると、法定被相続人側から何法を選択されるのか、それが有効であったのかどうかについて個々の場面々々で考慮せざるを得ず、遺留分権利者の利害をも踏まえると逆に予測可能性に問題が生じるのではないかとの指摘もあります。こうした議論の結果、このような被相続人の準拠法の選択にかかる準拠法規定を設けることは見送られました (注20)。

④ 遺言の準拠法

　遺言の準拠法については、通則法37条において「遺言の成立及び効力は、その成立の当時における遺言者の本国法による」と規定され、2項で「遺言の取消しは、その当時における遺言者の本国法による」と規定されています。遺言の成立、効力とは、遺言の実質的内容の問題を含まず、意思表示のひとつの形式である遺言そのものの成立、効力を意味するものです。ここでの適用範囲は、遺言能力、意思表示の瑕疵、遺言の発生時期、条件、期限、遺言の撤回可能性などです (注21)。

　遺言の方式については、ハーグ国際私法会議の「遺言の方式に関する法律の抵触に関する条約」（昭和39年条約第9号）の批准を受け、国内法化した「遺言の方式の準拠法に関する法律」(注22) により規律されています。したがって、通則法37条では、方式にかかる規定は除かれています。

⑤ 遺言の連結点

　連結点については相続の準拠法と同様に国籍であり、同条の「成立の当時」とは、遺言としての意思表示がなされたとき、遺言作成の当時という

意味と解されています。たとえば、A国で遺言の書面を作成して、B国に移動して死亡した場合には、遺言作成当時のA国法によって成立と効果を判断することとなります。遺言の効力の発生時以外に、撤回が許されるか、その放棄が認められるかなどを含め、通則法37条1項の適用を受けることとなります。

 2項は遺言の取消、すなわち「いったん有効に成立した遺言の意思表示を、あとで遺言者が撤回する」ことを規定したものです。この取消は、成立した遺言について、その後の遺言者の行為による取消の擬制は含みません。たとえば、遺言者がいったんAに遺贈する遺言をしておきながらBへも同様の遺言をしているような場合に、前の遺言と後の遺言との間で矛盾する部分については、後の遺言によって前の遺言の全部、一部が取り消されたものとみなすといった意味の取消の事例については、本項でいう「取消」ではありません(注23)。

 強迫、詐欺などの意思表示の瑕疵に基づく取消は1項の問題になります。

⑥ 事 例

 相続、遺言にかかる事例をみてみましょう。

> **事例1**
> A国に国籍をもつ在日の甲（夫）が日本で死亡した。甲は、日本のX銀行に預金をもっている。妻乙への相続預金の扱いは何法によるべきか。

 銀行実務に最も身近な相続の場面は相続預金です。この事例では、A国に本国をもつ甲の死亡により、相続人が誰であるか、いつから相続が開始するのか、相続の管理をどのようにするかなど一連の相続関係事務の問題については、通則法36条により相続の準拠法である本国法のA国法が適用されます。

 具体的な事務の一例としては、まず甲がA国人であることを外国人登録

証等で確認します。次に甲の本国であるＡ国の領事館等に照会して死亡証明書、相続に関する証明書等の書類を受けたうえで、相続人への預金の払戻しに応じることとなります。このほかに被相続人に求められる証明事項については、それぞれの場面で個別に対応することが求められます（【図表33】参照）。

【図表33】　外国人の相続に関するチェック項目（例）

- ☑　本国はどこか（本国法の特定）
- ☑　死亡の確認（死亡の証明）
- ☑　相続人の有無
- ☑　相続財産の確定
- ☑　相続の方法・手続
- ☑　承認はあるか
- ☑　英国法による遺産管理人の選任は必要か
- …

　外国法により相続にかかる事項を調査することは容易ではないと思われますが、相続の問題については、通則法上、本国法による確認は必須となりますので、取引先のうち相続があり得ると考えられる外国の本国法について、事前に調査を行っておくことが肝要です。

> **事例2**
>
> 甲は日本国籍とＢ国籍の双方の国籍を有している。甲が常居所地である日本において死亡した場合の相続の準拠法は何法となるか。また、甲が無国籍の場合にはどうなるか。

　重国籍の扱い、すなわち当事者が2以上の国籍を有する場合（たとえば、父親が日本人、母親がＢ国人である場合に生地主義（注24）のＢ国で甲が生まれた場合）については、通則法38条により、その国籍を有する国のうちに当事者が常居所地を有する国がある場合にはその国の法を、常居所地

がない場合には当事者の最密接関係地法を、そして、いずれかが日本の国籍である場合には日本法を当事者の本国法とすることとなります。

本事例では、甲は日本国籍を有しているので、相続の準拠法は日本法によることとなります。また、甲の重国籍において日本国籍がない場合には、通則法38条のとおり、その常居所地のある国の法、常居所地がなければ最密接関係地法となります（【図表34】参照）。

甲が無国籍の場合には、通則法38条2項により、当事者の本国法によるべき場合において、当事者が国籍を有しない場合には常居所法が準拠法となることから、本事例では日本法となります。

【図表34】　重国籍の場合の相続にかかる準拠法

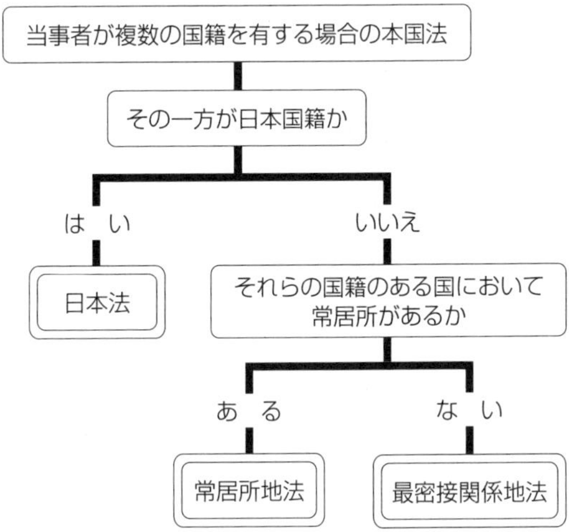

```
当事者が複数の国籍を有する場合の本国法
           │
    その一方が日本国籍か
       │        │
      はい      いいえ
       │        │
     日本法   それらの国籍のある国において
              常居所があるか
                │        │
               ある      ない
                │        │
             常居所地法  最密接関係地法
```

第2部 各 論

【図表35】 事例3の当事者相関図

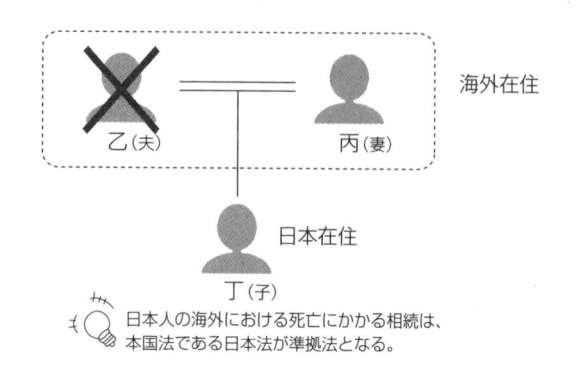

海外在住
乙(夫) 丙(妻)

日本在住
丁(子)

💡 日本人の海外における死亡にかかる相続は、本国法である日本法が準拠法となる。

事例3

　日本人乙（夫）、丙（妻）が、乙の定年後B国に長期居住していたが、乙が死亡した。乙、丙の実子である丁は日本に居住していた。丙、丁への相続の準拠法は何法によるか。

　相続の準拠法として、被相続人乙の本国法は日本ですので、妻（丙）、子（丁）への相続にかかる準拠法は日本法になります。通常の預金相続にかかる手続と同様です（【図表35】参照）。

事例4

　D国人甲（夫）が死亡し、相続人が不存在であるとき、内縁の妻日本人乙への日本にある相続財産の分与にかかる準拠法は何法になるか。なお、D国では、内縁者への相続を認める法律はない。また、甲が日本人で、乙がD国人の場合はどうなるか。

　内縁者（特別縁故者）への相続財産の分与については、国際私法上、相続の準拠法として被相続人の本国法とする説、相続人が不存在の財産の国庫への帰属に付随する財産処理の一環の問題とし、財産の所在地の法とす

150

る説があり、後者が多数説とされています (注25)。

　後者の説にたちますと、財産所在地である日本法が適用されます。甲が日本人で、乙がD国人である場合にも財産所在地法となり、同様に日本法が準拠法になります。

> **事例5**
>
> 　A国に国籍をもつ甲（夫）が日本で死亡した。甲は、日本に不動産を所有している。①不動産にかかる相続の問題は何法によるか。②また、甲がA国に所有している不動産についてはどうなるか。③また、A国が相続分割主義を採用し、また遺産管理人による清算を原則としている場合にはどうなるか。

　A　①について

　通則法36条のとおり、相続の開始原因、効力、相続人の確定等については甲の本国法であるA国法により、相続財産の構成として認められるかどうか等に関しては、不動産の所在地法である日本法を累積的に適用することとなります。

　B　②について

　A国に所在している不動産の場合には、相続財産の構成性および相続の効力等について、本国法であるA国法を適用することとなります。

　C　③について

　英米法系の国際私法では、相続分割主義がとられることより、動産については被相続人の死亡時の住所地法、不動産はその所在地法に委ねられますので、A国が相続分割主義をとっている場合には、不動産の所在する日本法が相続の準拠法となります。

　そして、A国法が、被相続人の相続財産をいったん遺産管理人に移転し、管理、清算を経た後に、残余財産が相続人に引き渡される遺産管理人方式をとる場合には、A国法により選任された遺産管理人により、不動産所在

地法である日本の清算手続に従って、遺産を相続人に引き渡すこととなります (注26)。

> **事例6**
> 　E国に国籍をもつ甲が、長期間日本に滞在し、帰化の申請中、知人乙に日本のX銀行にある定期預金を譲渡する旨の遺言を行った。甲の遺言はE国法の遺言の成立要件をみたしていない。その後、日本への帰化が認められた後に甲が死亡した。乙は当該定期預金を遺贈として受け取ることができるか。

(1) 遺言の成立・効力の準拠法

　この事例は、遺言の成立・効力の準拠法と相続の準拠法双方を考慮する応用問題です。まず、遺言の成立・効力の準拠法は、通則法37条により、遺言成立時の遺言者の本国であるE国法が準拠法になります。

　E国法では遺言の成立要件をみたしていないということですから、乙への遺贈は認められないこととなります。

　仮に、E国法の適用結果が著しく公序的に認められがたいものとして考えるとすれば、公序規定である通則法42条を適用して、遺言の成立を認めることも可能ではあります。

　その場合に遺言の方式に関しては、「遺言の方式の準拠法に関する法律」に基づいて検討することになりますが、同法2条により、①行為地法、②遺言者が遺言の成立または死亡の当時国籍を有した国の法律、③遺言者が遺言の成立または死亡の当時住所を有した地の法律、④遺言者が遺言の成立または死亡の当時常居所を有した地の法律、⑤不動産に関する遺言について、その不動産の所在地法のいずれか1つの方式に適合する場合については、遺言は有効になります。

(2) 相続の準拠法

　遺言が有効とされた場合に、遺言の内容となっている遺贈についての効

152

力は、相続法上の法律行為ですので、これは通則法36条の相続の問題になります。本事例の場合には、帰化成立後の国籍が日本法となっていますので、本国法である日本法が準拠法になります。

個々の相続財産の構成に関しては、個々の財産として預金債権そのものの準拠法を考慮する必要があります。この預金契約について、準拠法の合意をしていないのであれば、特徴的給付の理論により、準消費寄託契約の受寄者たる銀行の常居所地法である日本法を考慮して、当該預金の遺贈可能性を判断します。

以上の準拠法により、遺言自体が有効であり、相続の準拠法上も、当該預金財産がXに帰属できるのであれば、Xはそれを遺贈として受け取ることができることとなります(【図表36】参照)。

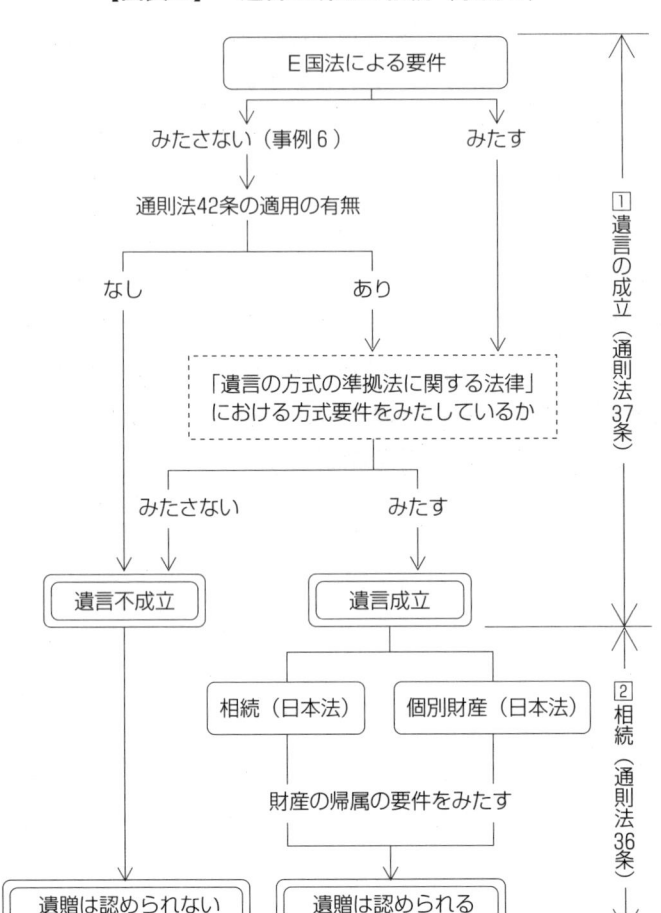

【図表36】　遺言の成立と相続（事例6）

```
         ┌──────────────────┐
         │  E国法による要件  │
         └──────────────────┘
         ↙                  ↘
  みたさない（事例6）      みたす
       ↓                      │
  通則法42条の適用の有無      │
     ↙      ↘                │
   なし      あり             │
    │        ↓                │
    │   ┌─────────────────────────────┐
    │   │「遺言の方式の準拠法に関する法律」│
    │   │における方式要件をみたしているか│
    │   └─────────────────────────────┘
    │       ↙        ↘              │
    │    みたさない   みたす          │
    │       ↓          ↓             │
    ↓   ┌──────┐   ┌──────┐
  ┌──────┐│遺言不成立│   │遺言成立│
            └──────┘   └──────┘
                           ↙    ↘
                   ┌──────┐ ┌──────────┐
                   │相続（日本法）│ │個別財産（日本法）│
                   └──────┘ └──────────┘
                        ↓       ↓
                     財産の帰属の要件をみたす
       ↓                      ↓
  ┌──────────┐       ┌──────────┐
  │遺贈は認められない│       │遺贈は認められる│
  └──────────┘       └──────────┘
```

右側の注記：
① 遺言の成立（通則法37条）
② 相続（通則法36条）

7　実務上の留意点

　以上、通則法36条、37条について説明しました。
　いずれも条文だけをみると「本国法による」という単純な記載となっていますが、条文の適用範囲の確認が必要であること、相続財産性等の判断については個別の財産の準拠法を考慮しなければならないこと、さらに被

相続人が英米法系の国である場合には相続分割主義がとられている可能性もあり、準拠法の内容いかんによっては、相続遺産管理人の選任の問題も含め特有の相続手続を考慮する必要があること等を踏まえると、実務上留意すべき点は多々あることが窺われます。

とくに外国人を被相続人とする場合の相続預金、それ以外の財産の相続問題も身近な事例であり、実務においては通則法の解釈の理解とそれに伴う適切な事務フローの構築・整備の充実が求められるところです。

(注1) 山田鐐一『国際私法〔第3版〕』565、566頁（有斐閣・2004年）。折茂豊『国際私法（各論）〔新版〕』414頁（有斐閣・1972年）。

(注2) 英米においては、分割主義は積極的財産の分配、移転のみであり、この指摘はあてはまらない。山田・前掲（注1）566頁。

(注3) 別冊NBL編集部編『法の適用に関する通則法関係資料と解説』227頁（商事法務・2006年）。

(注4) 木棚照一＝松岡博編『基本法コンメンタール　国際私法』134頁（日本評論社・1994年）。

(注5) 山田・前掲（注1）575頁。（注4）135、136頁（日本評論社・1994年）。

(注6) カリフォルニア州で自動車事故を起こした日本人運転手の損害賠償債務の相続について、相続の準拠法である日本法が当該債務を相続の対象として認めていても不法行為の準拠法である同州法がそれを認めていないことから、当該債務の相続性が否定されるとしたものがある。大阪地判昭和62・2・27判例時報1263号32頁、櫻田嘉章＝道垣内正人編『国際私法判例百選〔新法対応補正版〕』146、147頁（有斐閣・2007年）。判決内容について、道垣内正人『ポイント国際私法（各論）』107～121頁（有斐閣・2000年）参照。

(注7) 石黒教授は、「個別準拠法は総括準拠法を破る」といっても、結果的には個別準拠法と相続の準拠法の両準拠法の累積となることを問題として、専ら個別準拠法によらしめるべきとの見解を示されている。石黒一憲『国

際私法〔第2版〕』408～409頁（新世社・2007年）。
（注8）　木棚＝松岡編・前掲（注4）136、137頁。大阪高判昭和56・9・30家月35巻3号49頁。
（注9）　山田・前掲（注1）577頁。
（注10）　折茂・前掲（注1）426頁。
（注11）　澤木敬郎＝道垣内正人編『国際私法入門〔第6版〕』154、155頁（有斐閣・2006年）、木棚＝松岡編・前掲（注4）137頁。石黒一憲「判批」ジュリスト689号137頁。韓国で死亡した韓国人の相続について日本在住の韓国人である相続人がした限定承認の申述について遺産所在地である日本の家庭裁判所の管轄を認め、被相続人の本国である韓国法を適用した事例がある。
（注12）　山田・前掲（注1）579頁。これに対して相続財産の管理の問題を相続の準拠法から除外して財産管理地法によらしめる有力説がある。東京家審昭和41・9・26家月19巻5号112頁。櫻田＝道垣内編・前掲（注7）150、151頁〔出口耕自〕。
（注13）　裁判所による遺言執行者の選任を要する法制のある国の場合における一般的管轄権の問題については山田・前掲（注1）580頁。神戸家審昭和37・12・11家月15巻4号78頁。池原季雄＝早田芳郎編『渉外判例百選〔第3版〕』180、181頁〔三浦正人〕（有斐閣・1995年）。
（注14）　木棚＝松岡編・前掲（注4）139頁。
（注15）　相続人の不分明である時点から、その不存在が確定するまでの一連の処理（具体的には、相続財産、管理、清算に関する問題）をいかなる法によりなすべきかという問題にかかる考え方については、池原＝早田編・前掲（注13）172、173頁〔鳥居淳子〕を参照。
（注16）　山田・前掲（注1）579～581頁、折茂・前掲（注1）433、434頁。
（注17）　別冊NBL編集部編・前掲（注3）227、228頁。
（注18）　法制審議会国際私法（現代化関係）部会第11回会議議事録抜粋（平成16年3月16日）。
　　　銀行界代表委員から、全銀協銀行法務検討部会における意見集約を踏ま

え、相続の準拠法の連結点について、本国法とするか、常居所地法とするかについての論点について以下の発言があった。

「…銀行で議論した結果を御報告したいと思うのですけれども、アの本国法、イの常居所地法、両方賛成意見がございました。それで、常居所地法に賛成する意見としては、今実務で本国法でやっているわけですけれども、これがかなり大変であるという事情があります。本国法をまず調べるというのが大変でありまして（中略）できることなら在日の人であれば常居所地法、つまり日本法でやりたいというのが実務の切なる願いでありますけれども、ところで常居所地法って何だと言われると、これが大変困るわけでして、何か明確な定義があればそれに従うのですけれども、残念ながら戸籍実務上の若干の定義を除いては余り公式なものはない。（中略）常居所地法さえクリアになれば常居所地法をとりたいのだけれども、それができない限りは本国法でいかざるを得ないという消極的選択で本国法というのが銀行の意見でありました」。

(注19) ドイツ、スイス、イタリア、ベルギー、リヒテンシュタイン、ルーマニアなど。一方、被相続人による準拠法選択を認めない国として、ルクセンブルク、オーストリア、スペイン、ポルトガル、ポーランド、ハンガリー、ギリシャ、トルコである。別冊NBL編集部編・前掲（注3）228頁。

(注20) 法制審議会国際私法（現代化関係）部会第11回会議議事録抜粋（平成16年3月16日）における被相続人による準拠法選択を認めるかどうかという論点について、銀行界代表委員から被相続人による準拠法選択を認めることは実務上の混乱を招くため賛成できない旨の発言があった。

(注21) 木棚照一「遺言準拠法の適用対象」澤木敬郎＝秋場準一編『国際私法の争点〔新版〕』208、209頁（有斐閣・1996年）。

(注22) 遺言の方式の準拠法に関する法律2条において、遺言の方式が、①行為地法、②遺言者が遺言の成立または死亡の当時国籍を有した国の法律、③遺言者が遺言の成立または死亡の当時住所を有した地の法律、④遺言者が遺言の成立または死亡の当時常居所を有した地の法律、⑤不動産に関する

遺言について、その不動産の所在地法のいずれかに適合する場合には、方式に関して有効としている。

(注23) 折茂・前掲（注1）453頁。

(注24) その国で生まれた者に対してその国の国籍を付与する主義。これに対して、出生によって親の国籍を取得する「血統主義」がある。本書18、19頁。

(注25) わが民法の特別縁故者への財産分与は、被相続人からの相続による承継取得ではなく、相続財産法人からの無償贈与であるとの考え方がある。溜池・前掲506、507頁。なお、特別縁故者への相続財産分与の判例として、池原＝早田編・前掲（注12）174、175頁〔海老沢美広〕参照。木棚＝松岡編・前掲（注4）139、140頁。櫻田＝道垣内編・前掲（注7）152、153頁〔佐藤やよひ〕。

(注26) 香港裁判所において選任された遺産管理人の権限を日本に所在する遺産に認めた事例（大阪高判昭和56・9・30家月35巻3号49頁。池原＝早田編・前掲（注12）170頁〔田中徹〕）。山田教授は、一般管轄権の存在する外国で遺産管理人が選任されたが、遺産管理人の管轄権がわが国に及ばない場合や当該外国で遺産管理人が選任されない場合などには、わが国で被相続人の本国法に従って管理人の選任をすることができるものとする考え方を示されている。山田・前掲（注1）579頁。

第2部 各論

12 反致

1 反致とは

　国際私法は、渉外的法律関係について最密接関係地法を選択し、適用することを目的とした準拠法選択のルールですが、国際私法の抵触規定における連結点や定義される法律関係、その適用場面などは世界各国で異なっており、また共通の国際私法ルールが確立されているわけではありません。したがって、各国の国際私法の適用がなされても、その選択された準拠法との間で抵触が生じることとなります。

　たとえば相続にかかる準拠法についてみると、通則法36条では「相続は、被相続人の本国法による」としていますので、日本人甲がA国に財産を残して死亡した場合、通則法では被相続人の本国法である日本法が適用されますが、A国の国際私法に「相続にかかる準拠法は財産への所在地法である」という規定があれば、A国の国際私法ではA国法が準拠法となり、双方国での準拠法選択において抵触が生じることになります（これを積極的抵触（【図表37】）といいます）。この場合は国際私法の内容が異なっているので、選択された準拠法同士の調整はできません。

　一方、日本在住のB国人乙が日本に財産を残して死亡し、通則法36条により相続の準拠法が本国法であるB国法に指定されたとします。そしてB国法の国際私法に「相続は財産の所在地法による」と規定されている場合、B国の国際私法では日本法が準拠法になります。このように、わが国の通則法により本国たるB国法が準拠法として指定されても、B国の国際私法

により、結果として日本法を適用することになってしまうという抵触状態が生じる場合（これを消極的抵触（【図表38】）といいます）があります。

【図表37】　準拠法の積極的抵触

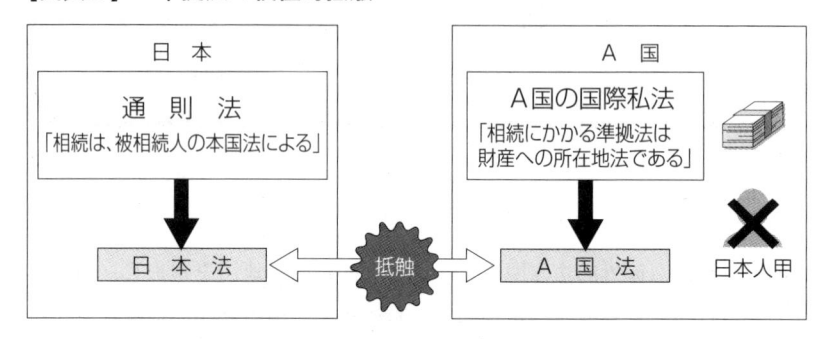

日本
通　則　法
「相続は、被相続人の本国法による」
↓
日本法

A国
A国の国際私法
「相続にかかる準拠法は財産への所在地法である」
↓
A国法

抵触

日本人甲 ×

【図表38】　準拠法の消極的抵触

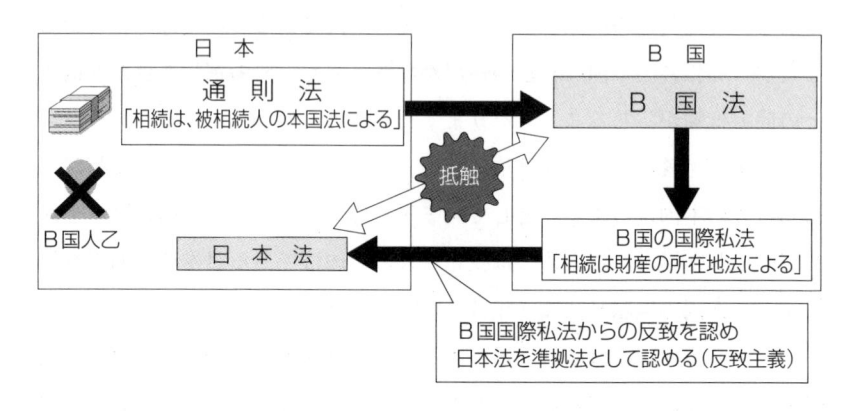

日本
通　則　法
「相続は、被相続人の本国法による」
→ B国法

B国
B国法
↓
B国の国際私法
「相続は財産の所在地法による」

抵触

B国人乙 ×
日本法

B国国際私法からの反致を認め
日本法を準拠法として認める（反致主義）

　後者の抵触のように、法廷地である日本の国際私法によりB国法が準拠法として選択されたとしても、B国の国際私法により日本法によるべきとされている場合を「反致」といい、このB国の国際私法からの反致を認めて日本法の適用を認めることを、「**反致主義**」といいます。反致主義によれば、通則法で指定されたB国法であっても、B国の国際私法により準拠法が日本法に戻されることとなります (注1) (注2)。

2 反致の種類

反致には次のような類型があります。

(1) 狭義の反致

A国の国際私法によればB国法を適用することとなり、B国法の国際私法によればA国法を適用することとなるような本国の国際私法が直接自国の実質法を指定している関係を、「**狭義の反致（【図表38】）**」といいます。

たとえば、イギリスに住所を有するフランス人がフランスに動産財産を残して死亡し、その相続問題がフランスで問題になった場合、フランスの国際私法では相続は被相続人の住所地法であるイギリス法によるとされたとします。一方、イギリスの国際私法では相続の準拠法は被相続人の本国法であるフランス法によるとされている場合、フランスの裁判所で、イギリス法を適用しないでイギリスからの反致を認めてフランス法を準拠法として適用することが狭義の反致となります。わが国の通則法41条ではこの狭義の反致を認めています（注3）。

このほかハンガリー、スペイン、ルーマニア、韓国などの国際私法でも狭義の反致が認められています（注4）。

【図表39】 狭義の反致

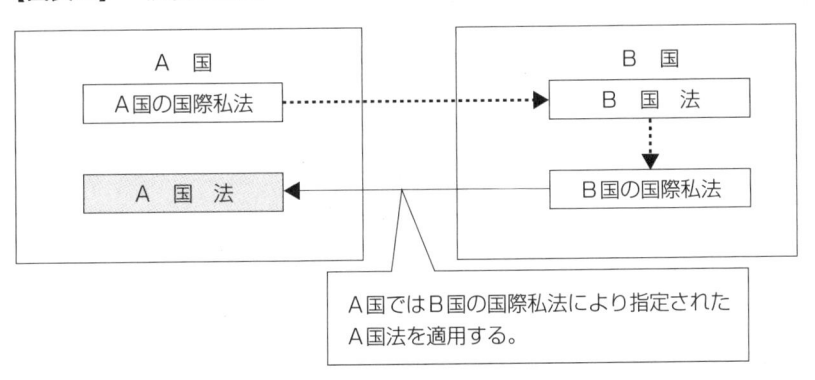

```
┌─────────────────────┐   ┌─────────────────────┐
│  A 国               │   │  B 国               │
│ ┌───────────┐       │   │   ┌───────────┐     │
│ │A国の国際私法│ ─ ─ ─┼─ ─┼─▶ │ B 国 法   │     │
│ └───────────┘       │   │   └───────────┘     │
│                     │   │         ┊           │
│                     │   │         ▼           │
│ ┌───────────┐       │   │   ┌───────────┐     │
│ │ A 国 法   │◀──────┼───┼── │B国の国際私法│    │
│ └───────────┘       │   │   └───────────┘     │
└─────────────────────┘   └─────────────────────┘
              ┌──────────────────────────────┐
              │A国ではB国の国際私法により指定された│
              │A国法を適用する。              │
              └──────────────────────────────┘
```

(2) 転　致

A国の国際私法によればB国法が準拠法となり、B国の国際私法によればC国法が準拠法になるとき、A国でC国（第三国）を準拠法とする場合を転致（【図表40】）といいます。

たとえばブラジルに住所を有するドイツ人が日本に財産を残して死亡した場合、日本の国際私法では相続の準拠法は被相続人の本国法であるドイツ法になるところ、ドイツの国際私法では被相続人の住所地法であるブラジル法が準拠法となるときに、日本においてブラジル法を準拠法とした場合がそれに該当します。通則法ではこのような適用は認められていません。一方、わが国の手形法88条、小切手法76条の規定では転致が認められています。

ドイツ、イタリア、フランス、スイス、オーストリア、ポーランド、トルコなどでは、立法また判例法上において狭義の反致、転致が認められています(注5)。

【図表40】　転　致

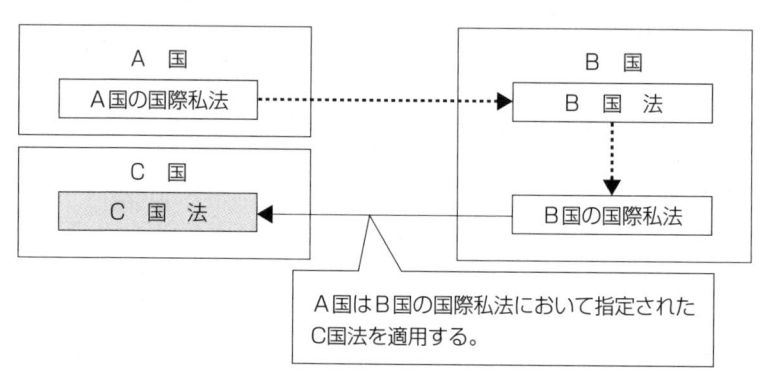

```
┌─────────────────────┐      ┌─────────────────────┐
│  A 国               │      │  B 国               │
│ ┌─────────────────┐ │      │ ┌─────────────────┐ │
│ │ A国の国際私法    │─┼──────┼→│   B 国 法       │ │
│ └─────────────────┘ │      │ └─────────────────┘ │
│                     │      │         ┆           │
│  C 国               │      │         ↓           │
│ ┌─────────────────┐ │      │ ┌─────────────────┐ │
│ │   C 国 法       │←┼──────┼─│ B国の国際私法    │ │
│ └─────────────────┘ │      │ └─────────────────┘ │
└─────────────────────┘      └─────────────────────┘
              ┌──────────────────────────────────┐
              │ A国はB国の国際私法において指定された │
              │ C国法を適用する。                  │
              └──────────────────────────────────┘
```

(3) 間接反致

A国の国際私法によればB国法が準拠法となり、B国の国際私法によればC国法が準拠法となり、C国の国際私法によればA国法が準拠法となる

場合、A国でA国法を準拠法として適用する（B国の国際私法を介して、そこで準拠法として選択されたC国（第三国）からA国（本国）に戻るといった）反致を、「**間接反致**」（【**図表41**】）といいます。

たとえばイタリアに住所を有するブラジル人が日本で不動産を残して死亡した場合の相続の準拠法は、通則法では本国法であるブラジル法になり、ブラジルの国際私法では「被相続人の住所地」となるとされていればイタリア法が準拠法となり、イタリアの国際私法では「不動産の所在地法による」とされていれば不動産の所在地の日本法になります。この場合に日本法を適用すると間接反致になりますが、通則法ではこのような運用は認められていません。

【**図表41**】　間接反致

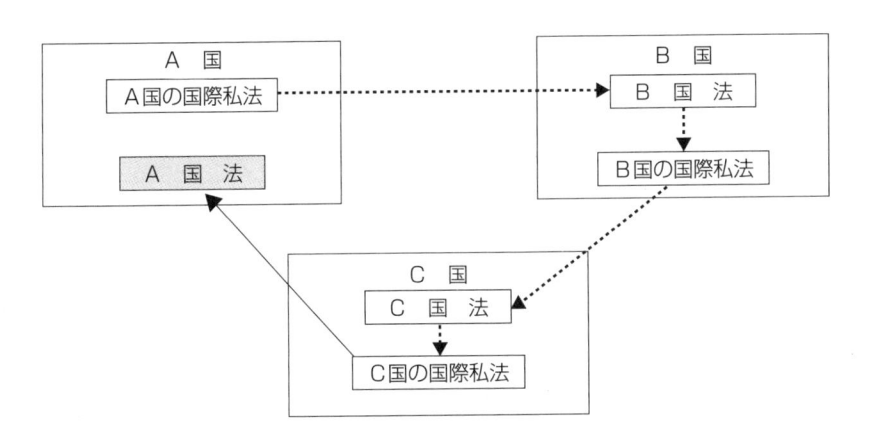

```
┌─────────────────────┐        ┌─────────────────────┐
│    A 国              │        │    B 国              │
│  ┌──────────────┐   │┄┄┄┄┄┄▶│  ┌──────────────┐   │
│  │ A国の国際私法 │┄┄┄┘        │  │   B  国  法   │   │
│  └──────────────┘            │  └──────────────┘   │
│  ┌──────────────┐            │         ┊            │
│  │   A  国  法   │◀           │         ▼            │
│  └──────────────┘  ＼         │  ┌──────────────┐   │
│                      ＼       │  │ B国の国際私法 │   │
└───────────────────────＼──────└──┴──────────────┴───┘
                         ＼           ┊
                  ┌───────＼──────────┊──┐
                  │    C 国 ＼         ▼  │
                  │  ┌──────────────┐    │
                  │  │   C  国  法   │◀   │
                  │  └──────────────┘    │
                  │         ┊            │
                  │         ▼            │
                  │  ┌──────────────┐    │
                  │  │ C国の国際私法 │    │
                  │  └──────────────┘    │
                  └──────────────────────┘
```

(4)　二重反致

A国の国際私法ではB国法が準拠法になり、B国の国際私法ではA国法が準拠法になった場合に、A国でA国法を適用すれば「狭義の反致」になりますが、B国の国際私法で反致を規定して認容している場合、B国の反致規定を考慮してB国法を準拠法とすること、すなわち反致を二重に適用して当初の準拠法を適用することを、二重反致（【**図表42**】）といいます（注

6)。たとえば日本に住所を有するイタリア人がイタリアに動産を残して死亡し、その動産の相続がイタリアで問題になり、イタリアの国際私法によれば、動産相続は被相続人の住所地である日本法によるとされたとします。しかし、日本の国際私法によれば本国法であるイタリア法になります。この場合にイタリアの裁判所がイタリア法を適用すると狭義の反致になりますが、イタリア裁判所で日本の国際私法に反致規定があることを考慮したうえで日本法を適用することが、二重反致にあたります。

　日本を基準に考えますと、反致規定が被相続人の本国にあって、日本から被相続人の本国への反致を認めている場合には、通則法41条でいう「当事者の本国法によるべき場合において、その国の法に従えば日本法によるべき」とはいえないとし、本国法の実質法の適用を認めるという考え方になります。

【図表42】　二重反致

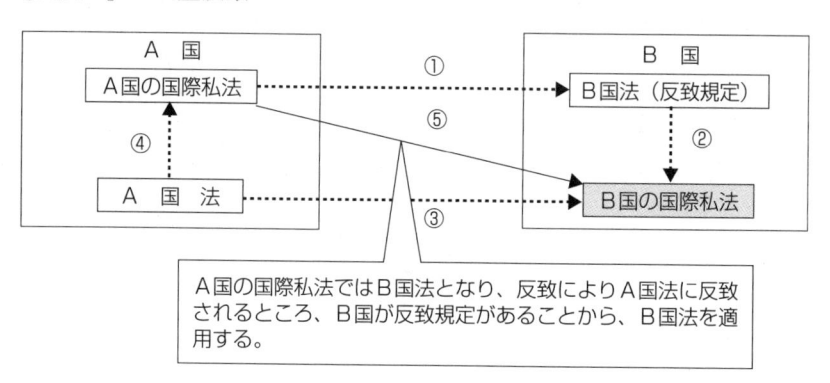

```
┌─────────────────────┐        ①         ┌─────────────────────┐
│  Ａ　国              │ ·············→   │  Ｂ　国              │
│  ┌──────────────┐   │                   │   ┌──────────────┐  │
│  │ Ａ国の国際私法 │   │        ⑤         │   │ Ｂ国法（反致規定）│  │
│  └──────────────┘   │                   │   └──────────────┘  │
│        ↑            │                   │         ↓ ②         │
│        ④            │                   │   ┌──────────────┐  │
│  ┌──────────────┐   │        ③         │   │ Ｂ国の国際私法 │  │
│  │ Ａ　国　法    │   │ ·············→   │   └──────────────┘  │
│  └──────────────┘   │                   │                     │
└─────────────────────┘                   └─────────────────────┘
        ┌─────────────────────────────────────────────┐
        │ Ａ国の国際私法ではＢ国法となり、反致によりＡ国法に反致 │
        │ されるところ、Ｂ国が反致規定があることから、Ｂ国法を適 │
        │ 用する。                                      │
        └─────────────────────────────────────────────┘
```

(5) 隠れた反致

　本国の国際私法によると、直接に日本に反致するような抵触規定がないとしても、しかるべき独立抵触規定の存在の解釈を通じて推察し、法廷地の独立抵触規定と当該推定された架空の独立抵触規定との間で反致を成立させようとする考え方を、「隠れた**反致**」といいます。

たとえば、米国国籍をもつ親と日本人の未成年者が米国のある州において養子縁組を行うことを考慮した場合、通則法31条では養親となるべき者の本国法によるとされますが、米国の州法には、養子縁組に関して抵触規定がありません。一方で、養子縁組等の親権者の指定関係についての裁判管轄権のルールのみがあり、このとき当事者の裁判管轄のある地の法廷地法を適用するという扱いが「隠れた反致」です。すなわち、この養親と子が日本を住所地とし、日本に裁判管轄があるときには、米国州法に代えて日本法を準拠法とするという、隠された国際私法ルールを認めるものです。わが国の判例でも「隠れた反致」を認めるものがあります(注7)。

③　反致の考え方の背景

　国際私法の学説上の理論的根拠については、以下のものがあります。

(1)　総括指定説 (注8)

　国際私法が渉外的法律関係を規律するに最も適する法(最密接関係地法)を選択し、適用する規律によりある国の法律が選択されるということは、その国全体の法律が総括的に指定されることを意味するので、その国の実質法、抵触法たる国際私法も選択されるということが反致主義の根拠とするものです。この考え方は、いわば循環的な法律の適用(A国からB国への指定が総括指定であれば、B国から次の指定も総括指定となる)につながるとの批判があります。

(2)　棄権説 (注9)

　法廷地の国際私法により外国法が準拠法として指定され、その外国法の秩序が同一の法律関係について自国法の適用を認めないときには、その適用を棄権したものとみなし、それに代わるべき法廷地法を適用すべきであるとする見解です。

　このほか、法政策の妥当性の立場からの説明として、準拠法所属国の国際私法に従うことによって、その国で準拠法とされているものと、わが国で準拠法とされるものが一致することにより、本国法主義と住所地法主義

の対立の緩和という観点から国際的な判決の調和が達成されるとする国際的判決調和説 (注10) や、外国法が準拠法とされている場合、その内容の確定・適用には困難が伴うので、裁判の便宜、質という観点からも内国法が適用される場合を増やすことが実際上必要であって、反致によりそれが達成されるという内国適用拡大説 (注11) などがあります。

また反致は、国際私法による準拠法指定が外国の実質法のみであって、他国の国際私法を考慮する発想は理論的ではないとの批判や、反致の目的とされている準拠法の国際的調和といっても反致自体によってそれが常に実現し得るわけではないことから「反致」主義を否定する考え方 (注12) もあり、「反致」の是非については国際私法上大きな論点となっています。

法制審議会国際私法（現代化関係）部会でも、反致主義の規定を置くかどうかについて、学者、官庁、裁判所、経済界からの意見を含めて議論が進められましたが、結果的に、実務、裁判の運用面からみても現行の反致規定に則って運用されており、反致規定を削除することの影響が大きいことなどを理由として、反致規定を残すこととなりました (注13)(注14)。

④ 通則法41条

反致にかかる規定である通則法41条本文では「当事者の本国法によるべき場合において、その国の法に従えば日本法によるべきときは、日本法による」と規定されています。旧法の法例32条からその趣旨、内容は変更されていません (注15)。

「当事者の本国法によるべき場合」とは、たとえば通則法36条の相続、37条の遺言のように、連結点が国籍となり本国法が準拠法として適用される場合のことです。なお、無国籍者については、通則法38条により本国法に代わって常居所地法が適用されるとしても、常居所地法が本国法とみなされるわけではないため、無国籍者の常居所地法からの反致は認められないとされています (注16)。

次に「その国の法に従えば日本法によるべきとき」とは、その国の国際

私法によれば日本法が準拠法となることを意味しており、その連結点が常居所地、行為地、本国、財産の所在地などであろうとその資格には制限がなく、結果として日本法の実質法が適用される場面のことをいいます。また反致は、日本法の適用が法律の趣旨や公序によってそれが適用されない場合もあることに留意が必要です。

　同条但書では、「第25条（第26条第１項及び第27条において準用する場合を含む。）又は第32条の規定により当事者の本国法によるべき場合は、この限りでない」と規定されており、段階的連結規定については反致の適用除外になっています。この段階的連結の場合の反致の例外規定は、平成元年の法例改正時に但書として追加されたものです（注17）（注18）（注19）。

　たとえば通則法25条では、夫婦の法律関係である婚姻の効力において、当事者が同一本国法の場合にはその法律、それがない場合には同一の常居所地法、それもない場合には最密接関係地法となるというように複数の連結点を媒介として準拠法を段階的に選択（連結）する旨が規定されています。この25条の法律関係において通則法41条の反致規定をそのまま適用すると、日本人（夫）と外国人（妻）の夫婦で同一本国法がないときに、外国人（妻）の本国の国際私法により住所地である日本法を準拠法としていれば、当事者の狭義の反致が成立して日本法を同一本国法として適用することとなってしまいます。つまり夫婦の共通の要素があるにもかかわらず当事者片方の本国法が日本法であるがゆえに反致をさせてしまうと、その結果として当事者の最密接関係地法の選択を超えてしまうことにつながり、同条の国際私法の国際的調和としての妥当性という趣旨を逸脱する可能性があります。そこでそれらの規定は反致の適用の除外としているわけです。

⑤ 事 例

反致にかかる事例をみていきましょう。

> **事例1**
> A国に国籍をもつ日本在住の甲（夫）が死亡した。甲は日本にあるX銀行に定期預金をもっている。この相続預金の扱いは何法によるべきか。A国の国際私法では「被相続人の財産の所在地法」を相続の準拠法として規定されている（注20）。

　この事例は通則法41条でいう狭義の反致が成立する典型的事例です。通則法36条では、被相続人の本国法であるA国法が準拠法になりますが、A国法では被相続人の財産の所在地法が相続にかかる準拠法となるため、A国の国際私法では日本法が準拠法として指定されます。したがって、通則法41条規定により反致が成立し、日本法が準拠法になります。

> **事例2**
> 事例1の甲が在日韓国人である場合はどうなるか（在日韓国人の相続の準拠法と反致）（【図表42】）。

　通則法36条により相続の準拠法が韓国法とされたことを前提として、相続にかかる韓国の準拠法規定と反致との関係をみていくこととします。とりわけ銀行実務上在日韓国人との取引は日常的におこなわれておりますので、ここでは韓国国際私法の内容を含めて考察していきます。

　韓国国際私法は2001年4月7日に法律第6465号として公布され、同年7月1日に施行されています。そして相続の準拠法については、韓国国際私法49条において以下のとおり規定されています（注21）（注22）。

12 反致

> 韓国国際私法49条（相続）
> ① 相続は、死亡当時被相続人の本国法による。
> ② 被相続人が遺言に適用される方式により、明示的に次の各号の法律のいずれかを指定するときは、相続は、第1項の規定にかかわらず、その法による。
>   1 指定当時の被相続人の常居所がある国家の法。ただし、その指定は、被相続人が死亡時までその国家に常居所を維持した場合に限り、その効力がある。
>   2 不動産に関する相続に対しては、その不動産の所在地法。

韓国国際私法49条1項では、相続は死亡当時の被相続人の本国法によるとされているので、日本の通則法36条により、本国法である韓国法が準拠法になります。一方、2項では①指定当時の被相続人の常居所がある国家の法（ただし、被相続人の死亡時まで常居所地があること）、②不動産に関する相続は不動産の所在地法を「遺言に適用される方式」を明示的に指定した場合には、1項にかかわらずその法によるとされているので、仮に甲が、2項に従って日本法を指定している場合には、日本法への反致が成立する可能性があります。

日本法への反致が成立するかどうかに関する具体的な実務の判断としては以下の点をチェックすることとなります。

① 被相続人が遺言に適用される方式により準拠法を指定しているか

「被相続人が遺言に適用される方式により」とは、その遺言が韓国国際私法50条3項に定める遺言の方式を充足していることと理解されています(注23)。

同条同項では、遺言の方式を充足する要件として「遺言者が遺言当時又は死亡当時に国籍を有する国家の法」、「遺言者の遺言当時又は死亡当時の常居所地法」、「遺言当時の行為地法」、「不動産に関する遺言の方式に対し

ては、その不動産の所在地法」のいずれかを充たしている必要があるとされています。

たとえば、在日韓国人が遺言当時の常居所地法である日本法により遺言を行ったとすれば、韓国国際私法上の遺言方式を充たしていることとなり、遺言は有効となります。

② 明示的に日本法を準拠法とすることを指定しているか

ここでいう「明示的」の意味に関してはさまざまな解釈論があるようですが、基本的には、「私の相続（不動産）の問題については、日本法によります」といったもので、少なくとも日本法によるということが明示されていることが必要と解されているようです (注24)。

③ 遺言指定から死亡時までの常居所地が日本であるか（不動産に関する相続については、不動産が日本に存在するか）

韓国による準拠法指定により当該法が適用されるためには、韓国国際私法49条2項1号により、遺言当時から死亡当時までその地に常居所 (注25) があることが要件ですので、これも在日韓国人が死亡時まで日本に常居所を有しているのであれば、この要件を充たしていることとなります。不動産相続については、当該不動産が日本に存在することが2号要件に該当します。

以上①〜③の要件を充たしていれば、韓国国際私法49条の規定により2項の指定が1項に優先することから、韓国法における公序条項に反しない限り、反致が成立し、日本法が準拠法になると考えられます。

12 反 致

【図表43】 在日韓国人の相続の準拠法と反致の成立(一例)

```
韓国国際私法上の要件を充足した方式により遺言を行っているか(韓国国際私法50条3項)
    │
 ┌──┴──┐
いいえ   はい
          │
    明示的に日本法を準拠法とすることを指定
    しているか(韓国国際私法49条2項)
          │
      ┌──┴──┐
    いいえ   はい
      │      │
反致は成立しない(韓国法)  遺言指定から死亡時までの常居所地が日本であるか
              (不動産相続については不動産が日本に存在するか)
              (韓国国際私法49条2項)
                    │
                ┌──┴──┐
              いいえ   はい
                │      │
         反致は成立しない(韓国法)  反致は成立する(日本法)
```

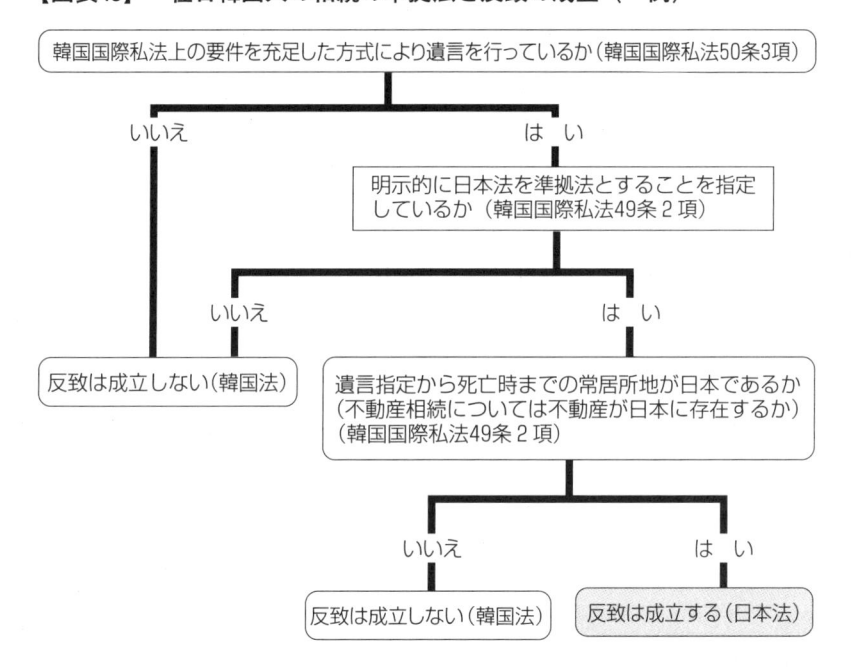

事例3

B国に国籍をもつB国在住の甲(夫)は日本に甲名義の不動産を所有し、B国に動産の財産を有している。甲の死亡後の丙(妻)への不動産、動産の相続にかかる準拠法は何法によるべきか(注26)(B国の国際私法は相続分割主義をとっており、不動産相続はその不動産の所在地法、動産は被相続人の住所地法によるとしている。なお、不動産、動産の個別準拠法において相続財産として成立しているものとする)(【図表44】)

　本事例は、本国法の国際私法において相続分割主義(相続の準拠法を動産、不動産に区別して、それぞれについてその相続の準拠法を選定すべきとする立場)がとられている場面での反致の問題です。
　まず通則法36条により、相続の準拠法問題として本国法であるB国法が

準拠法となります。すると不動産については、Ｂ国国際私法上の不動産所在地法によるので、不動産の所在地国である日本への反致が成立することにより日本法が準拠法となります。ほかの動産財産については、被相続人の住所地法であるＢ国法が適用されることとなります。このように一部にだけ反致が成立することを、**部分反致**といいます。国際私法上の解釈として、部分反致そのものを否定する考え方もあるようですが、判例上も認められており、実務上、相続財産の一部が反致として成立し得る場合もあることに注意が必要です (注27)。

【図表44】　事例３の当事者相関図

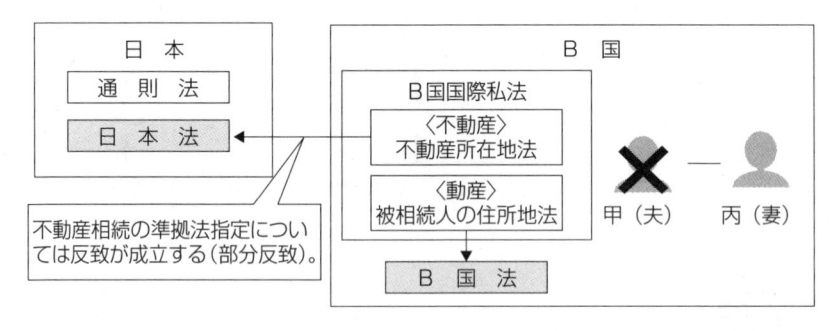

日本
- 通則法
- 日本法

Ｂ国
- Ｂ国国際私法
  - 〈不動産〉不動産所在地法
  - 〈動産〉被相続人の住所地法
- Ｂ国法

甲（夫）　丙（妻）

不動産相続の準拠法指定については反致が成立する（部分反致）。

事例４

日本にあるＸ銀行から融資を受けていたＤ国人甲は日本に実子乙と居住していたが、Ｃ国に乙とともに住所地を移した後で死亡した。甲の金銭債務の乙への相続については何法によるべきか。Ｄ国の国際私法では、相続は被相続人の最後の住所地法によるとされている。またＤ国では転致が認められており、Ｄ国法により第三国法が準拠法として指定された場合に当該第三国法の国際私法によって指定された実質法を適用する旨の規定がある。またＣ国の国際私法では、当該相続財産にかかる法律関係のある地を相続の準拠法とする旨の規定がある。

本事例は、日本の国際私法上準拠法とされた本国法が転致主義をとっている場合の応用問題です。

通則法36条により、相続の準拠法については被相続人の本国法であるD国法が適用されることになります。そしてD国の国際私法によれば被相続人の最後の住所地法が準拠法となるので、C国法が適用されることになります。そしてC国の国際私法によれば相続財産にかかる法律関係のある地、すなわち金銭消費貸借契約の締結地である日本法が適用されることになります（D国→C国→日本）。

日本の国際私法によれば本国法、本国法によれば第三国法、第三国法によれば日本法によるという「間接反致」は通則法で認められていませんが、この事例のように本国法（本事例ではD国法）が転致主義を認めている場合であって、第三国の国際私法によれば準拠法が日本法となっているときには、間接反致ではなく通則法41条の「その国の法に従えば日本法によるべき」に該当するとみなされるので、反致が成立し、日本法が準拠法として適用されるものと考えます(注28)。

6 実務上の留意点

「反致」の概念は、通則法で本国法として準拠法が選択されていながらも、その本国の国際私法により日本法の実質法が準拠法とされる場合には当該日本法が適用されるという国際私法独特の規定です。実務としては、当初想定された本国法の準拠法がまた日本法に戻ってくるということですから、反致が成立するかしないかでその運用もかなり異なってしまうことに気付かれたものと思います。

銀行実務上、日々外国人の相続や遺言等の場面で、反致主義の成立可能性について判断が求められますので、本国における国際私法の内容について事前調査を行うなど、万全の対策が求められるところです。

（注1）澤木敬郎＝道垣内正人『国際私法入門〔第6版〕』45、46頁（有斐閣・

2006年)。山田鐐一『国際私法〔3版〕』59、60頁(有斐閣・2004年)。
(注2) ファルゴ事件:1987年6月24日フランス破毀院判決。フランスに移住したバヴァリア人のファルゴという者が、フランスに残した動産相続についてフランス法によれば、相続人がなく国庫に帰属されたことについて、バヴァリア親族がバヴァリア法に基づく相続を主張した。フランスの破毀院は、フランス国際私法上、相続は被相続人の住所地法によるが、ファルゴはフランスに住所取得をしていなかったため、住所地法をバヴァリア法とした。そしてバヴァリア国際私法では、動産の相続法は動産の所在地法、被相続人の常居所地法とされていることから、バヴァリア法上の常居所地をフランスにあるとしたうえ、財産の所在地法であるフランス法を適用した。すなわちフランス国際私法上は、住所地法であるバヴァリア法を準拠法とし、バヴァリアの国際私法ではフランス国際私法を適用したとする点で、反致原則の基本的な考え方のもととなっているようである。道垣内正人『ポイント国際私法(総論)〔第2版〕』214〜215頁(有斐閣・2007年)。溜池・前掲(本書4頁・注3)142頁。
(注3) 中国法による反致が認められた事例として最3判平成6・3・8金融・商事判例947号3頁。櫻田嘉章=道垣内正人編『国際私法判例百選(新法対応補正版)』12、13頁〔北沢安紀〕(有斐閣・2007年)参照。
(注4) 小出編著・前掲(本書4頁・注2)156頁。
(注5) 小出編著・前掲(注4)156頁。
(注6) わが国では、判例、通説のいずれも二重反致を認めていないとするものが有力であるが、一部判例で二重反致を認めたものもある。(東京高判昭和54・7・3判例時報939号37頁。池原季雄=早田芳郎編『渉外判例百選〔第3版〕』10頁〔櫻田嘉章〕(有斐閣・1999年)。二重反致を認める見解について山田・前掲(注1)71、72頁。
(注7) 隠れた反致の概念について木棚照一=松岡博編『国際私法(別冊法学セミナー 基本法コンメンタール)』162、163頁(日本評論社・1994年)。「隠された反致」にかかる判例として福岡地判昭和30・1・19下民集6巻1号46

頁。

(注8) 澤木＝道垣内・前掲（注1）48頁。

(注9) 山田・前掲（注1）64頁。各諸説について溜池・前掲（注2）146～151頁。

(注10) 道垣内・前掲（注2）217頁。櫻田嘉章『国際私法〔第5版〕』110、111頁（有斐閣・2006年）。

(注11) 櫻田・前掲（注10）111頁。溜池・前掲（注2）152～154頁。

(注12) ギリシャ民法32条、ペルー民法2048条、カナダ・ケベック州民法3080条のように反致を否定している立法事例もある。小出編著・前掲（注4）156頁。また、反致そのものの理論的根拠がないとして問題点が種々指摘されている。道垣内・前掲（注2）224～230頁。櫻田・前掲（注10）108頁。

(注13) 平成17年3月29日から同年5月24日までに意見募集がなされた「国際私法の現代化に関する要綱中間試案」に関する意見募集の結果参照（http://www.moj.go.jp/PUBLIC/MINJI57/result_minji57.pdf）。

(注14) 法制審議会国際私法（現代化関係）部会第14回会議議事録抜粋（平成16年6月15日）。

　　　銀行界代表委員発言。「反致につきましてはウの現行法例32条（反致規定）を維持するものとするということで、これが意向集約となります。理由でございますが、平成元年の法例改正以降、我々銀行界にとっては反致の運用をめぐり特にこの規定で不備があるということはございませんでしたし、改定のニーズについても特に意見はありませんでした。現実に、銀行の実際の実務におきましても、例えば外国人死亡時の相続において反致を適用することによって日本法が準用されて、実際にワークしているところがあるという例がございます」。小出編著・前掲（注4）155頁。別冊NBL編集部編『法の適用に関する通則法関係資料と解説』230、231頁（商事法務・2006年）。

(注15) 平成元年の法例改正の議論において反致規定の存否について議論されたが、実務界からの反致規定を必要とする要望や準拠法所属国の法律判断・

第2部　各　論

判決と一致するとの国際的調和等を理由とし、反致規定は存置された。池原季雄ほか「法例改正をめぐる諸問題と今後の課題」ジュリスト943号35〜36頁参照。

（注16）山田・前掲（注１）70頁。

（注17）平成元年の法例改正時において32条（旧法例29条からの条文変更）に但書を加え、「段階的連結」が反致の例外とされた。この点については、池原ほか・前掲（注15）35、36頁〔南敏文発言〕参照。「段階的連結の場合に、反致を認めない理由としては、段階的連結の場合には当事者双方に共通する法律を選んでいるのに、もし反致を認めるということになると、たとえば共通本国法によるべきところ、共通常居所が日本にあるゆえに反致するということならまだしも、夫の住所地法を理由に反致をするということになると、共通の要素を欠くということになります。さらに、密接関連法により反致をするということになると、相当その認定に困難を伴うということになります。このような段階的連結の立法の趣旨、あるいは実際的な困難性から反致を認めないということとしています」。

（注18）澤木＝道垣内・前掲（注１）51頁。

（注19）本書18、19頁。

（注20）スイス国際私法91条（最後の住所地が外国にある場合）。

外国に最後の住所を有する者の相続は、その住所地国の抵触法が指定する法による。別冊NBL No.88　法例研究会『法例の見直しに関する諸問題』(3) 113頁（商事法務・2004年）。

（注21）韓国国際私法和訳については韓国ＷＥＢ六法（http://www.geocities.co.jp/wallstreet/9133/target.html）、戸籍時報529号以下を参照。

（注22）韓国国際私法における相続の解釈、反致成立への考察については、西山慶一「在日韓国人の遺言による相続準拠法の指定」ジュリスト1210号164〜172頁を参照。なお、韓国国際私法では、次のように、属人法で本国法を準拠法とする場合のみならず、基本的にすべての法律関係について反致するとされている。

> 韓国国際私法9条
> ① 本法により外国法が準拠法として指定された場合に、その国家の法によれば大韓民国法が適用されるべきときには、大韓民国法（準拠法の指定に関する法規を除外する）による。

(注23) 西山・前掲（注22）165頁。

> 韓国国際私法50条（遺言）
> 3 遺言の方式は、次の各号のいずれかの法律による。
> ① 遺言者が遺言当時又は死亡当時に国籍を有する国家の法
> ② 遺言者の遺言当時又は死亡当時の常居所地法
> ③ 遺言当時の行為地法
> ④ 不動産に関する遺言の方式に対しては、その不動産の所在地法

(注24) 西山・前掲（注22）170頁。
(注25) 韓国法でいう常居所地とは、一応生活中心で、一定の場所で相当の間居住した事実が認められればその地が常居所地と認められるもので、定住という主観的要素は要せず事実概念とされるとしながらも、常居所が存在するかどうかは総合的に考察して判断するとされている。西山・前掲（注22）168頁。
(注26) 類似事例として東京家審平成11・10・15家裁月報52巻3号60頁。日本国内に住所を有していた被相続人（ニュージーランド人）についての相続の限定承認について、ニュージーランド法によれば、相続に関して遺産である不動産はその所在地の法律により、その他の財産は被相続人の死亡時の住所地の法律によるべきとされているところ、被相続人の財産はいずれも日本国内の不動産および銀行債務であり、反致により日本法が準拠法となるとして日本民法により限定承認を受理した。

第2部 各　論

(注27)　木棚＝松岡・前掲（注7）141頁。部分反致を認める判例として、東京高判昭和63・10・5判例タイムズ703号215頁、東京高判平成2・6・28判例時報1631号56頁。

(注28)　溜池・前掲（注2）147、148頁。

第2部 各 論

13 法人の準拠法

1 法人の準拠法

　外国で設立された会社の法人格の有無、要件、組織変更や、構成員の権限、そして債務不履行責任、解散、清算、合併等、渉外的関係にある法人にかかる抵触法的な検討を要する事項は、多岐にわたります。こうした法人または法人格のない社団・財団にかかる渉外的抵触事項について、どのような規律が求められるべきか、また、規律がない場合であってもどのような準拠法選択の方法が必要となるか等については、学説上も実務上も大きな論点となっています。

　外国法人に関する一般規定については、民法36条の「認許」規定、会社法817条以下に規定されているだけであり、抵触法としての規律は定められていませんでした。これは当時の法例の立者が、法人格の効力は法人格を与えた国家の法律の効力が及ぶ境界内に限られ、外国法に従って設立された法人については、わが国においてその法人格を認許するかどうかに委ねられると理解されていたことによります (注1)。

2 法制審議会における議論

　法制審議会国際私法（現代化関係）部会では、法人の準拠法にかかる問題を抵触法上規定するべきかどうか、またその場合の法人の従属法の決定基準は何か、法人の従属法の範囲はどのように考えるべきか等について議論されました。その結果、内外国を含めて法人の準拠法自体の議論の蓄積

がないことや、規定することによって弊害が生じる可能性があることなどから、特段の規定を設けないこととされました。現在の段階では法人の準拠法については、外国国家の承認行為の問題としてとられるとの見解のほか、仮にこれを抵触法上の問題とみて従属法によらせるとしても従属法の適用範囲とともに明確な解釈が確立されておらず、規定するにはまだ十分な議論が必要であるということが主な理由とされています(注2)(注3)。

③ 法人の従属法の決定方法

法人の従属法の決定方法について次の2つの考え方があります。

(1) 設立準拠法説

法人がその設立の際に準拠した法律、すなわち当該法人に法人格を付与した法律が、設立後も当該法人の権利能力、内部関係の諸問題に適用され、法人の従属法となるとする考え方です(注4)。

設立準拠法説の根拠として、法人が特定の国の法技術的産物である以上、論理的にみて、その存在を認める法そのものが最も密接な関係であると考えられること、また、法人が法人格を有するのは、その設立準拠法が認めたことに基づいて、その限りにおいて法人としての権利能力があるのだから、設立準拠法が法人の従属法となることが当然であると考えられることが指摘されています。また、実務的には、設立準拠法は明確かつ一義的で容易に確認できるうえ、法人の実質的本拠が他国に移転される場合であっても設立準拠法は固定的、安定的であること等があげられています(注5)。

たとえば、A国、B国それぞれの国でA国法、B国法に基づいて法人を設立するならば、当該A、B国法が法人の従属法となるので非常に明確です。法制審議会における議論でも、銀行界としてはこの設立準拠法の決定基準について賛成する意見を表明しています(注6)。

この設立準拠法説に対する批判的見解としては、有利な税制をもつ国の法や、資本充実原則のない国にあえて法人を設立することで、設立者の意思によって利害関係国の法律の適用が回避できてしまうという指摘があり

ます（注7）。

　わが国では、法人の準拠法の問題については、判例自体が少ないことを背景に、民法36条の認許規定や、会社法において「外国の法令に準拠して設立された法人その他の外国の団体」を外国会社と定義し（会社法2条2号）、日本において取引を継続しようとする外国会社の登記事項については、「外国会社の設立の準拠法」があげられていること（会社法933条2項1号）などから、法人の準拠法の決定基準を「設立準拠法」によるべきとする説が多数のようです（注8）。

(2) **本拠地法説**

　法人の本拠となる経営的管理地が存在する地の法を法人の従属法とする考え方（法人の本拠が所在する地に法人が設立されていなければならないとする考え方）です。この立場では、法人の活動について利害関係を有する者が最も多く存在する法人活動の中心地こそ密接関係地である、ということを根拠としています。本拠地法主義については、本拠地という概念が多義的であり明確でないことから、そもそも本拠地とはどこかという問題について、解釈論が出てくることや、さらに本拠地が転々と移動した場合には、準拠法も変更され法的安定性を欠くといった点が指摘されています（注9）。

　設立準拠法説と本拠地法説は、相対立する説という考え方もある一方で、設立準拠法の適用する場合に、設立準拠所属国において、法人の本拠があることを追加要件とするなど、いわば両者を折衷的にみながら運用をしていくべきであるとする考え方もあるようです（注10）。

　その他の見解として、ドイツにおける学説の中には、設立準拠法に加えて法人の本拠地法上の強行規定を一定の要件を満たす場合において適用するという重層化説をはじめ、ドイツ法または欧州共同体加盟国法で設立された会社は設立準拠法を、それ以外の会社でドイツに活動の本拠がある場合にはドイツ法を適用するとする説（類型化説）、会社の内部関係については当事者により選択された法、外部関係については第三者保護の観点か

ら関連する複数の法の中で取引によって最も有利な規律を適用する考え方（個別化説）などがあります（注11）（注12）。

【図表45】　法人にかかる規定の世界各国の立法状況（注13）

	設立準拠法主義	原則設立準拠法 例外本拠地主義	本拠地法主義
①法人のみ規定		ハンガリー	ギリシャ
②法人と法人格なき社団を個別に規定	ロシア		
③法人に限らず法人格なき社団を一つの規律として規定	スイス	イタリア、韓国	オーストリア
④規定なし	日本（通説）		ドイツ、フランス イギリス、アメリカ

(3) 民法36条との関係

　抵触法の規律の考え方によって、外国法人にかかる法人格がその従属法上の要件を満たした場合であっても、それが当然にわが国において活動することが承認されたことにはなりません。

　民法36条では、「外国法人は、国、国の行政区画及び商事会社を除き、その成立を認許しない。ただし、法律又は条約の規定により認許された外国法人は、この限りでない」と規定しており、外国の法律で認められた法人格をわが国においても承認し、法人として活動することを認めることと解されています。このことから、わが国の私法上、外国法人の法人格の認許に関しては、一般に設立準拠法主義がとられていると解されています。

　また、逆にいえば外国法人の法人格の成立が従属法上認められたとしても、国、国の行政区画、商事会社でなければわが国での活動ができないというものです。

(4) 擬似外国会社

　法人の設立コストや、租税、倒産隔離等の関係から、ケイマン法人をは

じめ外国で設立した会社を利用したビジネスが行われていますが、旧商法482条では、これを擬似外国会社として、日本における営業を行う場合には、日本において設立する会社と同一の規定に従うこととされていました。

本条の趣旨は、日本法の適用を回避するために故意に外国法に従って会社を設立しようとする一種の脱法行為を防止することです。裁判例としては、同条の規定中の「同一の規定」には会社の設立に関する規定を含むものとして、日本の商法が定める会社設立の要件を具備しない限り、擬似外国会社の法人としての成立が認められず、法人としての取引が一切できないと考えられていました。この点について、擬似外国会社が、日本法で定める手続に従い再設立されなければ、その法人格を否認される点は法的安定性の観点から問題であるとの指摘がなされていたことも踏まえ、平成16年に成立した会社法では、821条において、この擬似外国会社の意義を維持したうえ、1項では「日本に本店を置き、又は日本において事業を行うことを主たる目的とする外国会社は、日本において取引を継続してすることができない」、2項において「前項の規定に違反して取引をした者は、相手方に対し、外国会社と連帯して、当該取引によって生じた債務を弁済する責任を負う」(注14)と規定され、擬似外国会社であっても法人格を認めたうえで、一方では取引を継続してすることができない旨を定め、取引した個人に連帯責任を負わせる内容とされました (注15)。この会社法による規律も、外国法人にかかる監督制度の1つですので、抵触法上の観点とあわせて認識しておくことが重要です。

④ 法人の従属法の範囲

法人の従属法を適用するにあたり、その射程範囲がどこまでであるのかという従属法の範囲の論点があります (注16)。

(1) 法人の設立等に関する事項

法人の設立に関する事項、たとえば、定款、寄付行為の作成、公的機関

の認可、設立登記、設立無効などの問題は、法人の従属法によるものと解されています。また、法人の内部組織、内部関係にかかる問題、法人の種類、対内的職務権限、法人と社員の関係、社員の権利義務、法人の消滅に関する事項（法人の解散の時期、事由、効果、清算）などは、法人の従属法によると解されています (注17)(注18)。

(2) 法人の権利能力

法人の一般的権利能力については法人の従属法によるものとされていますが、その法人としての目的の範囲外における取得行為に関しては、個々の権利義務の準拠法によるとする見解や (注19)、法人格の範囲については従属法により、特定の権利義務の主体になり得るかについては個々の権利義務の準拠法によるとの見解があります (注20)。

(3) 法人の代表権の有無

法人の代表権限の有無にかかる問題については、従属法によるとするもの (注21)、その法人の従属法の範囲は、会社内部の事項、組織上の問題に限られるべきであるとし、代表者の行った行為のうち第三者への対外的効力については、「取引に適用される法」によるとする説 (注22)、行為地法によるとする説 (注23) などがあります。

5 法人格のない社団・財団

法人格のない社団、財団にかかる規定については、法人同様に、学説上の議論の蓄積がないこと等から、法制審議会での議論の結果、単位法律関係としての社団、財団の定義のほか、法人とそれらを一律に概念付ける立法のある国、あるいは個別に区分けして規律している国、そもそも概念的なものがない国など各国の立法例も区々であることなどから、通則法での規定は設けられませんでした (注24)。

6 事 例

法人の準拠法にかかる事例をみていきましょう。以下の事例では、法

13 法人の準拠法

人の従属法を設立準拠法としたうえ、その適用範囲を含めて考察していきます。

> **事例1**
> 米国カリフォルニア州の法律に準拠して設立され、カリフォルニアに主たる事務所を有するＡ社が、日本において日本のＢ社と契約を締結する場合、誰がＡ社の代表となるかについてはどの国の法律によるべきか（【図表46】）。

法人Ａ社の代表者を誰にするかは、法人の内部関係にかかる問題であり、法人の従属法によります。よって設立準拠法であるカリフォルニア州法が準拠法となります。

このカリフォルニア州法により代表権を有する者との取引であれば契約は成立することとなります。

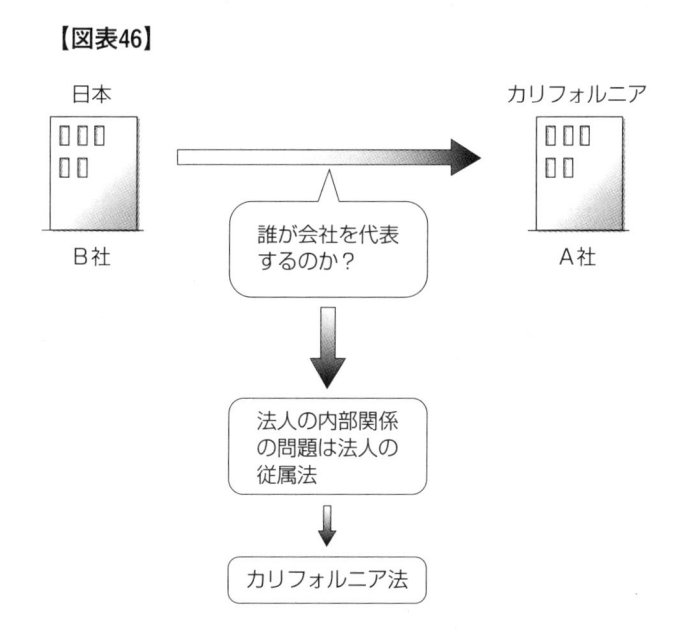

【図表46】

第2部 各 論

事例2

日本法人のB社が、カリフォルニア州法人C社（代表甲）との間で金銭消費貸借契約を締結し、貸付を行い、日本人乙が保証した。その後B社が、乙に対して保証債務履行請求をしたところ、乙は「B社の代表者丙は、C社の副社長でもあり利益相反関係にあるから、カリフォルニア州法による開示事項を開示したうえでの取締役会の承認事項である必要があるが、その決議がなされていない。したがって、融資契約、保証契約いずれも無効である」として保証債務の履行を拒否した。B社が日本の裁判所において乙の保証債務不履行について争う場合、準拠法は何法によるべきか（【図表47】）。

【図表47】

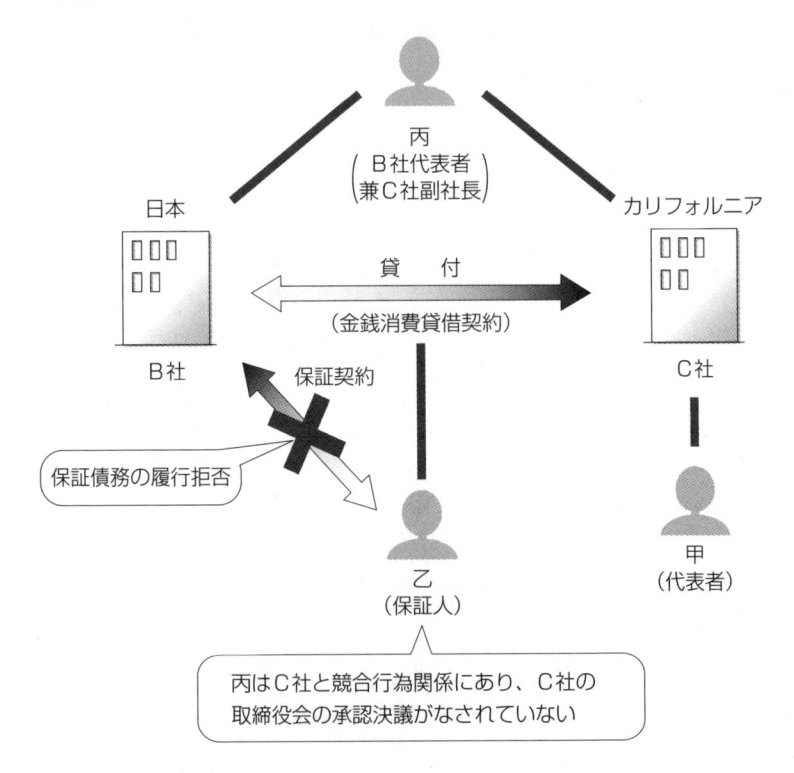

丙
（B社代表者 兼C社副社長）

日本　　　　　　　　　　　　　　　カリフォルニア

B社　←―― 貸　付 ――→　C社
（金銭消費貸借契約）

保証契約

保証債務の履行拒否

乙
（保証人）

甲
（代表者）

丙はC社と競合行為関係にあり、C社の取締役会の承認決議がなされていない

丙の代表権限の有無については、法人の従属法として考慮することとなり、本事例では、C社の従属法であるカリフォルニア州法が準拠法として適用されます。その結果、カリフォルニア州の法律により乙の主張が正当であると認められるのであれば、金銭消費貸借契約、保証契約が無効とされる可能性があります(注25)。

ちなみに、実際の判例(注26)では、「丙が、本件契約の締結権限を有していたか否かは、法人の代表者の権限の存否及び範囲またはその制限に関する事項であり、…原則として法人の従属法に服し、かつ右従属法は法人の設立準拠法であると解するのが相当である」とし、法人の従属法をカリフォルニア州法としたうえ、乙が主張している同州法による開示事項の開示がなくても取引が公正、合理的であることが証明されれば有効であるとして、カリフォルニア州法に則ったうえで事実認定をし、B社の主張を認めています。

事例3

日本法人であるメーカーA社は、X国のB社との間で、B社が米国に新会社C社を設立したうえで、その部品の製作については、C社に委託することで合意した。その後、A社とC社の発起人である代表甲(B社の副社長)は業務委託契約を締結した。後日、業務委託締結時にC社がまだ設立されていなかったことが判明し、会社設立前の甲の法律行為は無効とする定款に反するものとして、A社は、当該業務委託契約の取消を求めた。この場合、C社設立前における甲とA社との契約の有効性にかかる準拠法は何か。また、当該契約の成立を保護するための、どのような法律上の構成が考えられるか(類似判例 最三判昭和50・7・15金融・商事判例527号42頁)(【図表48】)。

【図表48】

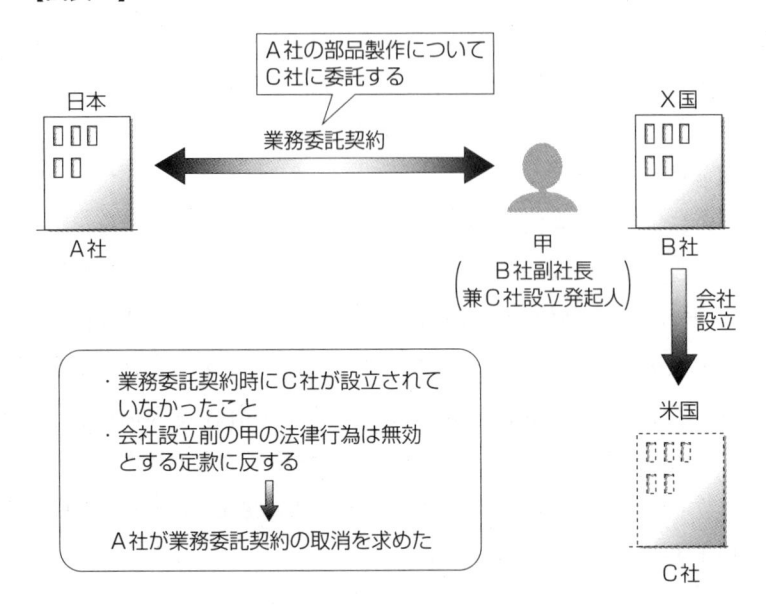

```
           A社の部品製作について
           C社に委託する
  日本                              X国
  [A社] ←――― 業務委託契約 ―――→  [B社]
                        甲
                    (B社副社長        │会社
                     兼C社設立発起人)   │設立
                                   ↓
                                  米国
  ・業務委託契約時にC社が設立されて       [C社]
    いなかったこと
  ・会社設立前の甲の法律行為は無効
    とする定款に反する
           ↓
    A社が業務委託契約の取消を求めた
```

　米国に新たに設立される予定のC社の設立発起人甲の代表権の問題です。C社の設立前にC社の設立発起人甲が行ったA社との業務委託契約について、C社設立後において当該権利義務を取得できるかというC社の行為能力の有無が論点になります。会社の行為能力の問題は、法人代表者の行為の効果の法人への帰属の問題ですので、その準拠法は、法人の従属法であるC社の設立準拠法である米国法が適用されることとなります。

　米国法によれば、定款制限を逸脱した行為を無効とする能力外の原則（ultra vires rule）が認められていますので(注27)、この場合には、取引は無効となると考えられます。しかし、B社としては業務委託契約が取り消されてしまうと、C社によるA社の部品を製造できなくなることは相当な損害を被ることとなりますので、当該契約締結が有効であることを求める立場にあります。

　類似事例の実際の判例では、「株式会社の設立発起人が、将来設立する

会社の営業準備のため、第三者と契約を締結した場合、当該会社が、設立された後において、右契約上の権利義務を取得しうるか、その要件いかん等は、…会社の行為能力の問題と解すべきであり、したがって、法例3条1項（通則法4条1項）を類推適用して、右会社の従属法に準拠して定めるべきであり」(注28)とし、法例3条1項（通則法4条1項）の類推適用を行い、取引の保護を図っています。

この代表権限の第三者に対する効力の問題と取引保護については、通則法4条1項の類推適用のほか、個別取引準拠法、行為地法などの適用可能性を考慮することによって取引保護を図るための法律構成が検討できるものと考えられます。実務上の留意点としては、外国法人との取引については、内部的な組織の問題は法人の従属法（設立準拠法）によるものと前提を押さえたうえで、契約の成立いかんについては、従属法のほか、取引保護としての通則法4条1項、もしくは行為地法、個々の法律行為による運用を意識したうえ、取引保護を目的とする場合の運用方法を意識しておくことが重要であるといえます。

なお、法人代表権限の問題を「代理」の準拠法の問題とあわせて考察する考え方もあります(注29)。

> **事例4**
>
> 日本法人B社（取締役甲）が、ドイツに100パーセント子会社A社を設立した。その後B社は、A社を利用して危険な事業を展開し、結果としてA社は倒産した。日本にいるA社の債権者は、親会社B社の責任について法人格否認の法理により、B社の責任を問う訴訟を日本で提起した。
>
> この場合、法人格否認が成立するかどうかは何法によるべきか（【図表48】）。

【図表49】

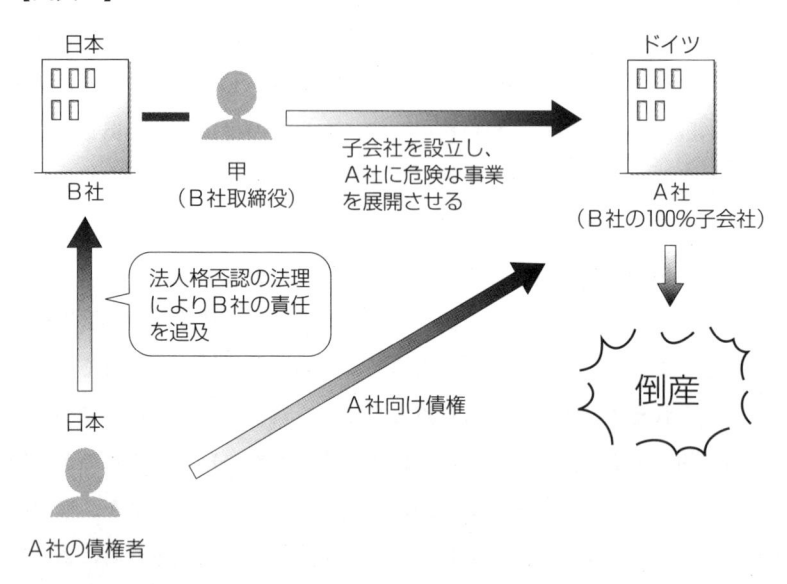

```
日本                                          ドイツ
[B社]──甲         子会社を設立し、      [A社]
    (B社取締役)   A社に危険な事業      (B社の100%子会社)
                 を展開させる
                                              ↓
    ↑  法人格否認の法理                     倒産
       によりB社の責任
       を追及
       A社向け債権
    日本
    A社の債権者
```

「法人格否認の法理」の準拠法についての問題です。

法人格否認の法理の準拠法上の問題については、本事例のような子会社の経営を原因として親会社の責任を求めるような、株主全体と債権者一般の利害調整が問題となる「制度的利益擁護」のための法人格否認の場合と、取引の相手方が個人なのか法人なのかが不明確であって、「取引の信頼の保護を図る」ための法人格否認のケースに区分され、前者については法人格が否認される法人の従属法によるとされ、後者については当該取引債権の準拠法によるとする考え方があるようです(注30)。

本事例は、日本法人の親会社B社が子会社A社により危険な事業を運営させたことを原因として、当該子会社が倒産し、その子会社の債権者による親会社への責任を追及するために、子会社の法人格否認を行うという、まさに株主全体と債権者一般の利害にかかる問題であることから、法人格否認がなされるA社の従属法であるドイツ法によるべきと考えます(注31)(注32)。

13 法人の準拠法

事例5

米国法人Ｘ社が、日本法人Ｙ社を吸収合併する場合にかかる準拠法は何法か。

国際的に会社が合併する場合の準拠法をどのように考えればよいでしょうか。

合併とは「2個以上の会社の契約により、その一部の会社または全部の会社が解散・消滅して、その財産が合併後存在する会社存続会社（吸収合併）または合併により設立される会社（新設合併）に包括的に承継されるという効果が生ずるもの」(注33)とされ、国際的な合併とは、合併の当事者が異なる国の法に従う場合を指します(注34)。

一言で「合併」、「会社分割」といっても、抵触法上の観点からは単位法律関係が確立してはいませんので、事例のような問いに対して、端的に、合併にかかる準拠法は〇〇法によりますという回答にはなりません。

本事例中のＸＹ間の吸収合併にはどのような法律上の契約、法律行為が含まれているのかを分けて考える必要があります。まず①ＸＹ間の合併契約そのものの対外関係についての問題があり、次に②Ｙ社の消滅、そして③Ｙ社からＸ社への財産の移転にかかる事項について分解することができます。したがって、それぞれの法律関係についての準拠法の適用を考えていくこととします。

(1) 合併契約そのものの対外関係

ＸＹの合併契約の合意そのものの対外関係にかかる準拠法は、通則法7条による契約の準拠法によります。

(2) Ｙ社の法人格の消滅

事例では、米国法人Ｘ社が日本法人Ｙ社を吸収合併することによりＹ社が解散し、その株主は吸収会社Ｙ社の株式を割り当てることとなりますが、法人そのものの消滅等にかかる事項は法人の従属法によりますので、Ｙ社の設立準拠法である日本法が適用されることとなります。具体的には、日

本のY社は、会社が吸収合併をするには効力発生日の前日までに、原則として、各当事会社の株主総会において、吸収合併契約の承認決議を受けなければならないことになります（会社法783条1項、795条1項）。当該決議は特別決議によります（会社法309条2項12号）。

一方、X社側の関連する手続については、X社の従属法である米国法が適用されます。

(3) Y社の資産のX社への財産移転

Y社からのX社への財産の移転については、Y社の内部で必要とされている手続、たとえば株主が不利益を被らないようにする手続、X社の内部で必要とされている手続については、各々の従属法である設立準拠法、つまり、Y社に関する手続は日本法、X社に関しては米国法が適用されることとなります(注35)。これらは合併にかかる準拠法を考慮していくうえでの一例としての区分を示したもので、「合併」をどのような法律関係として捉えるかでアプローチの方法も異なっていくものと思われます。

そして、アプローチの手法としては、それぞれの会社の組織的行為にかかるもの、各々の株主、債権者間の契約上の行為の効果の部分、組織法上の行為の部分に区分したうえで、それぞれの準拠法を配分的に適用していくという作業になるものと考えられます。

7 実務上の留意点

法人の準拠法については、通則法における規律がない分、その解釈に依拠する部分が多いので、実務として確立された手続を構築するには、困難が伴います。しかしながら、外国法人との取引は日常的に行われており、当該法人の設立の有効性や、代表権者の権利能力、行為能力の問題に関してその有効性が争われる事例などは容易に想定されます。

ポイントとして、まず、法人の内部関係にかかる事項は従属法であるその法人の設立準拠法によること、さらに法人の代表権限等の第三者に対する効力の問題や、法人の目的範囲を超える部分における行為能力の問題等

については、法人の従属法の範疇だけではなく、取引の保護の観点や、行為地法、取引準拠法からのアプローチの可能性を探りながら、取引の妥当性を準拠法の立場から検討していく必要があります。国際法務の実務担当の方々におかれては、判例や学説の動きをフォローしたうえで、各個別行内部での一定の抵触法的アプローチを手続として定めておくことが重要と考えます。

(注1) 別冊NBL編集部編『法の適用に関する通則法関係資料と解説』119頁（商事法務・2006年）、道垣内正人『ポイント国際私法（各論）』189～191頁（有斐閣・2000年）、石黒一憲『金融取引と国際訴訟』256頁以下（有斐閣・1983年）参照。

(注2) 法制審議会国際私法（現代化関係）部会第11回会議抜粋（平成16年3月16日）における議論では、法人に関する準拠法について、銀行界委員からは、法人の従属法の決定基準や適用範囲にかかる規定を置くことについて賛成する意見を表明している。

(注3) 小出編著・前掲（本書4頁・注2）158頁。

(注4) 澤木敬郎＝道垣内正人『国際私法入門〔第6版〕』158頁（有斐閣・2006年）、溜池・前掲（本書4頁・注3）295、296頁、山田鐐一『国際私法〔第3版〕』228頁（有斐閣・2004年）。判例として、カリフォルニア州を設立準拠法とするA社の社長兼統括業務執行役員であった者甲の契約締結権限の準拠法が問題となった事例では、「A社はアメリカ合衆国カリフォルニア州を…本拠として、カリフォルニア州法を設立準拠法とする会社であることが認められる。したがって、A社の従属法はカリフォルニア州法であり…」という判旨であり、設立準拠法、本拠地法の、いずれも言及がなされている（東京地判平成4・1・28判例時報1437号122頁、池原季雄＝早田芳郎編『渉外判例百選〔第3版〕』48、49頁〔野村美明〕（有斐閣・1995年））。

(注5) 「国際私法の現代化に関する要綱中間試案補足説明」15～17頁、別冊NBL No.89　法例研究会『法例の見直しに関する諸問題』(4) 78、79頁

(商事法務・2004年)。

(注6) 法人の従属法について、仮に法人の準拠法規定を設ける場合に、連結点を設立準拠法、本拠地法についていずれとするかについての銀行界の意見。法制審議会国際私法（現代化関係）部会第11回会議議事録抜粋（平成16年3月16日）。

「これも銀行で議論をいたしましたので御紹介しますが、…一致して設立準拠法がよいという意見でございました。理由としましては、ここにメリット、(注)の方にも書いてございますけれども、確認が容易であって安定的であるということで、かつ実務上も、アメリカなどは州がいっぱいあるわけですけれども、事実上アメリカの会社はデラウェアかニューヨークかカリフォルニアかということで集中しておりまして、その設立準拠法であればまず我々としても混乱することはないという実務上の理由もありまして、それが本拠地になると、今度はアラバマとかいろいろなところが出てきますので、それではかなわないという理由がございます」。

(注7) 設立準拠法主義にかかる批判的見解について、河野俊行「会社の従属法の決定基準—本拠地法主義・設立準拠法主義」ジュリスト1175号4、5頁。

(注8) 澤木＝道垣内・前掲（注4）184、185頁、折茂豊『国際私法（各論）〔新版〕』50頁（有斐閣・1972年)、名古屋国税不服審判所裁決平成13・2・26裁決事例集61号102頁。

(注9) 別冊NBL No.89 法例研究会・前掲（注5）98～100頁。

(注10) 木棚照一＝松岡博編『国際私法（別冊法学セミナー 基本法コンメンタール）』28頁〔山内惟介〕（日本評論社・1994年)。

(注11) 別冊NBL No.89 法例研究会・前掲（注5）82、83頁。

(注12) 重層化説、類型化説、個別化説等、法人の属人法をめぐる従属法に関して、ドイツ、欧州における近時の考え方については、山内惟介「国際会社法研究 第一巻」（中央大学出版部・2003年)。とくに、ヨーロッパの裁判例として331頁以降に紹介されている「セントロス社事件」（ヨーロッパ裁判所1999年3月9日判決）にかかる論稿を参照されたい。

セントロス社事件：デンマーク人のブライド夫妻が、イギリスにおいて連合国法に基づいて設立した有限会社セントロス社（イギリスでは事業活動を行わず）の支店をデンマークに開設すべく、デンマーク商取引・金融監督庁に対して支店開設の登記申請を行ったところ、デンマーク商取引・金融監督庁は、本申請はイギリス法よりも高額の最低資本金を定めたデンマーク国内法の回避を意図したものとして、当該登記申請を却下したことについて、セントロス社がその登記申請拒否決定取消を求める訴えを提起した事件。

(注13) 項目①〜③は「国際私法の現代化に関する要綱中間試案補足説明」18頁を図示したもの、④規定なしの部分は、法例研究会・前掲（注5）98〜122頁の該当箇所を図示した。

(注14) 擬似外国会社規定の趣旨、概要については、相澤哲編『一問一答　新・会社法』239〜242頁（商事法務・2005年）。

(注15) 会社法821条1項の規定に違反して取引したものについては、過料規定が設けられている（会社法972条2項）。

(注16) 法制審議会における検討では、法人の従属法の適用範囲については、①「法人に関する事項は法人の従属法による」、②「法人の成立、内部関係、債務に関する構成員の責任及び消滅については法人の従属法による」とするもの、そして、③より具体的な適用範囲を記載した、法人の成立およびその要件、定款および寄付行為並びにそれらの変更、機関の構成並びに内部的権限および義務、債務に対する構成員の責任、組織変更、解散および清算については、法人の従属法による、とする考え方が示されていた。

銀行界としては、従属法の範囲について、「法人に関する事項は法人の従属法による」とする包括的規定の①か、具体的な範囲を指定する③の考え方を支持したうえ、③の場合には、会社の内部的な関係にとどまらず、対外関係として、社債発行、機関の対外的な責任、法人格否認などに関しても含めて従属法の範囲としての規律を求めた経緯がある。この点については、包括的に規定すると法人にかかるものであるどうかの解釈論が幅広く出て

くること、逆に具体的な事例を記載してしまうと、記載することにより逆に従属法によらしめるべきではないものも解釈を狭めてしまう危険性があること、②については、「内部関係」の概念についても解釈に分かれることなどから、従属法の決定基準同様、規定化はなされなかった。

(注17) 溜池・前掲（注4）298頁、山田・前掲（注4）232頁。

(注18) 会社の従属法の適用範囲にかかる考察について、藤田友敬「会社の従属法の適用範囲」ジュリスト1175号9〜20頁が参考になる。

(注19) 折茂・前掲（注8）56頁。

(注20) 山田・前掲（注4）234頁、溜池・前掲（注4）286、287頁。

(注21) 山田・前掲（注4）235頁。

(注22) 石黒一憲『国際私法〔第2版〕』381頁（新世社・2007年）。

(注23) 折茂・前掲（注8）56頁。

(注24) 法制審議会国際私法（現代化関係）部会第20回会議議事録抜粋（平成16年12月21日）。

法人格なき社団にかかる規定を設けるべきかどうかに関する事務局説明。

「法人でない社団又は財団の従属法を観念して、その適用を受けると考えるべきか、あるいは権利能力なき社団が行為をした場合に、問題となる場面ごとに、その場面を規律する個別の準拠法によって考えるのかというようなところについて、まだ一致した見解が得られていない。それから、従属法を観念する場合には、いかなる法を従属法とするのかといった点についても、いまだ議論が未成熟であるということでございます。それから、そもそもいかなる団体が権利能力なき社団という単位法律関係に含まれるのかといった、単位法律関係の外延もまた不明確であるということでございます。そういった理由によりまして、仮に法人について規定を設けられたとしても、権利能力なき社団について規定を設けるのはより困難ではないかということでございます。したがいまして、この点についても特段の規定を設けないという提案にさせていただいております」。

(注25) 本事例を含む法人代表権限の問題を含む法人の準拠法の問題について、

銀行実務からの考察については、津田進世「法人の準拠法をめぐる諸問題」金融法務事情1717号40〜47頁。

(注26) 池原=早田編・前掲（注4）46、47頁。

(注27) 権利能力の範囲を目的の範囲内に制限し、その範囲外においては権利義務を取得し得ないとする原則。米国の各州で認められているルールである。
別冊NBL No.89　法例研究会・前掲（注5）93頁。

(注28) 櫻田嘉章=道垣内正人編『国際私法判例百選〔新法対応補正版〕』42、43頁（有斐閣・2007年）。

(注29) 会社の代表者が本国以外で会社を代表して取引を行ったとき、その効果が会社に帰属するか否かを決定する準拠法は何かという点について、大杉謙一教授は、法人の従属法とし、その代理・代表行為の効力が法人に帰属するかどうかは、行為地法によるとし、法人における代表の準拠法を代理・代表の準拠法と連続的に扱うとする見解を展開されている。大杉謙一「会社の代理・代表の実質法・準拠法―『取引安全』のあり方について」ジュリスト1175号42、43頁。さらにこの点に関連して石黒一憲教授の見解が参考になる。石黒一憲『国際私法の危機』218〜221頁（信山社出版・2004年）参照（本書211頁）。

(注30) 藤田友敬「国際会社法の諸問題（上）」商事法務1673号19、20頁。

(注31) 藤田・前掲（注18）10頁。

(注32) 取引相手の信頼保護の類型にかかる法人格否認の事例として、フランスのホテルチェーンの株式売買契約につき、フランス国内で契約が締結されたこと、対象となったホテルがフランス国内に存在するフランス法人であること、契約書がフランス国内でフランス人によって起案されていること、代金がフラン建てであること、フランス大蔵省の許可を取引条件としていること、フランスの取引慣行が用いられていること等から、フランス法を準拠法とする黙示の意思があったとした判例がある。本事例では、日本法人について法人格否認を認めたうえで、「右法理は信義則ないし権利の濫用の一般条項により認められるものであり、同様の一般条項を有するフラン

ス私法下においても当然認められる」としている(東京地判平成10・3・30判例時報1658号117頁)。

(注33) 前田庸『会社法入門〔第11版〕』647、648頁(有斐閣・2006年)。

(注34) 落合誠一「国際的合併の法的対応」ジュリスト1175号36頁。

(注35) 早川吉尚「問題の所在・国際私法からの分析」商事法務1622号30、31頁。なお、藤田教授は、財産、債務の移転の準拠法については、財産の性質に応じてその移転のための準拠法が定まると考えられるとしている。たとえば、日本にある甲会社が日本の乙会社を吸収合併する場合に、甲会社の海外の債務者丙との関係において、債権が乙に移転されたことを第三者に当然に対抗できるかどうかという観点に立ったうえで、「合併」の問題として捉えて、その効果として、従属法を適用するのではなく、財産の移転、種類に分けたうえで、債権譲渡、その対抗要件の準拠法により処理すべきとしている。藤田友敬「国際会社法の諸問題(下)」商事法務1674号20、21頁。

第 2 部　各　論

14　代理の準拠法

1　代　理

　代理にかかる準拠法の規定については、これまでのわが国の国際私法の規定（法例）においても明示的に規律がなく、また関連する判例もあまり多くありません。国際的な取決めとしては1978年のハーグ代理準拠法条約がありますが、締約国が少数であり、世界標準としての位置付けまでには至っていないようです。

　また、任意代理のみに関しては、スイス・韓国などに立法事例があります（注1）。

　さて、銀行取引では、さまざまな取引において代理人との法律行為は日々行われていますが、海外に存在する取引先との間での契約について、当該取引先の代理人が、海外で授権され、日本で契約を行う場合や、反対に日本の銀行が代理人を海外の法律事務所等で選任して、海外で代理行為として契約等を行う場合など、銀行取引の場面では、代理人を介したうえで、渉外的法律関係を締結するケースが少なくないことから、代理にかかる準拠法選択について、国際私法上の考え方を整理しておくことは重要です。

2　代理の準拠法に関する考え方

　代理の準拠法にかかる、伝統的な国際私法の考え方では、法定代理と任意代理を区別し、さらに任意代理については、本人と代理人の関係、代理

人と相手方の関係、相手方と本人との関係の三面関係に分けて、それぞれの関係での準拠法を考慮する方法がとられています(注2)。

(1) 法定代理

法定代理は、代理権の発生原因である一定の法律関係（親権者・後見人等）によって発生するため、それぞれの法律関係を単位とし準拠法が規律されるものとして理解されています（通説）(注3)。なお、諸外国における法定代理に限定した形での立法事例はないようです。

この考え方によれば、たとえば後見人の代理権の効果の有無については通則法35条1項により、被後見人・被保佐人または被補助人の本国法によることとなります。

法制審議会国際私法（現代化関係）部会の議論では、何が抵触法上の法定代理であるかどうかについては、一定の法律関係の有無というよりも、授権の意思があるかどうかという点がポイントである旨が指摘されていました(注4)。規律の仕方として法定代理・任意代理をあえて区別せず、任意代理規定を準用すべきであるとの学説もあります(注5)。

日本の銀行の窓口に来た代理人について、その人が抵触法上の法定代理人であるかどうかを個々の取引で確認しておくこと、すなわち、任意代理との区別を行うことに関しては、実務的に違和感があるところであると思われますが、実務上は法定代理権の準拠法はその原因となる法律関係の準拠法が適用されると覚えておけばよいでしょう。

(2) 任意代理

任意代理については以下3つの当事者の関係に分けて準拠法が考慮されます（【図表50参照】）。

【図表50】 任意代理における当事者間の関係

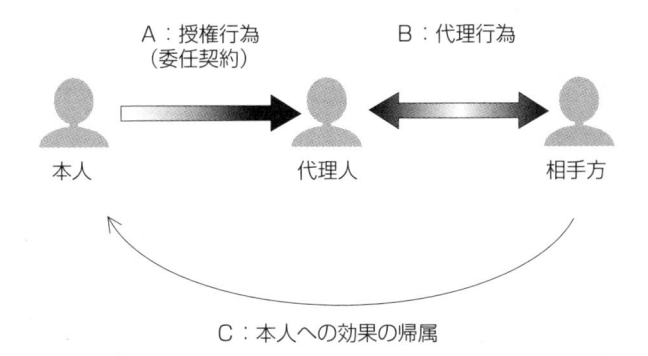

A：授権行為（委任契約）
B：代理行為
本人　代理人　相手方
C：本人への効果の帰属

A　本人と代理人の関係

本人と代理人との関係は、当事者の合意による代理権の授権行為（委任）であることから、その委任契約の準拠法（通則法7条）によるということとなります。とくに代理特有の問題はありません。

B　代理人と相手方の関係

代理人と相手方の関係は、代理人による代理行為の準拠法による考え方が通説とされています(注6)。よって、代理人が相手方と契約の締結を行うのであれば、通則法7条により、当事者による選択を行う場合の準拠法（当事者合意がない場合には、法8条による最密接関係地の法）が適用されることとなります。この点については、学説上の争いはないようです(注7)。

C　本人と相手方の関係

任意代理における本人と相手方の関係における準拠法については、以下の説があります。

ア　代理権の授権行為の準拠法 (注8)

イ　代理行為の準拠法 (注9)

ウ　代理行為が行われた地の法 (注10)

エ　原則として、授権行為の準拠法によるが、通則法4条2項の類推解

釈により、相手方保護のために授権行為の準拠法により代理権が存在しない場合でも、代理行為の行為地によれば代理権が存在すると認められるときは代理権を認める (注11)(注12)。

③ 法制審議会における議論

　法制審議会国際私法（現代化関係）部会での議論では、法定代理の準拠法については、国際的にみても法定代理に特化した規定のある立法事例がないことや、法定代理の原因である法律関係の問題に依拠することで問題は生じないことから、解釈上の議論はなく、通則法において規定することは見送られました (注13)。

　次に、任意代理については、本人、代理人、相手方の三面関係のうち、代理の本質が、代理行為を行った相手方と本人への帰属があるのかないのか、という点が最も重要事項であるとして、本人と相手方の関係の論点を中心に検討が行われました。

　特に本人と相手方との関係における代理の効果に係る準拠法については、①原則として本人と代理人との間の委任契約（授権行為）の準拠法によるが、代理行為がされた地の法によって本人に法律行為の効果が帰属する場合には、本人への効果帰属を求める見解、②1987年のハーグ条約を参考にして、原則として代理人の所在地法によるが、代理行為がされた地の法律を一定の場合に適用する見解 (注14)、③一律に代理行為がされた地の法律によるとする見解、の3つの考え方を基本として検討がなされました (注15)。

　銀行実務の観点からすると、任意代理について、たとえばA国の企業XがA国で代理権の授権を受けた代理人甲が日本に来て行った日本のY銀行との間の代理行為について、Yに対する甲の代理行為によるXへの代理権の効果の帰属に関して、A国での授権行為の行為の法律であるA国法に基づいて代理権の有無を確認するという実務はほとんど行われていないものと思われます。

むしろ、日本国内で行われた代理人の行為であれば、当該代理人のA国からの代理権の委任状を確認したうえで、日本の法律により、代理権を確認することが一般的ではないかと思われますので、前記の中では③の考え方が実務になじむのではないかと思われます（注16）。一方、「代理行為地」という概念を文言上硬直的に捉えると、たとえば、代理行為による契約だけ第三国で行う場合や、航空機・船舶などの移動中に契約する場合、さらにはインターネットによる行為まで含めると、偶然的に行為地が決定する可能性があるため、代理行為地だけを連結点とすることには、予見可能性を欠くとの指摘がなされていました（注17）。

以上の議論を踏まえ、法制審議会では規定を設けた場合の提案として、以下の考え方が示されました。

■提　案■
　任意代理と本人と相手方との関係については、以下の内容の規定を設けることとする。

　ア　代理行為がされた地の法律による。代理人と相手方とが異なる法が適用される地域にいるときに代理行為がされたときは、代理人の常居所地を代理行為がされた地の法律とみなす。
　イ　アにかかわらず、代理人が営業所を有する場合には、代理人の営業所（代理人が複数の営業所を有するときは、代理行為が最も密接に関係する営業所）の所在地の法律による。ただし、代理人が相手方の営業所（相手方が複数の営業所を有するときは、代理行為が最も密接に関係する営業所、相手方が営業所を有しないときはその常居所）のある法域にいるときに代理行為がされたときは、その地の法律による。

この提案に従うと、たとえばA国の企業P（本人）が、B国に営業所在地がある代理人甲に委任して、甲が日本で日本の銀行Q（相手方）と契約

を行う場合には、契約締結地である日本が代理行為地となり、日本法が準拠法になります。また、代理人甲と日本の銀行Qは同じ法域にいますので、異なる法律が適用される地域ではないことから、代理人Qの常居所を考慮する必要はありません。

ところが、「イ」をみますと、代理人甲はB国に営業所がありますので、いったんは代理人の営業所の所在地法であるB国法を考慮することとなります。日本の銀行取引において、代理行為による取引の相手方との帰属の有無について、面前の代理人の営業所の所在地法を考慮することが妥当かどうかという点については、異論のあるところです。

次に、ただし書きによって、代理人が相手方の営業所のある法域にいるときに代理行為がされたとき（この場合では日本において代理人が代理行為を行う）は、その地の法律によりますから、結果として日本法を準拠法として適用することとなります。

しかし、代理人甲がB国でインターネットにより契約を行った場合には、相手方の営業所と代理人は異なる地域にあるため、この場合には代理人の営業所在地のB国法（営業所がなければ甲の所在地法）になります。また、契約の締結だけをC国で行った場合も、営業所の所在地法のあるB国法を準拠法として、代理権の有無を考慮することとなります。

ただし、現行実務の観点からは、代理人の営業所地の準拠法を考慮する対応は、困難ではないかと考えられます (注18)。

もっとも、1978年のハーグ条約では、代理人の営業所のある法域における代理人が本人のためにすることを示した場合は、代理行為地の法律のよるほか、代理人の営業所在地という連結点を条件により使い分けていることからみても、当事者の予見可能性という観点からは必ずしも不合理ではないという指摘もあります。また、銀行実務以外の経済界からの意見をみても、代理人の営業所所在地法を考慮することに問題なしとする意見も法制審議会では指摘されているところです (注19)。

このように、「代理」という関係を国際私法上、どのように規律し、実

務に反映していくかという問題については、代理が想定される場面が多彩であり、また一義的に1つの規定によって定めることは困難であるということになり、通則法上の規定は設けられませんでした(注20)。

④ 事　例

それでは、代理にかかる事例をみてみましょう。とくに、任意代理については解釈が統一されていない面もあり、ここではあえて特定の考え方に依拠することはせず、準拠法選択の可能性も含めた考え方の整理を中心にご紹介したいと思います。

> **事例1**
> 日本のＸ銀行に口座をもつＡ国人甲の口座について、Ａ国の裁判所で後見人として承認を受けたと称する乙がＸ銀行に来訪し、当該甲名義の預金口座の解約の申出を行った。乙の代理権の存否にかかる準拠法は何法か。

法定代理の準拠法については、その原因の法律関係の準拠法よることで問題ないことから、この場合には、法定代理の原因となっている「後見」の準拠法となります。

よって通則法35条1項により被後見人等の本国の準拠法になります。よってＡ国法が答えになります。

銀行実務としては、甲の意思を確認しつつ法定代理人乙がＡ国法により適正な手続を受けているかどうか等のチェックを行い、解約申出に応じるかどうかの判断を行うこととなります。

> **事例2**
> Ｂ国に営業所のある法人Ｑの代表である甲は、Ａ国のＰ社から代理の委任を受け（授権行為の準拠法はＡ国法）、日本において日本のＸ銀行

と口座開設・預金等の契約締結を行った。Ｑの代理行為によるＸ銀行とＰ社との間の代理権の帰属の存否、効果に係る準拠法は何法か。

任意代理における本人と相手方との間の準拠法の問題です。まず、連結点別に考えられる準拠法を整理してみます（【図表51、図表52参照】）。

【図表51】

	準拠法
①授権行為の準拠法（P→Q）	Ａ国法
②代理行為の準拠法（当事者合意がなされた場合、および最密接関係地（特徴的給付理論含む））	日本法
③代理人の営業所の所在地法	Ｂ国法
④代理行為がなされた地の法	日本法
⑤③によるが代理行為がなされた地が相手方の営業所のある法域の場合は、その地の法	日本法

【図表52】

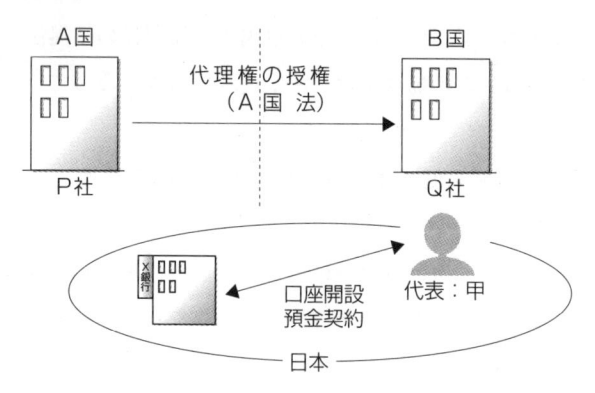

まず、【図表51】の整理にあるとおり、Ｘ銀行とＰ社との間の甲による代理権の帰属の存否等について、①授権行為のみの準拠法により判断するとＡ国法になります。この場合には、相手方のＸ銀行としては、代理人に

よる本人との効果を判断する場合に、授権行為が何法によるかを調査しなければならず、また予見可能性がつきにくいという欠点があります。

一方、②の代理行為の準拠法や、④の代理行為がなされた地の法によりますと、本事例では代理権の帰属効果を日本法を準拠法として判断しますので、X銀行にとって実際の実務になじみやすいものと思われます。

⑤の法制審議会において提案された考え方にしたがいますと、本事例では代理人の相手方である日本のX銀行と同じ法域（日本）で代理行為を行っておりますので、日本法が準拠法になります。③のとおり代理人の営業所の所在地法による立場にたちますとB国法が準拠法になります。

> **事例3**
> 事例2においてA国にあるP社の代理人であるQ法人（営業所はB国に所在）に所属する甲が、X銀行との間で、C国における開発プロジェクトにかかる金銭消費貸借契約をD国で行った場合（当該契約の準拠法は日本法）は、Qの代理行為によるX銀行とP社の代理権の帰属の存否にかかる準拠法は何法か。

【図表53】

	準拠法
①授権行為の準拠法（P→Q）	A国法
②代理行為の準拠法（当事者合意がなされた場合、および最密接関係地（特徴的給付理論含む））	日本法
③代理人の営業所の所在地の法	B国法
④代理行為がなされた地の法	D国法
⑤③によるが代理行為がなされた地が相手方の営業所のある法域の場合はその地の法	相手方の営業所のある法域ではない→代理人の営業所の所在地の法（B国法）

【図表54】

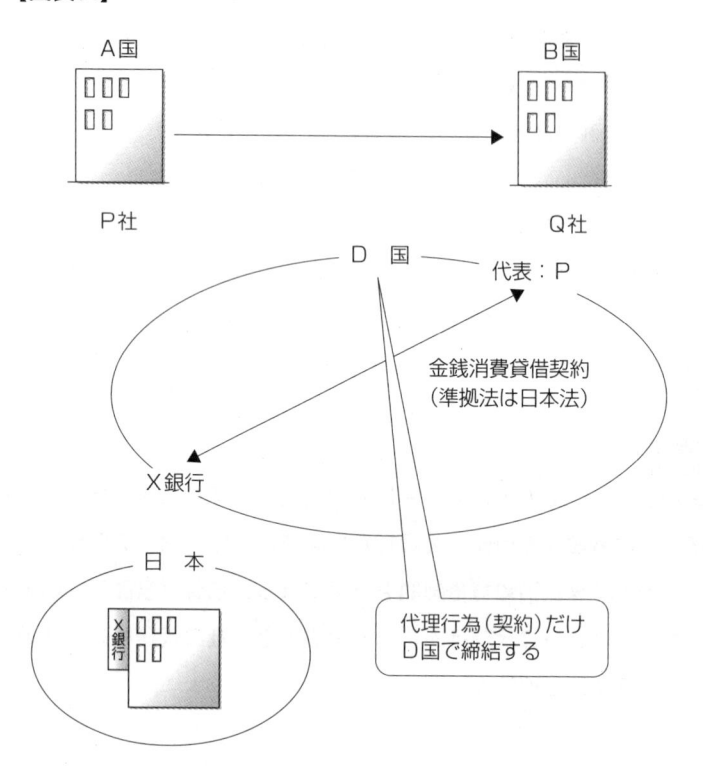

```
         A国                      B国
         [P社建物]  ──────→    [Q社建物]
         P社                      Q社

              ┌─── D 国 ───┐
             ╱                  代表：P
            ╱       金銭消費貸借契約
           │        （準拠法は日本法）
            ╲
         X銀行◀
              └──────────┘

         ┌─ 日 本 ─┐
         │ [X銀行建物] │      代理行為（契約）だけ
         │            │      D国で締結する
         └──────┘
```

　代理行為の契約地がX銀行の所在地である日本ではなく第三国であるD国の事例です（【図表53、図表54参照】）。

　【図表53】のとおり、代理行為がなされた地の法（④）によればD国法が準拠法となり、法制審議会での提案の前記の提案された説を考慮した場合（⑤）には、代理人の営業所地であるB国法が選択される可能性が出てきますが、これらの選択された準拠法については、実務としては妥当性に欠くものと思われます。こうした実務との不適合性を理由として代理行為の準拠法を一律の連結点によらずに代理人甲とX銀行の間で、代理行為の権利の帰属に係る準拠法を都度合意することができるのではないかという意見も法制審議会で主張されていました。しかし、代理人と相手方の間で

自由に代理行為の効果の帰属の準拠法を決定してしまうことは、本人（P社）への権利帰属を本人の知らないところで当事者自治を認めて直接決定してしまうものであることから、国際私法上はそのような扱いの合意は認められておりません(注21)。

②の代理行為の準拠法による考え方をとると、日本法が準拠法となります。

> **事例4**
> D国Y社の代理人と称する乙（C国に営業所がある）が、日本において、日本のZ銀行と金銭消費貸借契約を締結をした（準拠法は日本法）。ところが後日、D国Y社から、乙には代理権を授権しておらず、無権代理であり、当該契約は無効であるとの主張があった。Z銀行とY社との関係において、乙の代理行為の効果の帰属についての準拠法は何法となるか。なお、日本法によれば乙の無権代理は成立しない。

【図表55】

	準拠法
①授権行為の準拠法	D国法（授権行為があれば）
②代理行為の準拠法（当事者合意がなされた場合、および最密接関係地（特徴的給付理論含む））	日本法
③代理人の営業所の所在地の法	C国法
④代理行為がなされた地の法	日本法
⑤①で授権行為の準拠法において無権代理となっても、代理行為地の法によれば有権である場合には、代理権があるとする考え方	日本法

第 2 部　各　論

【図表56】

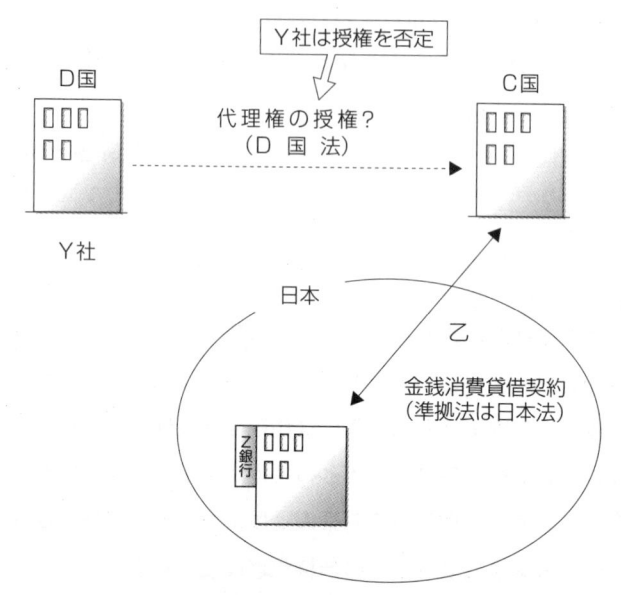

```
    ┌──┐                           ┌──┐
    │D国│    代理権の授権?          │C国│
    │□□│ ·······(D国法)······▶   │□□│
    └──┘                           └──┘
     Y社                              ▲
              ┌─ Y社は授権を否定 ─┐  │
                                     │
        ┌ 日本 ─────────────────┐   │
        │                   乙      │
        │   ┌──┐                   │
        │   │Z │    金銭消費貸借契約 │
        │   │銀│    (準拠法は日本法)│
        │   │行│                   │
        │   └──┘                   │
        └──────────────────────────┘
```

日本では乙の代理権について無権代理とはならない

　無権代理における、本人と相手方との関係の準拠法をどのように考えるかという事例です（【図表55、図表56参照】）。代理人が無権限であるか、または「権限外の行為の表見代理」とみなされるような場合に、本人が相手方に対して責任を負うかどうかについては、学説として、①代理行為自体の準拠法による説、②代理行為地法による説 (注22)、③原則として授権行為の準拠法によるが、取引保護の観点から代理行為地法により制限される（通則法4条2項の類推適用）、といった考え方があります (注23)。

　この点について、法制審議会では、無権代理人の相手方に対する責任も、結局のところ、本人に対する代理行為の効果帰属の問題と表裏一体の問題であるため、本人と相手方との関係を規律する準拠法によるべきとする考え方、あるいは、無権代理人の行った代理行為の準拠法によるべき、などの意見が出されていましたが、内容的に任意代理の準拠法の整理と同様の

考え方をとっています (注24)。

考えられる準拠法の整理は、【図表55】のとおりとなりますが、ここでも③の代理人の営業所の所在地法であるC国法を準拠法とすることは実務上想定しにくいものと思われます。

事例5

日本のX銀行が、A国のP社の代表丙と、B国において金銭消費貸借契約（当該契約の準拠法は日本法）の締結を行った。丙の代理権の存否・範囲の準拠法は何法か。

法人代表の準拠法問題は、①法人の従属法による説、②任意代理における本人と相手方との関係の準拠法と同様とする見解があります。

任意代理に係る準拠法の考え方の整理にもとづきますと【図表57】のとおりになります。法人の従属法について通説である設立準拠法による (注25) としますとこの場合にはP社の設立準拠法であるA国法によることとなります (注26)（【図表57】参照）。

【図表57】

	準拠法
①授権行為の準拠法	A国法
②代理行為の準拠法（当事者合意がなされた場合、および最密接関係地（特徴的給付理論含む））	日本法
③代理人の営業所の所在地の法	A国法
④代理行為がなされた地の法	B国法
⑤代理行為がなされた地が相手方の営業所のある法域の場合はその地の法	代理行為がなされた地（B国）は相手方の営業所のある法域ではない→代理人の営業所（A国法）
⓪法人の従属法	A国法（設立準拠法説をとった場合）

⑤ 実務上の留意点

　代理については、通則法上規定が設けられなかったことから、解釈論に分かれ、さらには国際的な立法事実をみても、はっきりとした指針はない、というのが実情です。

　法定代理については、授権行為の準拠法を認識しておくということでよいと思いますが、任意代理の場合において、銀行が外国で授権された代理人と法律行為を行う場合、銀行が代理人を立てて海外で法律行為を行う場合のいずれにおいても、準拠法の選択については、授権行為、代理行為、代理行為地、代理人の営業所在地（常居所）の法による考え方や、また、ハーグ条約や、法制審議会提案による考え方もあり、どの連結点も選択される可能性があります。

　私見としては、銀行実務上、日本において、外国からの代理人と契約を行う場合、銀行が代理人を立てて外国で行為を行う場合、いずれも本人と相手方との関係における代理権の効果帰属にかかる準拠法は、基本的には代理行為のなされた地の法、または代理行為の準拠法が最密接関係にあるものと思われます。最も実務として適切な準拠法選択ができるように、考え方の整理をしておくことが重要です。

（注1）ハーグ代理準拠法条約の締結国は2008年現在、アルゼンチン、オランダ、スイス、ポルトガルの4か国。各国の立法状況については以下を参照。別冊NBL編集部編「法の適用に関する通則法関係資料と解説」別冊NBL No.110 164頁、別冊NBL No.89　法令研究会「法例の見直しに関する諸問題(4)」8頁、9頁、21〜23頁（商事法務・2004年）。

（注2）「国際私法の現代化に関する要綱中間試案補足説明」61頁。

（注3）澤木敬朗＝道垣内正人『国際私法入門［第6版］』230頁（有斐閣・2006年）。

（注4）なお、銀行実務の観点からは、国際私法上の法定代理・任意代理の区別

が実務上どのように判断すべきか、法律上当然に発生する代理権として、公的機関の関与があるものが含むのかどうか、任意代理の区別が実務上つきにくいことから、銀行界からは法定代理・任意代理の区別はしないうえで規定をおくべきではないかとの発言を行っている（法制審議会国際私法（現代化関係）部会第13回会議議事録抜粋（平成16年5月18日）参照）。

(注5) たとえば夫婦財産制の問題として、財産的取引行為が法定代理でなされる場合には、法律行為の相手方の保護の観点に立って、代理行為地法によれば本人への効果が帰属される場合には、本人への効果帰属を認め、法定代理の法律関係の準拠法では本人への帰属がない場合に、代理行為地法での効果帰属で充足するという通則法4条2項の類推適用的な考え方である（別冊NBL No.89 法令研究会・前掲（注1）24頁、25頁）。

(注6) 澤木＝道垣内・前掲（注3）231頁

(注7) 代理人と相手方の関係に関しては、無権代理の場合についてのみ、スイス国際私法126条4項、韓国国際私法18条5項、1978年ハーグ条約15条において規定されている。法制審議会では、無権代理人の相手方に対する責任は、本人に対する代理行為の効果帰属の問題と表裏一体の問題であるため、本人と相手方との関係を規律する準拠法によるべきとする見解が有力に主張され、一方では、法律行為自体の準拠法によるべきとの見解も主張され、意見が分かれた（別冊NBL No.110 168頁）。

(注8) 江川英文『国際私法〔新版〕』185頁（有斐閣全書・1957年）。本説は、代理行為の基礎が本人の意思表示にあり、任意代理権は授権行為により起因することを根拠としている。

(注9) 石黒一憲『国際私法〔第2版〕』345～346頁（新世社・2007年）。石黒教授は、本人と代理人間の内部関係の準拠法、第三者（相手方）と代理人間の外部関係に分けて、後者については代理の行為準拠法によるものとしている。とくに、銀行が日本で外国の代理人との間で契約を行う場合や、日本の銀行の代理人が海外で代理行為を行う場合いずれにおいても、外部関係の行為であり、当該契約の準拠法によることからみれば、実務的には予

見可能性が高いものと思われる（外部関係による区分により適用した事例〈大阪高裁昭和4年8月5日判決（高民集22巻4号543頁）〉）。

(注10) 折茂豊『国際私法（各論）〔新版〕』（有斐閣・1972年）19頁。1978年発効のハーグ条約、代理規定のあるスイス、また韓国では、原則として代理行為地法（代理人の営業所所在地法）によるとしている。

(注11) 山田鐐一『国際私法〔3版〕』276頁、277頁（有斐閣・2004年）、溜池・前掲（本書4頁・注3）316、317頁、澤木＝道垣内・前掲（注3）231頁、232頁。

(注12) 神戸地裁昭和34年9月2日決定、元永和彦『国際私法判例百選（新法対応補正版）』48頁、49頁、櫻田嘉章＝道垣内正人編（有斐閣・2007年）。

(注13) 法制審議会国際私法（現代化関係）部会第21回会議議事録抜粋（平成17年6月15日）。

事務局説明

「……法定代理に関しましては、そもそも任意代理と区別して扱うことについて前回の部会において反対意見も出されましたが、基本的には任意代理と区別して本人と代理人との間の法律関係を規律する法律によるというふうに考えられているというところでございますので、規定を設ける必要がないという見方も可能ですし、規定を設ける場合には、取引保護をどのように図るかといった点について明確にする必要がありますが、前回の部会の審議において一定の方向は出されませんでした。また、法定代理について、諸外国において規定を置いている例も見当たらないということでございますので、まず法定代理について規定を設けるかどうかということに関しては、検討項目から落とさせていただくということにさせていただいております」。

(注14) ハーグ代理準拠法条約の概要と邦訳については、高桑昭「代理の準拠法に関する条約の概要」ジュリスト648号112頁〜119頁、石黒一憲『金融取引と国際訴訟』149頁〜152頁参照（有斐閣・1983年）。

(注15) 「国際私法の現代化に関する要綱中間試案補足説明」54頁。

(注16) 法制審議会国際私法（現代化関係）部会第14回会議議事録抜粋（平成16年6月15日）。

銀行界委員による意見

「……銀行の方で各行にアンケートをとりましたが、全行、エの2（代理行為地法のよるとする考え方）（カッコ内、筆者挿入）」でございます。相手方の予見可能性の確保、および取引保護の重視の観点から、エの2というのを我々としては支持したいというふうに思います（中略）。次に、取引保護の観点でございますが、前回も議論されました代理行為がされた地なのか、ないし代理人の営業所の所在地なのかということにつきましては、先ほどのケースで考えますと、外国に営業所を有する外国の代理人が日本に来て行われた取引の準拠法は、当然に日本法であるべきというふうに考えます。すなわち、代理行為が行われた地ということでないと、取引保護にはならないというふうに考えます」。

(注17) 別冊NBL No.110　59頁、60頁。

(注18) 法制審議会国際私法（現代化関係）部会第13回会議議事録抜粋（平成16年1月18日）。

「……銀行すべて、エ（代理行為地法）（カッコ内、筆者挿入）に近い考え方でございました。これは、基本的には取引保護の観点からということでの意見なんですが、ただここでエに書いております代理行為地法、これがハーグ条約で、代理人が帰属する営業所の所在地法というふうになっているわけですが、例えば、外国の弁護士事務所の弁護士が代理人ということで日本の銀行に来て、日本で何かトランザクションをした場合、その場合に代理に関する準拠法がその弁護士の所属する弁護士事務所、外国であり外国法が準拠法になるというのは、やはりちょっと考えられないと。そういう意味では、代理行為地法といいますか、ここの準拠法は代理人が当該行為を行った地の法というのが我々の主張するところであります。これが、銀行が相手方という立場で、取引保護の観点からの主張なんですけれども、例えば逆に、日本の銀行が本人の立場で代理人を立てて外国で取引を行う

第2部 各 論

という場合、通常その代理人を日本で立てようが外国で立てようが、当該国の言葉とか法律とか慣習とか商取引とか、そういうものに精通している人に依頼してやると、これは言い換えれば、基本的には外国の法に支配されるということを想定してトランザクションをやるということですので、そういう意味では例えばエにおいても、代理行為地法というのを、その代理人が当該行為を行った地というふうに解釈しても、実務上はそれは一番自然であるというふうに考えます」。

(注19) (注18) と同 (抜粋)。

経済界代表委員の発言：銀行が、代理人の営業所の所在する法を準拠法として考慮することに反対であり、代理行為地が妥当であると発言したことに対して、

「…それは銀行さんの場合にも、目の前に個人の方がどっと来るという、そういうことをされていますけれども、基本的に企業で一件一件でやっていくようなビジネスでは、表見代理を当てにして物を考えるということは、実務の基本原則から外れます。その上で考えて、更に非常に例外的な場合に、このような規定があった方がいいか、ない方がいいかといったら、やはり国際私法のそもそも今回の立法化の考え方で、これはＢ案（上記提案）（かっこ筆者挿入）というのは本当に立法可能かどうかということは専門家の方の御意見を是非伺いたいところなのですけれども、可能であれば、予測可能性が高まると一般的に言えますし、これで基本的に問題があるとも思えないので、結論としてＢ案を支持したいと思います」。

(注20) 小出編著・前掲（本書4頁・注2）159頁。

法制審議会国際私法（現代化関係）部会第21回会議議事録抜粋（平成17年1月18日）。

代理の規定を特段設けないＡ案と上記提案内容のＢ案について、銀行界委員・幹事の発言

「Ａ案（特段の規定を設けない）（かっこ内、筆者挿入）を支持いたします。代理の態様というのは非常に多様であると存じます。実際のビジネスにお

216

きましても、多様性というのはまさにそのとおりでございます。そうした中で、いろいろ細かく定めようとすればするほど、細部にわたった詳細な規定になってきて、それでは代理のすべてを尽くせるかというと尽くせないケースも出てくるのではないか。そういったことを考えますと、現在特段の不都合が生じていないと実際のビジネスでは感じておりますけれども、そういう意味で規定を設けないということでよろしいのではないかという意見でございます。……（略）……確かにＢ案ですと営業所と行為地が一致している場合には救われるというのですけれども、……（略）……実際に使えるかどうかということを慎重に議論した結果、Ｂ案は少し無理であるという内部での検討でございました」。

(注21) 法制審議会国際私法（現代化関係）部会第14回会議議事録抜粋（平成16年6月15日）。

（日本の企業とドイツの企業のそれぞれの代理人がハワイで契約した場合において、あらかじめ、ハワイではない国に代理権の本人への帰属への準拠法を合意しておくことができるのかという論点について）

「今、ハワイのような場合は、また別途考えるとおっしゃったのですけれども、これって当事者自治で別途合意みたいなので決められるのでしょうか。というのは、第三者に影響を及ぼすわけですよね。代理人と相手方が本人に効力を及ぼすかという事柄ですから、当事者自治みたいなものは難しいのかなと思っていたのですけれども。事務局でも結構ですけれども」

「○○幹事がおっしゃるとおり、この点についての当事者自治というのは想定しておりません。代理行為地の弱みは、やはり偶然性ということでございまして、オランダとベルギーでずっと代理人同士が交渉をしていて、そして妥結直前に至ったら、スペインの島に行って契約締結しましょうという話は結構あるように聞いておりますので、その場合にやはり代理行為地というのが、スペインになってしまうというのは、やはり偶然性の1つの例だと思います」。

(注22) 折茂・前掲（注10）65頁。

（注23）山田鐐一『国際私法〔第3版〕』279頁（有斐閣・2004年）。
（注24）法制審議会では、最終的には有権代理・無権代理を分けずに、本人と相手方を規律する準拠法によるべきとする説が有力であった（「中間試案補足説明」64頁）。ハーグ代理準拠法条約がこの立場である。
（注25）本書180、181頁。
（注26）最高裁昭和50年7月15日（民集29巻6号1091頁）の代表権限について、会社の従属法によらしめている考え方を示している事例（法人の設立準拠法、本拠地法いずれもによるとしている）。法人代表の権限の問題について、取引保護の考え方から行為地法によるべきとする考え方もあり、法人の設立準拠法だけに依拠することは必ずしも実務感覚にあうものではないという意見もある（津田進世「法人の準拠法をめぐる諸問題」金融法務事情1717号43頁〜45頁）。

国際私法と銀行取引

第3部　資料編

【資料1】「法の適用に関する通則法」と「法例」の対照表
【資料2】法の適用に関する通則法
【資料3】国際私法の現代化に関する要綱中間試案

第3部　資料編

【資料１】「法の適用に関する通則法」と「法例」の対照表

法の適用に関する通則法　（新法） （平成十八年六月二十一日法律第七十八号） 平成十九年一月一日施行	法例　（旧法） （明治三十一年六月二十一日法律第十号） 明治三十年七月一六日施行
第一章　総　則（第一条） 　第二章　法律に関する通則（第二条・第三条） 　第三章　準拠法に関する通則 　　第一節　人（第四条－第六条） 　　第二節　法律行為（第七条－第十二条） 　　第三節　物権等（第十三条） 　　第四節　債権（第十四条－第二十三条） 　　第五節　親族（第二十四条－第三十五条） 　　第六節　相続（第三十六条・第三十七条） 　　第七節　補則（第三十八条－第四十三条） 　附　則	
第一章　総　則 （趣旨） 第一条　この法律は、法の適用に関する通則について定めるものとする。	第一条　法律ハ公布ノ日ヨリ起算シ満二十日ヲ経テ之ヲ施行ス但法律ヲ以テ之ニ異ナリタル施行時期ヲ定メタルトキハ此限ニ在ラス
第二章　法律に関する通則 （法律の施行期日） 第二条　法律は、公布の日から起算して二十日を経過した日から施行する。ただし、法律でこれと異なる施行期日を定めたときは、その定めによる。	
（法律と同一の効力を有する慣習） 第三条　公の秩序又は善良の風俗に反しない慣習は、法令の規定により認められたもの又は法令に規定されていない事項に関するものに限り、法律と同一の効力を有する。	第二条　公ノ秩序又ハ善良ノ風俗ニ反セサル慣習ハ法令ノ規定ニ依リテ認メタルモノ及ヒ法令ニ規定ナキ事項ニ関スルモノニ限リ法律ト同一ノ効力ヲ有ス
第三章　準拠法に関する通則 　　　第一節　人 （人の行為能力）	

220

【資料1】「法の適用に関する通則法」と「法例」の対照表

法の適用に関する通則法 （新法）	法例 （旧法）
第四条　人の行為能力は、その本国法によって定める。 2　法律行為をした者がその本国法によれば行為能力の制限を受けた者となるときであっても行為地法によれば行為能力者となるべきときは、当該法律行為の当時そのすべての当事者が法を同じくする地に在った場合に限り、当該法律行為をした者は、前項の規定にかかわらず、行為能力者とみなす。 3　前項の規定は、親族法又は相続法の規定によるべき法律行為及び行為地と法を異にする地に在る不動産に関する法律行為については、適用しない。	第三条　人ノ能力ハ其本国法ニ依リテ之ヲ定ム 2　外国人カ日本ニ於テ法律行為ヲ為シタル場合ニ於テ其外国人カ本国法ニ依レハ能力ノ制限ヲ受ケタル者タルヘキトキト雖モ日本ノ法律ニ依レハ能力者タルヘキトキハ前項ノ規定ニ拘ハラス之ヲ能力者ト看做ス 3　前項ノ規定ハ親族法又ハ相続法ノ規定ニ依ルヘキ法律行為及ヒ外国ニ在ル不動産ニ関スル法律行為ニ付テハ之ヲ適用セス
（後見開始の審判等） 第五条　裁判所は、成年被後見人、被保佐人又は被補助人となるべき者が日本に住所若しくは居所を有するとき又は日本の国籍を有するときは、日本法により、後見開始、保佐開始又は補助開始の審判（以下「後見開始の審判等」と総称する。）をすることができる。	第四条　後見開始ノ審判ノ原因ハ成年被後見人ノ本国法ニ依リ其審判ノ効力ハ審判ヲ為シタル国ノ法律ニ依ル 2　日本ニ住所又ハ居所ヲ有スル外国人ニ付キ其本国法ニ依リ後見開始ノ審判ノ原因アルトキハ裁判所ハ其者ニ対シテ後見開始ノ審判ヲ為スコトヲ得　但日本ノ法律カ其原因ヲ認メサルトキハ此限ニ在ラス 第五条　前条ノ規定ハ保佐開始ノ審判及ビ補助開始ノ審判ニ之ヲ準用ス
（失踪の宣告） 第六条　裁判所は、不在者が生存していたと認められる最後の時点において、不在者が日本に住所を有していたとき又は日本の国籍を有していたときは、日本法により、失踪の宣告をすることができる。 2　前項に規定する場合に該当しないときであっても、裁判所は、不在者の財産が日本に在るときはその財産についてのみ、不在者に関する法律関係が日本法に	第六条　外国人ノ生死カ分明ナラサル場合ニ於テハ裁判所ハ日本ニ在ル財産及ヒ日本ノ法律ニ依ルヘキ法律関係ニ付テノミ日本ノ法律ニ依リテ失踪ノ宣告ヲ為スコトヲ得

法の適用に関する通則法　（新法）	法例　（旧法）
よるべきときその他法律関係の性質、当事者の住所又は国籍その他の事情に照らして日本に関係があるときはその法律関係についてのみ、日本法により、失踪の宣告をすることができる。	
第二節　法律行為 （当事者による準拠法の選択） 第七条　法律行為の成立及び効力は、当事者が当該法律行為の当時に選択した地の法による。	第七条　法律行為ノ成立及ヒ効力ニ付テハ当事者ノ意思ニ従ヒ其何レノ国ノ法律ニ依ルヘキカヲ定ム 2　当事者ノ意思カ分明ナラサルトキハ行為地法ニ依ル
（当事者による準拠法の選択がない場合） 第八条　前条の規定による選択がないときは、法律行為の成立及び効力は、当該法律行為の当時において当該法律行為に最も密接な関係がある地の法による。 2　前項の場合において、法律行為において特徴的な給付を当事者の一方のみが行うものであるときは、その給付を行う当事者の常居所地法（その当事者が当該法律行為に関係する事業所を有する場合にあっては当該事業所の所在地の法、その当事者が当該法律行為に関係する二以上の事業所で法を異にする地に所在するものを有する場合にあってはその主たる事業所の所在地の法）を当該法律行為に最も密接な関係がある地の法と推定する。 3　第一項の場合において、不動産を目的物とする法律行為については、前項の規定にかかわらず、その不動産の所在地法を当該法律行為に最も密接な関係がある地の法と推定する。	第九条　法律ヲ異ニスル地ニ在ル者ニ対シテ為シタル意思表示ニ付テハ其通知ヲ発シタル地ヲ行為地ト看做ス 2　契約ノ成立及ヒ効力ニ付テハ申込ノ通知ヲ発シタル地ヲ行為地ト看做ス若シ其申込ヲ受ケタル者カ承諾ヲ為シタル当時申込ノ発信地ヲ知ラサリシトキハ申込者ノ住所地ヲ行為地ト看做ス
（当事者による準拠法の変更） 第九条　当事者は、法律行為の成立及び効力について適用すべき法を変更すること	

【資料１】「法の適用に関する通則法」と「法例」の対照表

法の適用に関する通則法　(新法)	法例　(旧法)
ができる。ただし、第三者の権利を害することとなるときは、その変更をその第三者に対抗することができない。	(新　設)
(法律行為の方式) 第十条　法律行為の方式は、当該法律行為の成立について適用すべき法（当該法律行為の後に前条の規定による変更がされた場合にあっては、その変更前の法）による。 2　前項の規定にかかわらず、行為地法に適合する方式は、有効とする。 3　法を異にする地に在る者に対してされた意思表示については、前項の規定の適用に当たっては、その通知を発した地を行為地とみなす。 4　法を異にする地に在る者の間で締結された契約の方式については、前二項の規定は、適用しない。この場合においては、第一項の規定にかかわらず、申込みの通知を発した地の法又は承諾の通知を発した地の法のいずれかに適合する契約の方式は、有効とする。 5　前三項の規定は、動産又は不動産に関する物権及びその他の登記をすべき権利を設定し又は処分する法律行為の方式については、適用しない。	第八条　法律行為ノ方式ハ其行為ノ効力ヲ定ムル法律ニ依ル 2　行為地法ニ依リタル方式ハ前項ノ規定ニ拘ハラス之ヲ有効トス但物権其他登記スヘキ権利ヲ設定シ又ハ処分スル法律行為ニ付テハ此限ニ在ラス
(消費者契約の特例) 第十一条　消費者（個人（事業として又は事業のために契約の当事者となる場合におけるものを除く。）をいう。以下この条において同じ。）と事業者（法人その他の社団又は財団及び事業として又は事業のために契約の当事者となる場合における個人をいう。以下この条において同じ。）との間で締結される契約（労働契約を除く。以下この条において「消費	(新　設)

法の適用に関する通則法 （新法）	法例 （旧法）
者契約」という。）の成立及び効力について第七条又は第九条の規定による選択又は変更により適用すべき法が消費者の常居所地法以外の法である場合であっても、消費者がその常居所地法中の特定の強行規定を適用すべき旨の意思を事業者に対し表示したときは、当該消費者契約の成立及び効力に関しその強行規定の定める事項については、その強行規定をも適用する。 2　消費者契約の成立及び効力について第七条の規定による選択がないときは、第八条の規定にかかわらず、当該消費者契約の成立及び効力は、消費者の常居所地法による。 3　消費者契約の成立について第七条の規定により消費者の常居所地法以外の法が選択された場合であっても、当該消費者契約の方式について消費者がその常居所地法中の特定の強行規定を適用すべき旨の意思を事業者に対し表示したときは、前条第一項、第二項及び第四項の規定にかかわらず、当該消費者契約の方式に関しその強行規定の定める事項については、専らその強行規定を適用する。 4　消費者契約の成立について第七条の規定により消費者の常居所地法が選択された場合において、当該消費者契約の方式について消費者が専らその常居所地法によるべき旨の意思を事業者に対し表示したときは、前条第二項及び第四項の規定にかかわらず、当該消費者契約の方式は、専ら消費者の常居所地法による。 5　消費者契約の成立について第七条の規定による選択がないときは、前条第一項、第二項及び第四項の規定にかかわらず、	

【資料1】「法の適用に関する通則法」と「法例」の対照表

法の適用に関する通則法　（新法）	法例　（旧法）
当該消費者契約の方式は、消費者の常居所地法による。 6　前各項の規定は、次のいずれかに該当する場合には、適用しない。 一　事業者の事業所で消費者契約に関係するものが消費者の常居所地と法を異にする地に所在した場合であって、消費者が当該事業所の所在地と法を同じくする地に赴いて当該消費者契約を締結したとき。ただし、消費者が、当該事業者から、当該事業所の所在地と法を同じくする地において消費者契約を締結することについての勧誘をその常居所地において受けていたときを除く。 二　事業者の事業所で消費者契約に関係するものが消費者の常居所地と法を異にする地に所在した場合であって、消費者が当該事業所の所在地と法を同じくする地において当該消費者契約に基づく債務の全部の履行を受けたとき、又は受けることとされていたとき。ただし、消費者が、当該事業者から、当該事業所の所在地と法を同じくする地において債務の全部の履行を受けることについての勧誘をその常居所地において受けていたときを除く。 三　消費者契約の締結の当時、事業者が、消費者の常居所を知らず、かつ、知らなかったことについて相当の理由があるとき。 四　消費者契約の締結の当時、事業者が、その相手方が消費者でないと誤認し、かつ、誤認したことについて相当の理由があるとき。	
（労働契約の特例） 第十二条　労働契約の成立及び効力につい	（新　設）

法の適用に関する通則法 （新法）	法例 （旧法）
て第七条又は第九条の規定による選択又は変更により適用すべき法が当該労働契約に最も密接な関係がある地の法以外の法である場合であっても、労働者が当該労働契約に最も密接な関係がある地の法中の特定の強行規定を適用すべき旨の意思を使用者に対し表示したときは、当該労働契約の成立及び効力に関しその強行規定の定める事項については、その強行規定をも適用する。 2　前項の規定の適用に当たっては、当該労働契約において労務を提供すべき地の法（その労務を提供すべき地を特定することができない場合にあっては、当該労働者を雇い入れた事業所の所在地の法。次項において同じ。）を当該労働契約に最も密接な関係がある地の法と推定する。 3　労働契約の成立及び効力について第七条の規定による選択がないときは、当該労働契約の成立及び効力については、第八条第二項の規定にかかわらず、当該労働契約において労務を提供すべき地の法を当該労働契約に最も密接な関係がある地の法と推定する。	
第三節　物権等 （物権及びその他の登記をすべき権利） 第十三条　動産又は不動産に関する物権及びその他の登記をすべき権利は、その目的物の所在地法による。 2　前項の規定にかかわらず、同項に規定する権利の得喪は、その原因となる事実が完成した当時におけるその目的物の所在地法による。	第十条　動産及ヒ不動産ニ関スル物権其他登記スヘキ権利ハ其目的物ノ所在地法ニ依ル 2　前項ニ掲ケタル権利ノ得喪ハ其原因タル事実ノ完成シタル当時ニ於ケル目的物ノ所在地法ニ依ル
第四節　債　権 （事務管理及び不当利得）	

【資料1】「法の適用に関する通則法」と「法例」の対照表

法の適用に関する通則法 （新法）	法例 （旧法）
第十四条　事務管理又は不当利得によって生ずる債権の成立及び効力は、その原因となる事実が発生した地の法による。	第十一条　事務管理、不当利得又ハ不法行為ニ因リテ生スル債権ノ成立及ヒ効力ハ其原因タル事実ノ発生シタル地ノ法律ニ依ル
（明らかにより密接な関係がある地がある場合の例外） 第十五条　前条の規定にかかわらず、事務管理又は不当利得によって生ずる債権の成立及び効力は、その原因となる事実が発生した当時において当事者が法を同じくする地に常居所を有していたこと、当事者間の契約に関連して事務管理が行われ又は不当利得が生じたことその他の事情に照らして、明らかに同条の規定により適用すべき法の属する地よりも密接な関係がある他の地があるときは、当該他の地の法による。	（新　設）
（当事者による準拠法の変更） 第十六条　事務管理又は不当利得の当事者は、その原因となる事実が発生した後において、事務管理又は不当利得によって生ずる債権の成立及び効力について適用すべき法を変更することができる。ただし、第三者の権利を害することとなるときは、その変更をその第三者に対抗することができない。	（新　設）
（不法行為） 第十七条　不法行為によって生ずる債権の成立及び効力は、加害行為の結果が発生した地の法による。ただし、その地における結果の発生が通常予見することのできないものであったときは、加害行為が行われた地の法による。	（第十一条　事務管理、不当利得又ハ不法行為ニ因リテ生スル債権ノ成立及ヒ効力ハ其原因タル事実ノ発生シタル地ノ法律ニ依ル）
（生産物責任の特例） 第十八条　前条の規定にかかわらず、生産物（生産され又は加工された物をいう。	（新　設）

法の適用に関する通則法 （新法）	法例 （旧法）
以下この条において同じ。）で引渡しがされたものの瑕疵により他人の生命、身体又は財産を侵害する不法行為によって生ずる生産業者（生産物を業として生産し、加工し、輸入し、輸出し、流通させ、又は販売した者をいう。以下この条において同じ。）又は生産物にその生産業者と認めることができる表示をした者（以下この条において「生産業者等」と総称する。）に対する債権の成立及び効力は、被害者が生産物の引渡しを受けた地の法による。ただし、その地における生産物の引渡しが通常予見することのできないものであったときは、生産業者等の主たる事業所の所在地の法（生産業者等が事業所を有しない場合にあっては、その常居所地法）による。	
（名誉又は信用の毀損の特例） **第十九条** 第十七条の規定にかかわらず、他人の名誉又は信用を毀損する不法行為によって生ずる債権の成立及び効力は、被害者の常居所地法（被害者が法人その他の社団又は財団である場合にあっては、その主たる事業所の所在地の法）による。	（新　設）
（明らかにより密接な関係がある地がある場合の例外） **第二十条** 前三条の規定にかかわらず、不法行為によって生ずる債権の成立及び効力は、不法行為の当時において当事者が法を同じくする地に常居所を有していたこと、当事者間の契約に基づく義務に違反して不法行為が行われたことその他の事情に照らして、明らかに前三条の規定により適用すべき法の属する地よりも密接な関係がある他の地があるときは、当	（新　設）

【資料１】「法の適用に関する通則法」と「法例」の対照表

法の適用に関する通則法 （新法）	法例 （旧法）
該他の地の法による。	
(当事者による準拠法の変更) 第二十一条　不法行為の当事者は、不法行為の後において、不法行為によって生ずる債権の成立及び効力について適用すべき法を変更することができる。ただし、第三者の権利を害することとなるときは、その変更をその第三者に対抗することができない。	（新　設）
(不法行為についての公序による制限) 第二十二条　不法行為について外国法によるべき場合において、当該外国法を適用すべき事実が日本法によれば不法とならないときは、当該外国法に基づく損害賠償その他の処分の請求は、することができない。 2　不法行為について外国法によるべき場合において、当該外国法を適用すべき事実が当該外国法及び日本法により不法となるときであっても、被害者は、日本法により認められる損害賠償その他の処分でなければ請求することができない。	2　前項ノ規定ハ不法行為ニ付テハ外国ニ於テ発生シタル事実カ日本ノ法律ニ依レハ不法ナラサルトキハ之ヲ適用セス 3　外国ニ於テ発生シタル事実カ日本ノ法律ニ依リテ不法ナルトキト雖モ被害者ハ日本ノ法律カ認メタル損害賠償其他ノ処分ニ非サレハ之ヲ請求スルコトヲ得ス
(債権の譲渡) 第二十三条　債権の譲渡の債務者その他の第三者に対する効力は、譲渡に係る債権について適用すべき法による。	第十二条　債権譲渡ノ第三者ニ対スル効力ハ債務者ノ住所地法ニ依ル
第五節　親族 (婚姻の成立及び方式) 第二十四条　婚姻の成立は、各当事者につき、その本国法による。 2　婚姻の方式は、婚姻挙行地の法による。 3　前項の規定にかかわらず、当事者の一方の本国法に適合する方式は、有効とする。ただし、日本において婚姻が挙行された場合において、当事者の一方が日本人であるときは、この限りでない。	第十三条　婚姻成立ノ要件ハ各当事者ニ付キ其本国法ニ依リテ之ヲ定ム 2　婚姻ノ方式ハ婚姻挙行地ノ法律ニ依ル 3　当事者ノ一方ノ本国法ニ依リタル方式ハ前項ノ規定ニ拘ハラス之ヲ有効トス但日本ニ於テ婚姻ヲ挙行シタル場合ニ於テ当事者ノ一方ガ日本人ナルトキハ此限ニ在ラス

法の適用に関する通則法 （新法）	法例 （旧法）
（婚姻の効力） 第二十五条　婚姻の効力は、夫婦の本国法が同一であるときはその法により、その法がない場合において夫婦の常居所地法が同一であるときはその法により、そのいずれの法もないときは夫婦に最も密接な関係がある地の法による。	第十四条　婚姻ノ効力ハ夫婦ノ本国法ガ同一ナルトキハ其法律ニ依リ其法律ナキ場合ニ於テ夫婦ノ常居所地ガ同一ナルトキハ其法律ニ依ル其何レノ法律モナキトキハ夫婦ニ最モ密接ナル関係アル地ノ法律ニ依ル
（夫婦財産制） 第二十六条　前条の規定は、夫婦財産制について準用する。 2　前項の規定にかかわらず、夫婦が、その署名した書面で日付を記載したものにより、次に掲げる法のうちいずれの法によるべきかを定めたときは、夫婦財産制は、その法による。この場合において、その定めは、将来に向かってのみその効力を生ずる。 一　夫婦の一方が国籍を有する国の法 二　夫婦の一方の常居所地法 三　不動産に関する夫婦財産制については、その不動産の所在地法 3　前二項の規定により外国法を適用すべき夫婦財産制は、日本においてされた法律行為及び日本に在る財産については、善意の第三者に対抗することができない。この場合において、その第三者との間の関係については、夫婦財産制は、日本法による。 4　前項の規定にかかわらず、第一項又は第二項の規定により適用すべき外国法に基づいてされた夫婦財産契約は、日本においてこれを登記したときは、第三者に対抗することができる。	第十五条　前条ノ規定ハ夫婦財産制ニ之ヲ準用ス但夫婦ガ其署名シタル書面ニシテ日附アルモノニ依リ左ニ掲ゲタル法律中其何レニ依ルベキカヲ定メタルトキハ夫婦財産制ハ其定メタル法律ニ依ル 一　夫婦ノ一方ガ国籍ヲ有スル国ノ法律 二　夫婦ノ一方ノ常居所地法 三　不動産ニ関スル夫婦財産制ニ付テハ其不動産ノ所在地法 2　外国法ニ依ル夫婦財産制ハ日本ニ於テ為シタル法律行為及ビ日本ニ在ル財産ニ付テハ之ヲ善意ノ第三者ニ対抗スルコトヲ得ズ此場合ニ於テ其夫婦財産制ニ依ルコトヲ得ザルトキハ其第三者トノ間ノ関係ニ付テハ夫婦財産制ハ日本ノ法律ニ依ル 3　外国法ニ依リテ為シタル夫婦財産契約ハ日本ニ於テ之ヲ登記シタルトキハ前項ノ規定ニ拘ハラズ之ヲ第三者ニ対抗スルコトヲ得
（離　婚） 第二十七条　第二十五条の規定は、離婚について準用する。ただし、夫婦の一方が	第十六条　第十四条ノ規定ハ離婚ニ之ヲ準用ス但夫婦ノ一方ガ日本ニ常居所ヲ有スル

【資料1】「法の適用に関する通則法」と「法例」の対照表

法の適用に関する通則法 （新法）	法例 （旧法）
日本に常居所を有する日本人であるときは、離婚は、日本法による。	日本人ナルトキハ離婚ハ日本ノ法律ニ依ル
（嫡出である子の親子関係の成立） 第二十八条　夫婦の一方の本国法で子の出生の当時におけるものにより子が嫡出となるべきときは、その子は、嫡出である子とする。 2　夫が子の出生前に死亡したときは、その死亡の当時における夫の本国法を前項の夫の本国法とみなす。	第十七条　夫婦ノ一方ノ本国法ニシテ子ノ出生ノ当時ニ於ケルモノニ依リ子ガ嫡出ナルトキハ其子ハ嫡出子トス 2　夫ガ子ノ出生前ニ死亡シタルトキハ其死亡ノ当時ノ夫ノ本国法ヲ前項ノ夫ノ本国法ト看做ス
（嫡出でない子の親子関係の成立） 第二十九条　嫡出でない子の親子関係の成立は、父との間の親子関係については子の出生の当時における父の本国法により、母との間の親子関係についてはその当時における母の本国法による。この場合において、子の認知による親子関係の成立については、認知の当時における子の本国法によればその子又は第三者の承諾又は同意があることが認知の要件であるときは、その要件をも備えなければならない。 2　子の認知は、前項前段の規定により適用すべき法によるほか、認知の当時における認知する者又は子の本国法による。この場合において、認知する者の本国法によるときは、同項後段の規定を準用する。 3　父が子の出生前に死亡したときは、その死亡の当時における父の本国法を第一項の父の本国法とみなす。前項に規定する者が認知前に死亡したときは、その死亡の当時におけるその者の本国法を同項のその者の本国法とみなす。	第十八条　嫡出ニ非ザル子ノ親子関係ノ成立ハ父トノ間ノ親子関係ニ付テハ子ノ出生ノ当時ノ父ノ本国法ニ依リ母トノ間ノ親子関係ニ付テハ其当時ノ母ノ本国法ニ依ル子ノ認知ニ因ル親子関係ノ成立ニ付テハ認知ノ当時ノ子ノ本国法ガ其子又ハ第三者ノ承諾又ハ同意アルコトヲ認知ノ要件トスルトキハ其要件ヲモ備フルコトヲ要ス 2　子ノ認知ハ前項前段ニ定ムル法律ノ外認知ノ当時ノ認知スル者又ハ子ノ本国法ニ依ル此場合ニ於テ認知スル者ノ本国法ニ依ルトキハ同項後段ノ規定ヲ準用ス 3　父ガ子ノ出生前ニ死亡シタルトキハ其死亡ノ当時ノ父ノ本国法ヲ第1項ノ父ノ本国法ト看做シ前項ニ掲ゲタル者ガ認知前ニ死亡シタルトキハ其死亡ノ当時ノ其者ノ本国法ヲ同項ノ其者ノ本国法ト看做ス
（準正） 第三十条　子は、準正の要件である事実が	第十九条　子ハ準正ノ要件タル事実ノ完成

法の適用に関する通則法　（新法）	法例　（旧法）
完成した当時における父若しくは母又は子の本国法により準正が成立するときは、嫡出子の身分を取得する。 2　前項に規定する者が準正の要件である事実の完成前に死亡したときは、その死亡の当時におけるその者の本国法を同項のその者の本国法とみなす。	ノ当時ノ父若クハ母又ハ子ノ本国法ニ依リ準正ガ成立スルトキハ嫡出子タル身分ヲ取得ス 2　前項ニ掲ゲタル者ガ準正ノ要件タル事実ノ完成前ニ死亡シタルトキハ其死亡ノ当時ノ其者ノ本国法ヲ同項ノ其者ノ本国法ト看做ス
（養子縁組） 第三十一条　養子縁組は、縁組の当時における養親となるべき者の本国法による。この場合において、養子となるべき者の本国法によればその者若しくは第三者の承諾若しくは同意又は公的機関の許可その他の処分があることが養子縁組の成立の要件であるときは、その要件をも備えなければならない。 2　養子とその実方の血族との親族関係の終了及び離縁は、前項前段の規定により適用すべき法による。	第二十条　養子縁組ハ縁組ノ当時ノ養親ノ本国法ニ依ル　若シ養子ノ本国法ガ養子縁組ノ成立ニ付キ養子若クハ第三者ノ承諾若クハ同意又ハ公ノ機関ノ許可其他ノ処分アルコトヲ要件トスルトキハ其要件ヲモ備フルコトヲ要ス 2　養子ト其実方ノ血族トノ親族関係ノ終了及ビ離縁ハ前項前段ニ定ムル法律ニ依ル
（親子間の法律関係） 第三十二条　親子間の法律関係は、子の本国法が父又は母の本国法（父母の一方が死亡し、又は知れない場合にあっては、他の一方の本国法）と同一である場合には子の本国法により、その他の場合には子の常居所地法による。	第二十一条　親子間ノ法律関係ハ子ノ本国法ガ父又ハ母ノ本国法若シ父母ノ一方アラザルトキハ他ノ一方ノ本国法ト同一ナル場合ニ於テハ子ノ本国法ニ依リ其他ノ場合ニ於テハ子ノ常居所地法ニ依ル
（その他の親族関係等） 第三十三条　第二十四条から前条までに規定するもののほか、親族関係及びこれによって生ずる権利義務は、当事者の本国法によって定める。	第二十三条　第十三条乃至第二十一条ニ掲ケタルモノノ外親族関係及ヒ之ニ因リテ生スル権利義務ハ当事者ノ本国法ニ依リテ之ヲ定ム
（親族関係についての法律行為の方式） 第三十四条　第二十五条から前条までに規定する親族関係についての法律行為の方式は、当該法律行為の成立について適用すべき法による。	第二十二条　第十四条乃至前条ニ掲ゲタル親族関係ニ付テノ法律行為ノ方式ハ其行為ノ成立ヲ定ムル法律ニ依ル但行為地法ニ依ルコトヲ妨ゲズ

【資料１】「法の適用に関する通則法」と「法例」の対照表

法の適用に関する通則法　（新法）	法例　（旧法）
２　前項の規定にかかわらず、行為地法に適合する方式は、有効とする。	
（後見等） 第三十五条　後見、保佐又は補助（以下「後見等」と総称する。）は、被後見人、被保佐人又は被補助人（次項において「被後見人等」と総称する。）の本国法による。 ２　前項の規定にかかわらず、外国人が被後見人等である場合であって、次に掲げるときは、後見人、保佐人又は補助人の選任の審判その他の後見等に関する審判については、日本法による。 一　当該外国人の本国法によればその者について後見等が開始する原因がある場合であって、日本における後見等の事務を行う者がないとき。 二　日本において当該外国人について後見開始の審判等があったとき。	第二十四条　後見ハ被後見人ノ本国法ニ依ル ２　日本ニ住所又ハ居所ヲ有スル外国人ノ後見ハ其本国法ニ依レハ後見開始ノ原因アルモ後見ノ事務ヲ行フ者ナキトキ及ヒ日本ニ於テ後見開始ノ審判アリタルトキニ限リ日本ノ法律ニ依ル 第二十五条　前条ノ規定ハ保佐及ビ補助ニ之ヲ準用ス
第六節 （相　続） 第三十六条　相続は、被相続人の本国法による。	第二十六条　相続ハ被相続人ノ本国法ニ依ル
（遺　言） 第三十七条　遺言の成立及び効力は、その成立の当時における遺言者の本国法による。 ２　遺言の取消しは、その当時における遺言者の本国法による。	第二十七条　遺言ノ成立及ヒ効力ハ其成立ノ当時ニ於ケル遺言者ノ本国法ニ依ル ２　遺言ノ取消ハ其当時ニ於ケル遺言者ノ本国法ニ依ル
第七節　補　足 （本国法） 第三十八条　当事者が二以上の国籍を有する場合には、その国籍を有する国のうちに当事者が常居所を有する国があるときはその国の法を、その国籍を有する国のうちに当事者が常居所を有する国がないときは当事者に最も密接な関係がある国	第二十八条　当事者ガ二箇以上ノ国籍ヲ有スル場合ニ於テハ其国籍ヲ有スル国中当事者ガ常居所ヲ有スル国若シ其国ナキトキハ当事者ニ最モ密接ナル関係アル国ノ法律ヲ当事者ノ本国法トス但其一ガ日本ノ国籍ナルトキハ日本ノ法律ヲ其本国法トス

法の適用に関する通則法 （新法）	法例 （旧法）
の法を当事者の本国法とする。ただし、その国籍のうちのいずれかが日本の国籍であるときは、日本法を当事者の本国法とする。 2　当事者の本国法によるべき場合において、当事者が国籍を有しないときは、その常居所地法による。ただし、第二十五条（第二十六条第一項及び第二十七条において準用する場合を含む。）及び第三十二条の規定の適用については、この限りでない。 3　当事者が地域により法を異にする国の国籍を有する場合には、その国の規則に従い指定される法（そのような規則がない場合にあっては、当事者に最も密接な関係がある地域の法）を当事者の本国法とする。	2　当事者ノ本国法ニ依ルベキ場合ニ於テ当事者ガ国籍ヲ有セザルトキハ其常居所地法ニ依ル但第十四条（第十五条第1項及ビ第十六条ニ於テ準用スル場合ヲ含ム）又ハ第二十一条ノ規定ヲ適用スル場合ハ此限ニ在ラズ 3　当事者ガ地方ニ依リ法律ヲ異ニスル国ノ国籍ヲ有スルトキハ其国ノ規則ニ従ヒ指定セラルル法律若シ其規則ナキトキハ当事者ニ最モ密接ナル関係アル地方ノ法律ヲ当事者ノ本国法トス
（削　除）	第二十九条　当事者ノ住所地法ニ依ルヘキ場合ニ於テ其住所カ知レサルトキハ其居所地法ニ依ル 2　当事者ガ二箇以上ノ住所ヲ有スルトキハ其住所地中当事者ニ最モ密接ナル関係アル地ノ法律ヲ其住所地法トス
（常居所地法） 第三十九条　当事者の常居所地法によるべき場合において、その常居所が知れないときは、その居所地法による。ただし、第二十五条（第二十六条第一項及び第二十七条において準用する場合を含む。）の規定の適用については、この限りでない。	第三十条　当事者ノ常居所地法ニ依ルベキ場合ニ於テ其常居所ガ知レザルトキハ其居所地法ニ依ル但第十四条（第十五条第一項及ビ第十六条ニ於テ準用スル場合ヲ含ム）ノ規定ヲ適用スル場合ハ此限ニ在ラズ
（人的に法を異にする国又は地の法） 第四十条　当事者が人的に法を異にする国の国籍を有する場合には、その国の規則に従い指定される法（そのような規則がない場合にあっては、当事者に最も密接	第三十一条　当事者ガ人的ニ法律ヲ異ニスル国ノ国籍ヲ有スル場合ニ於テハ其国ノ規則ニ従ヒ指定セラルル法律若シ其規則ナキトキハ当事者ニ最モ密接ナル関係アル法

【資料１】「法の適用に関する通則法」と「法例」の対照表

法の適用に関する通則法 （新法）	法例 （旧法）
な関係がある法）を当事者の本国法とする。 2　前項の規定は、当事者の常居所地が人的に法を異にする場合における当事者の常居所地法で第二十五条（第二十六条第一項及び第二十七条において準用する場合を含む。）、第二十六条第二項第二号、第三十二条又は第三十八条第二項の規定により適用されるもの及び夫婦に最も密接な関係がある地が人的に法を異にする場合における夫婦に最も密接な関係がある地の法について準用する。	律ヲ当事者ノ本国法トス 2　前項ノ規定ハ当事者ガ常居所ヲ有スル地ガ人的ニ法律ヲ異ニスル場合ニ於ケル当事者ノ常居所地法及ビ夫婦ニ最モ密接ナル関係アル地ガ人的ニ法律ヲ異ニスル場合ニ於ケル夫婦ニ最モ密接ナル関係アル地ノ法律ニ之ヲ準用ス
（反致） 第四十一条　当事者の本国法によるべき場合において、その国の法に従えば日本法によるべきときは、日本法による。ただし、第二十五条（第二十六条第一項及び第二十七条において準用する場合を含む。）又は第三十二条の規定により当事者の本国法によるべき場合は、この限りでない。	第三十二条　当事者ノ本国法ニ依ルヘキ場合ニ於テ其国ノ法律ニ従ヒ日本ノ法律ニ依ルヘキトキハ日本ノ法律ニ依ル但第十四条（第十五条第1項及ビ第十六条ニ於テ準用スル場合ヲ含ム）又ハ第二十一条ノ規定ニ依リ当事者ノ本国法ニ依ルベキ場合ハ此限ニ在ラズ
（公序） 第四十二条　外国法によるべき場合において、その規定の適用が公の秩序又は善良の風俗に反するときは、これを適用しない。	第三十三条　外国法ニ依ルヘキ場合ニ於テ其規定ノ適用カ公ノ秩序又ハ善良ノ風俗ニ反スルトキハ之ヲ適用セス
（適用除外） 第四十三条　この章の規定は、夫婦、親子その他の親族関係から生ずる扶養の義務については、適用しない。ただし、第三十九条本文の規定の適用については、この限りでない。 2　この章の規定は、遺言の方式については、適用しない。ただし、第三十八条第二項本文、第三十九条本文及び第四十条の規定の適用については、この限りでない。	第三十四条　本法ハ夫婦、親子其他ノ親族関係ニ因リテ生ズル扶養ノ義務ニ付テハ之ヲ適用セズ但第三十条本文ノ規定ハ此限ニ在ラズ 2　本法ハ遺言ノ方式ニ付テハ之ヲ適用セズ但第二十八条第二項本文、第二十九条第一項、第三十条本文及ビ第三十一条ノ規定ハ此限ニ在ラズ

【資料２】法の適用に関する通則法

第一章　総　則

（趣旨）

第一条　この法律は、法の適用に関する通則について定めるものとする。

第二章　法律に関する通則

（法律の施行期日）

第二条　法律は、公布の日から起算して二十日を経過した日から施行する。ただし、法律でこれと異なる施行期日を定めたときは、その定めによる。

（法律と同一の効力を有する慣習）

第三条　公の秩序又は善良の風俗に反しない慣習は、法令の規定により認められたもの又は法令に規定されていない事項に関するものに限り、法律と同一の効力を有する。

第三章　準拠法に関する通則

第一節　人

（人の行為能力）

第四条　人の行為能力は、その本国法によって定める。

2　法律行為をした者がその本国法によれば行為能力の制限を受けた者となるときであっても行為地法によれば行為能力者となるべきときは、当該法律行為の当時そのすべての当事者が法を同じくする地に在った場合に限り、当該法律行為をした者は、前項の規定にかかわらず、行為能力者とみなす。

3　前項の規定は、親族法又は相続法の規定によるべき法律行為及び行為地と法を異にする地に在る不動産に関する法律行為については、適用しない。

（後見開始の審判等）

第五条　裁判所は、成年被後見人、被保佐人又は被補助人となるべき者が日本

に住所若しくは居所を有するとき又は日本の国籍を有するときは、日本法により、後見開始、保佐開始又は補助開始の審判（以下「後見開始の審判等」と総称する。）をすることができる。

（失踪の宣告）

第六条 裁判所は、不在者が生存していたと認められる最後の時点において、不在者が日本に住所を有していたとき又は日本の国籍を有していたときは、日本法により、失踪の宣告をすることができる。

2 前項に規定する場合に該当しないときであっても、裁判所は、不在者の財産が日本に在るときはその財産についてのみ、不在者に関する法律関係が日本法によるべきときその他法律関係の性質、当事者の住所又は国籍その他の事情に照らして日本に関係があるときはその法律関係についてのみ、日本法により、失踪の宣告をすることができる。

第二節　法律行為

（当事者による準拠法の選択）

第七条 法律行為の成立及び効力は、当事者が当該法律行為の当時に選択した地の法による。

（当事者による準拠法の選択がない場合）

第八条 前条の規定による選択がないときは、法律行為の成立及び効力は、当該法律行為の当時において当該法律行為に最も密接な関係がある地の法による。

2 前項の場合において、法律行為において特徴的な給付を当事者の一方のみが行うものであるときは、その給付を行う当事者の常居所地法（その当事者が当該法律行為に関係する事業所を有する場合にあっては当該事業所の所在地の法、その当事者が当該法律行為に関係する二以上の事業所で法を異にする地に所在するものを有する場合にあってはその主たる事業所の所在地の法）を当該法律行為に最も密接な関係がある地の法と推定する。

3 第一項の場合において、不動産を目的物とする法律行為については、前項の規定にかかわらず、その不動産の所在地法を当該法律行為に最も密接な関

係がある地の法と推定する。

　（当事者による準拠法の変更）

第九条　当事者は、法律行為の成立及び効力について適用すべき法を変更することができる。ただし、第三者の権利を害することとなるときは、その変更をその第三者に対抗することができない。

　（法律行為の方式）

第十条　法律行為の方式は、当該法律行為の成立について適用すべき法（当該法律行為の後に前条の規定による変更がされた場合にあっては、その変更前の法）による。

2　前項の規定にかかわらず、行為地法に適合する方式は、有効とする。

3　法を異にする地に在る者に対してされた意思表示については、前項の規定の適用に当たっては、その通知を発した地を行為地とみなす。

4　法を異にする地に在る者の間で締結された契約の方式については、前二項の規定は、適用しない。この場合においては、第一項の規定にかかわらず、申込みの通知を発した地の法又は承諾の通知を発した地の法のいずれかに適合する契約の方式は、有効とする。

5　前三項の規定は、動産又は不動産に関する物権及びその他の登記をすべき権利を設定し又は処分する法律行為の方式については、適用しない。

　（消費者契約の特例）

第十一条　消費者（個人（事業として又は事業のために契約の当事者となる場合におけるものを除く。）をいう。以下この条において同じ。）と事業者（法人その他の社団又は財団及び事業として又は事業のために契約の当事者となる場合における個人をいう。以下この条において同じ。）との間で締結される契約（労働契約を除く。以下この条において「消費者契約」という。）の成立及び効力について第七条又は第九条の規定による選択又は変更により適用すべき法が消費者の常居所地法以外の法である場合であっても、消費者がその常居所地法中の特定の強行規定を適用すべき旨の意思を事業者に対し表示したときは、当該消費者契約の成立及び効力に関しその強行規定の定める事項

については、その強行規定をも適用する。
2　消費者契約の成立及び効力について第七条の規定による選択がないときは、第八条の規定にかかわらず、当該消費者契約の成立及び効力は、消費者の常居所地法による。
3　消費者契約の成立について第七条の規定により消費者の常居所地法以外の法が選択された場合であっても、当該消費者契約の方式について消費者がその常居所地法中の特定の強行規定を適用すべき旨の意思を事業者に対し表示したときは、前条第一項、第二項及び第四項の規定にかかわらず、当該消費者契約の方式に関しその強行規定の定める事項については、専らその強行規定を適用する。
4　消費者契約の成立について第七条の規定により消費者の常居所地法が選択された場合において、当該消費者契約の方式について消費者が専らその常居所地法によるべき旨の意思を事業者に対し表示したときは、前条第二項及び第四項の規定にかかわらず、当該消費者契約の方式は、専ら消費者の常居所地法による。
5　消費者契約の成立について第七条の規定による選択がないときは、前条第一項、第二項及び第四項の規定にかかわらず、当該消費者契約の方式は、消費者の常居所地法による。
6　前各項の規定は、次のいずれかに該当する場合には、適用しない。
一　事業者の事業所で消費者契約に関係するものが消費者の常居所地と法を異にする地に所在した場合であって、消費者が当該事業所の所在地と法を同じくする地に赴いて当該消費者契約を締結したとき。ただし、消費者が、当該事業者から、当該事業所の所在地と法を同じくする地において消費者契約を締結することについての勧誘をその常居所地において受けていたときを除く。
二　事業者の事業所で消費者契約に関係するものが消費者の常居所地と法を異にする地に所在した場合であって、消費者が当該事業所の所在地と法を同じくする地において当該消費者契約に基づく債務の全部の履行を受けた

とき、又は受けることとされていたとき。ただし、消費者が、当該事業者から、当該事業所の所在地と法を同じくする地において債務の全部の履行を受けることについての勧誘をその常居所地において受けていたときを除く。

三　消費者契約の締結の当時、事業者が、消費者の常居所を知らず、かつ、知らなかったことについて相当の理由があるとき。

四　消費者契約の締結の当時、事業者が、その相手方が消費者でないと誤認し、かつ、誤認したことについて相当の理由があるとき。

（労働契約の特例）

第十二条　労働契約の成立及び効力について第七条又は第九条の規定による選択又は変更により適用すべき法が当該労働契約に最も密接な関係がある地の法以外の法である場合であっても、労働者が当該労働契約に最も密接な関係がある地の法中の特定の強行規定を適用すべき旨の意思を使用者に対し表示したときは、当該労働契約の成立及び効力に関しその強行規定の定める事項については、その強行規定をも適用する。

2　前項の規定の適用に当たっては、当該労働契約において労務を提供すべき地の法（その労務を提供すべき地を特定することができない場合にあっては、当該労働者を雇い入れた事業所の所在地の法。次項において同じ。）を当該労働契約に最も密接な関係がある地の法と推定する。

3　労働契約の成立及び効力について第七条の規定による選択がないときは、当該労働契約の成立及び効力については、第八条第二項の規定にかかわらず、当該労働契約において労務を提供すべき地の法を当該労働契約に最も密接な関係がある地の法と推定する。

第三節　物権等

（物権及びその他の登記をすべき権利）

第十三条　動産又は不動産に関する物権及びその他の登記をすべき権利は、その目的物の所在地法による。

2　前項の規定にかかわらず、同項に規定する権利の得喪は、その原因となる

事実が完成した当時におけるその目的物の所在地法による。

第四節　債　権

（事務管理及び不当利得）
第十四条　事務管理又は不当利得によって生ずる債権の成立及び効力は、その原因となる事実が発生した地の法による。

（明らかにより密接な関係がある地がある場合の例外）
第十五条　前条の規定にかかわらず、事務管理又は不当利得によって生ずる債権の成立及び効力は、その原因となる事実が発生した当時において当事者が法を同じくする地に常居所を有していたこと、当事者間の契約に関連して事務管理が行われ又は不当利得が生じたことその他の事情に照らして、明らかに同条の規定により適用すべき法の属する地よりも密接な関係がある他の地があるときは、当該他の地の法による。

（当事者による準拠法の変更）
第十六条　事務管理又は不当利得の当事者は、その原因となる事実が発生した後において、事務管理又は不当利得によって生ずる債権の成立及び効力について適用すべき法を変更することができる。ただし、第三者の権利を害することとなるときは、その変更をその第三者に対抗することができない。

（不法行為）
第十七条　不法行為によって生ずる債権の成立及び効力は、加害行為の結果が発生した地の法による。ただし、その地における結果の発生が通常予見することのできないものであったときは、加害行為が行われた地の法による。

（生産物責任の特例）
第十八条　前条の規定にかかわらず、生産物（生産され又は加工された物をいう。以下この条において同じ。）で引渡しがされたものの瑕疵により他人の生命、身体又は財産を侵害する不法行為によって生ずる生産業者（生産物を業として生産し、加工し、輸入し、輸出し、流通させ、又は販売した者をいう。以下この条において同じ。）又は生産物にその生産業者と認めることができる

表示をした者（以下この条において「生産業者等」と総称する。）に対する債権の成立及び効力は、被害者が生産物の引渡しを受けた地の法による。ただし、その地における生産物の引渡しが通常予見することのできないものであったときは、生産業者等の主たる事業所の所在地の法（生産業者等が事業所を有しない場合にあっては、その常居所地法）による。

（名誉又は信用の毀損の特例）

第十九条　第十七条の規定にかかわらず、他人の名誉又は信用を毀損する不法行為によって生ずる債権の成立及び効力は、被害者の常居所地法（被害者が法人その他の社団又は財団である場合にあっては、その主たる事業所の所在地の法）による。

（明らかにより密接な関係がある地がある場合の例外）

第二十条　前三条の規定にかかわらず、不法行為によって生ずる債権の成立及び効力は、不法行為の当時において当事者が法を同じくする地に常居所を有していたこと、当事者間の契約に基づく義務に違反して不法行為が行われたことその他の事情に照らして、明らかに前三条の規定により適用すべき法の属する地よりも密接な関係がある他の地があるときは、当該他の地の法による。

（当事者による準拠法の変更）

第二十一条　不法行為の当事者は、不法行為の後において、不法行為によって生ずる債権の成立及び効力について適用すべき法を変更することができる。ただし、第三者の権利を害することとなるときは、その変更をその第三者に対抗することができない。

（不法行為についての公序による制限）

第二十二条　不法行為について外国法によるべき場合において、当該外国法を適用すべき事実が日本法によれば不法とならないときは、当該外国法に基づく損害賠償その他の処分の請求は、することができない。

2　不法行為について外国法によるべき場合において、当該外国法を適用すべき事実が当該外国法及び日本法により不法となるときであっても、被害者は、日本法により認められる損害賠償その他の処分でなければ請求するこ とがで

きない。

（債権の譲渡）

第二十三条　債権の譲渡の債務者その他の第三者に対する効力は、譲渡に係る債権について適用すべき法による。

第五節　親　族

（婚姻の成立及び方式）

第二十四条　婚姻の成立は、各当事者につき、その本国法による。

2　婚姻の方式は、婚姻挙行地の法による。

3　前項の規定にかかわらず、当事者の一方の本国法に適合する方式は、有効とする。ただし、日本において婚姻が挙行された場合において、当事者の一方が日本人であるときは、この限りでない。

（婚姻の効力）

第二十五条　婚姻の効力は、夫婦の本国法が同一であるときはその法により、その法がない場合において夫婦の常居所地法が同一であるときはその法により、そのいずれの法もないときは夫婦に最も密接な関係がある地の法による。

（夫婦財産制）

第二十六条　前条の規定は、夫婦財産制について準用する。

2　前項の規定にかかわらず、夫婦が、その署名した書面で日付を記載したものにより、次に掲げる法のうちいずれの法によるべきかを定めたときは、夫婦財産制は、その法による。この場合において、その定めは、将来に向かってのみその効力を生ずる。

　一　夫婦の一方が国籍を有する国の法

　二　夫婦の一方の常居所地法

　三　不動産に関する夫婦財産制については、その不動産の所在地法

3　前二項の規定により外国法を適用すべき夫婦財産制は、日本においてされた法律行為及び日本に在る財産については、善意の第三者に対抗することができない。この場合において、その第三者との間の関係については、夫婦財

産制は、日本法による。

4　前項の規定にかかわらず、第一項又は第二項の規定により適用すべき外国法に基づいてされた夫婦財産契約は、日本においてこれを登記したときは、第三者に対抗することができる。

（離婚）

第二十七条　第二十五条の規定は、離婚について準用する。ただし、夫婦の一方が日本に常居所を有する日本人であるときは、離婚は、日本法による。

（嫡出である子の親子関係の成立）

第二十八条　夫婦の一方の本国法で子の出生の当時におけるものにより子が嫡出となるべきときは、その子は、嫡出である子とする。

2　夫が子の出生前に死亡したときは、その死亡の当時における夫の本国法を前項の夫の本国法とみなす。

（嫡出でない子の親子関係の成立）

第二十九条　嫡出でない子の親子関係の成立は、父との間の親子関係については子の出生の当時における父の本国法により、母との間の親子関係についてはその当時における母の本国法による。この場合において、子の認知による親子関係の成立については、認知の当時における子の本国法によればその子又は第三者の承諾又は同意があることが認知の要件であるときは、その要件をも備えなければならない。

2　子の認知は、前項前段の規定により適用すべき法によるほか、認知の当時における認知する者又は子の本国法による。この場合において、認知する者の本国法によるときは、同項後段の規定を準用する。

3　父が子の出生前に死亡したときは、その死亡の当時における父の本国法を第一項の父の本国法とみなす。前項に規定する者が認知前に死亡したときは、その死亡の当時におけるその者の本国法を同項のその者の本国法とみなす。

（準正）

第三十条　子は、準正の要件である事実が完成した当時における父若しくは母又は子の本国法により準正が成立するときは、嫡出子の身分を取得する。

2　前項に規定する者が準正の要件である事実の完成前に死亡したときは、その死亡の当時におけるその者の本国法を同項のその者の本国法とみなす。

（養子縁組）

第三十一条　養子縁組は、縁組の当時における養親となるべき者の本国法による。この場合において、養子となるべき者の本国法によればその者若しくは第三者の承諾若しくは同意又は公的機関の許可その他の処分があることが養子縁組の成立の要件であるときは、その要件をも備えなければならない。

2　養子とその実方の血族との親族関係の終了及び離縁は、前項前段の規定により適用すべき法による。

（親子間の法律関係）

第三十二条　親子間の法律関係は、子の本国法が父又は母の本国法（父母の一方が死亡し、又は知れない場合にあっては、他の一方の本国法）と同一である場合には子の本国法により、その他の場合には子の常居所地法による。

（その他の親族関係等）

第三十三条　第二十四条から前条までに規定するもののほか、親族関係及びこれによって生ずる権利義務は、当事者の本国法によって定める。

（親族関係についての法律行為の方式）

第三十四条　第二十五条から前条までに規定する親族関係についての法律行為の方式は、当該法律行為の成立について適用すべき法による。

2　前項の規定にかかわらず、行為地法に適合する方式は、有効とする。

（後見等）

第三十五条　後見、保佐又は補助（以下「後見等」と総称する。）は、被後見人、被保佐人又は被補助人（次項において「被後見人等」と総称する。）の本国法による。

2　前項の規定にかかわらず、外国人が被後見人等である場合であって、次に掲げるときは、後見人、保佐人又は補助人の選任の審判その他の後見等に関する審判については、日本法による。

一　当該外国人の本国法によればその者について後見等が開始する原因があ

る場合であって、日本における後見等の事務を行う者がないとき。

二　日本において当該外国人について後見開始の審判等があったとき。

第六節　相　続

（相続）

第三十六条　相続は、被相続人の本国法による。

（遺言）

第三十七条　遺言の成立及び効力は、その成立の当時における遺言者の本国法による。

2　遺言の取消しは、その当時における遺言者の本国法による。

第七節　補　則

（本国法）

第三十八条　当事者が二以上の国籍を有する場合には、その国籍を有する国のうちに当事者が常居所を有する国があるときはその国の法を、その国籍を有する国のうちに当事者が常居所を有する国がないときは当事者に最も密接な関係がある国の法を当事者の本国法とする。ただし、その国籍のうちのいずれかが日本の国籍であるときは、日本法を当事者の本国法とする。

2　当事者の本国法によるべき場合において、当事者が国籍を有しないときは、その常居所地法による。ただし、第二十五条（第二十六条第一項及び第二十七条において準用する場合を含む。）及び第三十二条の規定の適用については、この限りでない。

3　当事者が地域により法を異にする国の国籍を有する場合には、その国の規則に従い指定される法（そのような規則がない場合にあっては、当事者に最も密接な関係がある地域の法）を当事者の本国法とする。

（常居所地法）

第三十九条　当事者の常居所地法によるべき場合において、その常居所が知れないときは、その居所地法による。ただし、第二十五条（第二十六条第一項

及び第二十七条において準用する場合を含む。）の規定の適用については、この限りでない。

（人的に法を異にする国又は地の法）
第四十条　当事者が人的に法を異にする国の国籍を有する場合には、その国の規則に従い指定される法（そのような規則がない場合にあっては、当事者に最も密接な関係がある法）を当事者の本国法とする。

2　前項の規定は、当事者の常居所地が人的に法を異にする場合における当事者の常居所地法で第二十五条（第二十六条第一項及び第二十七条において準用する場合を含む。）、第二十六条第二項第二号、第三十二条又は第三十八条第二項の規定により適用されるもの及び夫婦に最も密接な関係がある地が人的に法を異にする場合における夫婦に最も密接な関係がある地の法について準用する。

（反致）
第四十一条　当事者の本国法によるべき場合において、その国の法に従えば日本法によるべきときは、日本法による。ただし、第二十五条（第二十六条第一項及び第二十七条において準用する場合を含む。）又は第三十二条の規定により当事者の本国法によるべき場合は、この限りでない。

（公序）
第四十二条　外国法によるべき場合において、その規定の適用が公の秩序又は善良の風俗に反するときは、これを適用しない。

（適用除外）
第四十三条　この章の規定は、夫婦、親子その他の親族関係から生ずる扶養の義務については、適用しない。ただし、第三十九条本文の規定の適用については、この限りでない。

2　この章の規定は、遺言の方式については、適用しない。ただし、第三十八条第二項本文、第三十九条本文及び第四十条の規定の適用については、この限りでない。

附　則　抄

（施行期日）
第一条　この法律は、公布の日から起算して一年を超えない範囲内において政令で定める日から施行する。

（経過措置）
第二条　改正後の法の適用に関する通則法（以下「新法」という。）の規定は、次条の規定による場合を除き、この法律の施行の日（以下「施行日」という。）前に生じた事項にも適用する。
第三条　施行日前にされた法律行為の当事者の能力については、新法第四条の規定にかかわらず、なお従前の例による。
2　施行日前にされた申立てに係る後見開始の審判等及び失踪の宣告については、新法第五条及び第六条の規定にかかわらず、なお従前の例による。
3　施行日前にされた法律行為の成立及び効力並びに方式については、新法第八条から第十二条までの規定にかかわらず、なお従前の例による。
4　施行日前にその原因となる事実が発生した事務管理及び不当利得並びに施行日前に加害行為の結果が発生した不法行為によって生ずる債権の成立及び効力については、新法第十五条から第二十一条までの規定にかかわらず、なお従前の例による。
5　施行日前にされた債権の譲渡の債務者その他の第三者に対する効力については、新法第二十三条の規定にかかわらず、なお従前の例による。
6　施行日前にされた親族関係（改正前の法例第十四条から第二十一条までに規定する親族関係を除く。）についての法律行為の方式については、新法第三十四条の規定にかかわらず、なお従前の例による。
7　施行日前にされた申立てに係る後見人、保佐人又は補助人の選任の審判その他の後見等に関する審判については、新法第三十五条第二項の規定にかかわらず、なお従前の例による。

【資料3】国際私法の現代化に関する要綱中間試案
(平成16年3月29日　法務省資料)

(前注1) 本試案は、現行法例中の国際私法規定に関し、内容的な改正を行う部分のみを掲げたものであり、本試案で新設・改正が提案されていない条文についても、現代語化（平仮名口語体化）を図る。なお、本試案中の条文の引用は、現行法例のものである。

(前注2) 国際裁判管轄、外国判決の承認等の国際民事手続法に関連する事項としては、現行法に規定があると解されている失踪宣告及び後見開始の審判等の国際裁判管轄のみを検討の対象とした。

(前注3) 掲げられた提案の順序は、審議会における意見の多寡を示すものではない。

第1　自然人の能力に関する準拠法（第3条）

(注) 自然人の能力を本国法によらしめる第3条第1項の原則は、維持する前提である。

1　自然人の行為能力に関する取引保護規定（第3条第2項）

A1案

日本でされた法律行為のみを取引保護の対象とする第3条第2項の規定を改め、すべての当事者が同一法域内に所在するときにされた法律行為については、当該法律行為をした者が本国法によれば行為能力の制限を受けている者である場合であっても、行為地法によれば行為能力者であるときは、その者を行為能力者とみなすものとする。

A2案

A1案によるが、法律行為の相手方が、その法律行為の当時、当該法律行為をした者が本国法によれば行為能力の制限を受けている者であることを知り、又は過失によって知らなかったときは、取引保護規定を適用しないものとする。

B　案

第3条第2項の規定は、すべての当事者が日本に所在するときにされた法律行為にのみ適用するものとする。

2 取引保護規定の適用除外（第3条第3項）

親族法又は相続法の規定によるべき法律行為及び外国に所在する不動産に関する法律行為を第3条第2項の取引保護規定の適用対象から除外する同条第3項の規定を改め、外国に所在する不動産に関する法律行為については同条第2項の取引保護規定の適用対象とするものとする。

第2 後見開始の審判等の国際裁判管轄及び準拠法（第4条、第5条）

1 後見開始の審判等の国際裁判管轄

裁判所は、以下の場合（B案及びC案においては、いずれかの場合）には、後見開始の審判をすることができるものとする。

A 案

　成年被後見人が日本に［常居所／住所］又は居所を有する場合

B 案

　a　成年被後見人が日本に［常居所／住所］又は居所を有する場合

　b　成年被後見人の財産が日本に所在する場合

C 案

　a　成年被後見人が日本に［常居所／住所］又は居所を有する場合

　b　成年被後見人が日本の国籍を有する場合

　c　成年被後見人の財産が日本に所在する場合

（注1）保佐開始の審判及び補助開始の審判の国際裁判管轄についても同様の規律とする。

（注2）A案、B案a及びC案aにおいて、［常居所／住所］とあるのは、管轄原因を常居所又は住所のいずれかに定める趣旨であるが、この点については、なお検討する。

（注3）外国でされた後見開始の審判等の承認に関する規律については、解釈にゆだねることとする（前注2参照）。

2 後見開始の審判等の準拠法

後見開始の審判の原因及び効力は、日本の法律によるものとする。

（注）保佐開始の審判及び補助開始の審判の準拠法についても、同様の規律とする。

第3 失踪宣告の国際裁判管轄及び準拠法（第6条）

裁判所は、以下のいずれかの場合には、日本の法律によって失踪宣告をすることができるものとする。ただし、失踪宣告の効力は、ｃを管轄原因とする場合には日本に所在する不在者の財産に、ｄを管轄原因とする場合には日本に関係する不在者に係る法律関係に、それぞれ限定されるものとする。

  a 不在者が生存していたとされる最後の時点において日本の国籍を有していた場合

  b 不在者が生存していたとされる最後の時点において日本に［常居所／住所］を有していた場合

  c 不在者の財産が日本に所在する場合

  d 不在者に係る法律関係が日本に関係する場合

（注1）ｂにおいて、［常居所／住所］とあるのは、管轄原因を常居所又は住所のいずれかに定める趣旨であるが、この点については、なお検討する。

（注2）外国でされた失踪宣告の承認に関する規律については、解釈にゆだねることとする（前注2参照）。

第4 法律行為の成立及び効力に関する準拠法（第7条、第9条）

（注）法律行為の成立及び効力を当事者によって選択された準拠法によらしめる第7条第1項の原則は、維持する前提である。

1 分割指定

A 案

当事者は、法律行為の一部分について、他の部分とは異なる準拠法を選択することができる旨の規定を設ける。

B 案

法律行為の準拠法の分割指定に関しては、特段の規定を設けず、解釈にゆだねることとする。

2 準拠法選択の有効性

(1) 準拠法選択の有効性の基準

A 案

当事者による準拠法選択の有効性は、その選択が仮に有効であるとした場合に法律行為に適用されるべき法律によって判断する旨の規定を設ける。

B 案

当事者による準拠法選択の有効性に関しては、特段の規定を設けず、解釈にゆだねることとする。

(2) 準拠法選択における黙示の意思

A 案

当事者による準拠法選択は、明示的であるか又は法律行為その他これに関する事情から一義的に明らかなものでなければならないものとする。

B 案

黙示の意思による準拠法選択に関する特段の規定は設けない。

3 当事者による準拠法選択がされていない場合の連結政策（第7条第2項、第9条）

ア 当事者による準拠法選択がされていない場合の法律行為の成立及び効力は、法律行為に最も密接に関係する地の法律によるものとする。

イ 法律行為について、その種類の法律行為に固有の給付を一方当事者のみが行う場合には、当該給付を行う者の常居所地法（その者が当該法律行為に関係する事業所を有する場合にあっては、その事業所の所在地の法律（当該法律行為が異なる法域に所在する複数の事業所に関係するときは、主たる事業所の所在地の法律））を法律行為に最も密接に関係する地の法律と推定するものとする。

ウ　不動産を目的とする法律行為については、イにかかわらず、不動産の所在地法を法律行為に最も密接に関係する地の法律と推定するものとする。

　エ(ア)　労働契約については、イにかかわらず、労務供給地（労務供給地が一義的に定まらない場合にあっては、労働者が雇い入れられた事業所の所在地）の法律を労働契約に最も密接に関係する地の法律と推定するものとする。

　（イ）　(ア)の労働契約とは、労働者（労務の供給をする者をいう。）が使用者（労務の供給を受ける者をいう。）に対しその指揮監督に服して労務を供給し、その対価として報酬を得る旨の契約をいうものとする。

（注）　異なる法域に所在する者の間の法律行為の行為地の決定に関する第9条は、第7条第2項の行為地の決定についてのみ適用されると解されており、前記のとおり行為地を連結点としない場合には、第9条は削除することとなる。

4　準拠法の事後的変更

A　案

　当事者は、法律行為の準拠法を遡及的又は将来的に変更することができるが、その変更は、法律行為の方式上の有効性に影響を与え［ず、また、第三者の権利を害することはでき］ない旨の規定を設ける。

（注）　［　］内の文言を除いた規定を設ける場合は、準拠法の事後的変更が第三者の権利に影響するときの取扱いは、解釈にゆだねられることになる。

B　案

　準拠法の事後的変更に関しては、特段の規定を設けず、解釈にゆだねることとする。

5　消費者契約に関する消費者保護規定

A　案

　ア　契約の成立及び効力について当事者による準拠法選択がされた場合であっても、その契約が消費者契約であって、当該契約の成立（方式を含

む。）及び効力に関して消費者がその常居所地法上の強行規定に基づく特定の効果を主張したときは、当該主張に係る強行規定が適用されるものとする。

イ　当事者による準拠法選択がされていない場合の消費者契約の成立（方式を含む。）及び効力は、3ア及び第5にかかわらず、消費者の常居所地法によるものとする。

ウ　ア及びイの消費者契約とは、消費者（事業として又は事業のために契約の当事者となる場合を除く個人をいう。）と事業者（法人その他の社団若しくは財団又は事業として若しくは事業のために契約の当事者となる場合における個人をいう。）との間の、労働契約を除く契約をいうものとする。

エ　ア及びイの消費者保護規定は、以下のいずれかの場合には、適用しないものとする。

　　a　事業者の事業所が、消費者が常居所を有する法域と異なる法域に所在する場合で、消費者が当該事業所の所在する法域において契約を締結したとき。ただし、消費者が、その常居所を有する法域において、事業者から、当該事業所の所在する法域における契約の締結についての誘引を受けた場合を除く。

　　b　事業者の事業所が、消費者が常居所を有する法域と異なる法域に所在する場合で、消費者が当該事業所の所在する法域において契約の履行のすべてを受けたとき、又は受けるべきであったとき。ただし、消費者が、その常居所を有する法域において、事業者から、当該事業所の所在する法域において履行のすべてを受けることについての誘引を受けた場合を除く。

　　c　事業者が、消費者がどの法域に常居所を有するかを知らず、かつ、知らなかったことについて相当の理由がある場合

　　d　事業者が、契約の相手方を消費者でないと誤認しており、誤認につき相当の理由がある場合

（注）A案エのa及びbのただし書に関し、いかなる場合に事業者からの「誘引」があったといえるかという点については、なお検討するものとする。

B 案

消費者契約に関する特段の消費者保護規定は設けない。

（注）いずれの提案によっても、消費者保護に関する法廷地の絶対的強行法規が契約準拠法のいかんにかかわらず適用されるとの解釈は否定されない。

6　労働契約に関する労働者保護規定

A 案

契約の成立及び効力について当事者による準拠法選択がされた場合であっても、その契約が労働契約であって、当該契約の成立及び効力に関して労働者が当該契約に最も密接に関係する地の法律上の強行規定に基づく特定の効果を主張したときは、当該主張に係る強行規定が適用されるものとする。

（注1）労働契約は、前記3エ（イ）と同様の定義とする。

（注2）A案における「最も密接に関係する地の法律」としては、前記3エ（ア）に従い、労務供給地（労務供給地が一義的に定まらない場合にあっては、労働者が雇い入れられた事業所の所在地）の法律が推定されるものとする。

B 案

労働契約に関する特段の労働者保護規定は設けない。

（注）いずれの提案によっても、労働者保護に関する法廷地の絶対的強行法規が契約準拠法のいかんにかかわらず適用されるとの解釈は否定されない。

第5　法律行為の方式に関する準拠法（第8条）

1　法律行為の方式に関する準拠法（第8条第1項）

法律行為の方式を当該法律行為の効力を定める法律によらしめる第8条第1項を改め、法律行為の方式は、当該法律行為の成立を定める法律によるものとする。

（注1）行為地法による法律行為の方式を有効とする第8条第2項は、維持するものとする。

（注2）前記のとおり第8条第1項が改められた場合には、親族関係についての法律行

為の方式に関する第22条と内容が一致することとなるところ、条文上、併せて規定するか分けて規定するかは、なお検討する。

2 異なる法域に所在する者の間で行われる法律行為

(1) 異なる法域に所在する者に対する意思表示

異なる法域に所在する者に対する意思表示については、その発信地を行為地とみなすものとする。

(2) 異なる法域に所在する者の間で締結される契約

異なる法域に所在する者の間で締結される契約の方式は、申込地又は承諾地の法律によることができるものとする。

（注）本提案は、契約の申込地と承諾地が異なる場合について、第8条第2項の特則として、規定するものである。

第6 物権等に関する準拠法（第10条）

A 案

物権等について、第10条第1項又は第2項の規定により適用すべき法律が属する法域よりも明らかにより密接な関係を有する他の法域がある場合には、その法域の法律によるものとする。

B 案

例外条項は設けない。

（注）物権等を目的物の所在地法によらしめる第10条第1項及び第2項の原則は、維持する前提である。

第7 法定債権の成立及び効力に関する準拠法（第11条）

1 不法行為、事務管理又は不当利得の原則的連結政策

(1) 不法行為の原則的連結政策

A 案

不法行為によって生ずる債権の成立及び効力は、侵害の結果が発生した地の法律によるものとする。
（注）A案が採用された場合であっても、後記4(1)の例外条項が採用されたときは、例外条項の解釈・適用によって、B案と同様の結論となる場合もあり得る。

B　案

不法行為によって生ずる債権の成立及び効力は、侵害の結果が発生した地の法律によるが、加害者がその地における侵害の結果の発生を予見できず、かつ、予見できなかったことについて過失がないときは、加害行為がされた地の法律によるものとする。

(2)　事務管理又は不当利得の原則的連結政策

事務管理又は不当利得によって生ずる債権の成立及び効力は、その原因である事実が発生した地の法律によるものとする。
（注）不法行為、事務管理又は不当利得によって生ずる債権の成立及び効力を、法定債権として一括して原因事実発生地法によらしめる現行法の規律を、事務管理及び不当利得については維持するものである。

2　不法行為、事務管理又は不当利得の当事者の常居所地法が同一である場合
(1)　不法行為の当事者の常居所地法が同一である場合

A　案

不法行為によって生ずる債権の成立及び効力は、当事者の常居所地法（当事者が当該不法行為に関係する事業所を有する場合にあっては、その事業所の所在地の法律）が同一であるときは、その法律によるものとする。
（注）A案が採用された場合には、前記1(1)の原則的連結政策に優先して適用される。

B　案

不法行為の当事者の常居所地法が同一であるときに関する特段の規定は設けない。
（注）B案が採用された場合であっても、後記4(1)の例外条項が採用されたときは、例外条項の解釈・適用によって、A案と同様の結論となる場合もあり得る。

(2) **事務管理又は不当利得の当事者の常居所地法が同一である場合**

不法行為と同様の規律とする。

3 **不法行為、事務管理又は不当利得が当事者間の法律関係に関係する場合**
(1) **不法行為が当事者間の法律関係に関係する場合**
A 案

不法行為によって生ずる債権の成立及び効力は、不法行為が当事者間の法律関係に関係してされたときは、その法律関係の準拠法によるものとする。

(注) A案が採用された場合には、前記1(1)の原則的連結政策及び前記2(1)の当事者の常居所地法が同一である場合の規律に優先して適用される。

B 案

不法行為が当事者間の法律関係に関係してされたときに関する特段の規定は設けない。

(注) B案が採用された場合であっても、後記4(1)の例外条項が採用されたときは、例外条項の解釈・適用によって、A案と同様の結論となる場合もあり得る。

(2) **事務管理又は不当利得が当事者間の法律関係に関係する場合**

不法行為と同様の規律とする。

4 **例外条項**
(1) **不法行為**

不法行為によって生ずる債権の成立及び効力について、前記1から3までの各(1)により適用すべき法律が属する法域よりも明らかにより密接な関係を有する他の法域がある場合には、その法域の法律によるものとする。

(2) **事務管理又は不当利得**

不法行為と同様の規律とする。

5 **当事者自治**
(1) **不法行為**

ア　当事者は、不法行為が発生した後に、それによって生ずる債権の成立及び効力について、準拠法を選択することができるものとする。

イ　準拠法選択の有効性及び準拠法の事後的変更については、法律行為における準拠法選択の有効性及び準拠法の事後的変更と同様の規律とするものとする。

（注１）本規律は、前記１(1)の原則的連結政策、２(1)の当事者の常居所地法が同一である場合の規律、３(1)の当事者間の法律関係に関係する場合の規律及び４(1)の例外条項に優先して適用される。

（注２）イに関し、法律行為における準拠法選択の有効性（第４・２）及び準拠法の事後的変更（第４・４）についてＢ案が採用され、ここでも規定を設けないこととされたとしても、アの規定は設ける趣旨である。

(2)　**事務管理又は不当利得**

不法行為と同様の規律とする。

6　特別留保条項（第11条第２項、第３項）

Ａ　案

第11条第２項及び第３項を維持する。

Ｂ１案

第11条第３項は維持するが、第２項は削除する。

Ｂ２案

第11条第２項及び第３項を削除する。

（注）特別留保条項が維持された場合には、前記１から５までの各(1)及び後記７によって決定される準拠法のいかんにかかわらず、不法行為によって生ずる債権の成立及び効力は、日本の法律が認める範囲に限定されることとなる。

7　個別的不法行為

(1)　**生産物責任に関する準拠法**

Ａ　案

生産物の瑕疵により人の生命、身体又は財産を侵害する不法行為によって生ずる生産業者等に対する債権の成立及び効力は、生産物が取得された地の法律によるが、生産業者等がその地における同種の生産物の取得を予見できず、かつ、予見できなかったことについて過失がないときは、生産業者等の事業所の所在地の法律（生産業者等が複数の事業所を有するときは、主たる事業所の所在地の法律）によるものとする。

（注1）「生産物」とは、生産された物一般を意味し、製造物責任法（平成6年法律第85号）にいう「製造物」より広い概念である。

（注2）「生産業者」とは、生産物を業として生産し、加工し、流通させ、又は販売した者を意味し、「生産業者等」とは、生産業者及び生産業者として氏名、商号、商標その他の表示をした者を意味する。

（注3）Ａ案の規律は、前記1(1)の原則的連結政策に代替するものであり、前記2から5までの各(1)の規律との関係は、すべて前記1(1)と同様とする。

Ｂ　案

　生産物責任に関する特段の規定は設けない。

（注）Ｂ案が採用された場合であっても、前記4(1)の例外条項が採用されたときは、例外条項の解釈・適用によって、Ａ案と同様の結論となる場合もあり得る。

(2)　**名誉又は信用の毀損に関する準拠法**

Ａ　案

　他人の名誉又は信用を毀損する不法行為によって生ずる債権の成立及び効力は、被害者の常居所地法（被害者が法人その他の社団又は財団である場合にあっては、その事業所の所在地の法律（被害者が複数の事業所を有するときは、主たる事業所の所在地の法律））によるものとする。

（注）Ａ案の規律は、前記1(1)の原則的連結政策に代替するものであり、前記2から5までの各(1)の規律との関係は、すべて前記1(1)と同様とする。

Ｂ　案

　名誉又は信用の毀損に関する特段の規定は設けない。

（注）Ｂ案が採用された場合であっても、前記4(1)の例外条項が採用されたときは、例

外条項の解釈・適用によって、Ａ案と同様の結論となる場合もあり得る。

第8　債権譲渡等に関する準拠法（第12条）

（注）債権質の成立及び当事者間における効力並びに債権質の第三債務者及び第三者に対する効力につき、債権譲渡と同様に規律する旨の規定を設けるとの考え方もあり、この点については、今後なお検討する。

1　債権譲渡の成立及び当事者間の効力
Ａ　案
　債権譲渡の成立及び当事者間における効力は、譲渡の対象となる債権の準拠法による旨の規定を設ける。
Ｂ　案
　債権譲渡の成立及び当事者間における効力に関しては、特段の規定を設けず、解釈にゆだねることとする。

（注）ここでいう債権譲渡とは、債権的な原因行為から区別された債権の移転を目的とする処分行為を意味する。

2　債務者に対する効力
　債権譲渡の債務者に対する効力は、譲渡の対象となる債権の準拠法によるものとする。

3　第三者に対する効力
Ａ　案
　債権譲渡の第三者に対する効力は、譲渡の対象となる債権の準拠法によるものとする。
Ｂ　案
　債権譲渡の第三者に対する効力は、譲渡人の常居所地法（譲渡人が当該債権譲渡に関係する事業所を有する場合にあっては、その事業所の所在地の法律）

によるものとする。
（注1）現行法の下では、第12条の「第三者」とは債務者を含む第三者をいうと一般的に解されているが、本提案における「第三者」には、債務者は含めていない。
（注2）B案において、譲渡人が事業所を有する場合にあっては、債権譲渡と事業所との関係にかかわらず、その事業所の所在地の法律（譲渡人が複数の事業所を有するときは、主たる事業所の所在地の法律）によるとの考え方もあり、今後なお検討する。

第9　親族関係の準拠法（第13条第3項ただし書、第16条ただし書）
A　案
婚姻の方式に関する第13条第3項ただし書を維持する。
B　案
婚姻の方式に関する第13条第3項ただし書を削除する。
（注）離婚に関する第16条ただし書は維持することとする。

第10　後見等（第24条、第25条）
外国人に対する後見について例外的に日本の法律が適用される場合を規定する第24条第2項の規定を改め、被後見人が外国人である場合について、以下に掲げるときは、裁判所による後見人の選任及びその効力は、日本の法律によるものとする。

　　a　被後見人の本国法によれば後見開始の原因がある場合であって、日本における後見の事務を行う者がいないとき
　　b　日本において被後見人に対する後見開始の審判があったとき
（注1）第24条第2項の「日本ニ住所又ハ居所ヲ有スル」との文言を削除し、また、日本の法律によるのは裁判所による後見人の選任及びその効力とするものである。
（注2）後見を被後見人の本国法によらしめる第24条第1項の原則は、維持する前提である。
（注3）保佐及び補助についても、同様の規律とする。

第11　総則（第29条、第32条）

1　住所地法の決定（第29条）

第29条を削除する。

（注）本試案（第4・3並びに第8・2及び3）に基づく改正がされ、住所地法を準拠法とする規定が法例上存在しなくなることを前提とする。

2　反致（第32条）

A　案　第32条を維持する。

B　案　第32条を削除する。

以　上

国際私法と銀行取引

索　引

索 引

索 引

あ

アクティブコンシューマー
 （能動的消費者）………… 62,65,66,71
遺言………………………… 140,152,153
遺言執行……………………………… 144
遺言の準拠法………………………… 146
遺言の方式…………………………… 146
遺言の方式に関する法律の抵触に関
 する条約………………………… 21,146
遺言の方式の準拠法に関する法律
 ………………………………… 21,146,152
遺言の連結点………………………… 146
遺産管理人…………………………… 151
遺産の分割…………………………… 143
異則主義……………………………… 124
一方的抵触規定…………………… 31,32
移動中の動産にかかる準拠法……… 129
移動動産にかかる物権の準拠法…… 130
インターネット…………………… 68,74

か

カードーローン…………………… 70〜74
カードリーダー事件………………… 102
海外送金……………………………… 89
会社分割……………………………… 191
加害行為が行われた地……… 82,84,85,91
加害行為の結果が発生した地…… 91,95
加害行為の結果が発生した地の法… 81
隠れた反致………………………… 164,165
瑕疵担保責任………………………… 62
合併…………………………………… 191

仮定的意思…………………………… 47
貨物の物権的効力…………………… 133
韓国国際私法……………… 168〜171,176,177
間接反致………………………… 162,163,173
勧誘…………………………… 66,68,71,74,76
棄権説………………………………… 165
旗国法主義…………………………… 134
擬似外国会社…………………… 182,183
規制改革・民間開放推進3か年計画… 109
狭義の反致…………………………… 161
強行規定……………………………… 64
暗闇への跳躍…………………… 27,126
グランカナリア事件………………… 67
血統主義………………………… 19,158
原因事実発生地法…………………… 81
権限外の行為の表見代理…………… 210
現実的意思…………………………… 47
原則的連結…………………………… 93
権利能力……………………………… 30
行為地法……………………………… 48
行為能力…………………………… 30,33,36
後見（人）…………………………… 39
後見開始の審判……………………… 37
公序…………………………… 27,72,101
国際裁判管轄…………………… 37,38,43
国際私法適用のプロセス…………… 13
国際私法独自説……………………… 18
国際私法の起源……………………… 10
国際私法の現代化に関する要綱…… 2
国際私法の制定の経緯……………… 2
国際私法の定義……………………… 3
国際私法の必要性…………………… 9
国際的判決調和説…………………… 166

国籍	19,145
戸籍の事務取扱い	21
個別化説	182
個別準拠法は総括準拠法を破る	142
コペルニクス的転換	12

さ

債権質	106,111
債権質の準拠法	116
債権質の第三者対抗要件の準拠法	117
債権譲渡	106,108,112
債権譲渡にかかる債務者	109
債権譲渡に関する第三者対抗要件にかかる準拠法	107,109
在日韓国人の相続の準拠法と反致	168,171
最密接関係地法	48,49
サヴィニー	11,12
市場地	94
実質法	5
失踪宣告	43
事務管理	99
重国籍	20,149
住所	21
重畳的適用	62,63
重層化説	181
準拠法	4
準拠法説	18,24
準拠法の事後的変更	100,105
準物権行為の準拠法	107
渉外的私法関係	3,7,9
消極的抵触	160
常居所	21,145

消費者（契約）	61,63
消費者契約の成立、効力	61
消費者契約の特例	61,67,69,70,71
消費者契約の特例の適用除外規定	65
消費者契約法	63
消費貸借契約説	53
侵害結果発生地	81
シンジケート・ローン	86
スタトゥータ	10
生産物責任	94
生産物責任にかかる準拠法	93
製造物（製造物責任法）	94
生地主義	19,148
積極的抵触	159
設立準拠法説	180,181
先決問題	23
選択的適用	19
セントロス社事件	194
船舶、航空機	134
船舶先取特権	134,135
船舶抵当権	134,135
総括指定説	165
相殺	74,106,111,119,120
相続	140,141
相続財産の移転	142
相続財産の管理	144
相続統一主義	140,141
相続人の不存在	144
相続の開始時期	141
相続の準拠法	152
相続の承認および放棄	143
相続の連結点	144
相続分、寄与分および遺留分	143

索 引

相続分割主義……………………… 140,151
双方的抵触規定…………………… 31,32,34

た

対象債権の準拠法………………… 110,114
代理……………………………… 199,204
代理人と相手方の関係…………… 201
代理人の営業所在地……………… 212
ダブル・アクショナリビリティ・
　ルール………………………… 101
単位法律関係……………………… 13,14
段階的適用………………………… 19
担保物権…………………………… 128
通則法4条2項の類推適用……… 210
定期預金契約……………………… 70
定期預金契約の準拠法…………… 115
抵触法……………………………… 5
手形割引…………………………… 51,57
適応問題…………………………… 25,26,98
デフォルトルール………………… 47,56
転致………………………………… 162
当事者自治………………………… 102
当事者による準拠法の選択……… 45
当事者による準拠法の変更……… 99
当事者の準拠法選択がない場合の
　対応…………………………… 56
同則主義…………………………… 125
特徴的給付の理論………………… 50〜55,57
特別留保条項……………………… 101
トリプトファン事件……………… 105

な

内縁者（特別縁故者）…………… 150
内国適用拡大説…………………… 166
内国取引保護規定………………… 31
二重反致…………………………… 163,164
任意代理………………………… 200,201,203
認許………………………………… 179,182
年齢………………………………… 5
能力外の原則（Ultra vires rule）… 188

は

ハーグ国際私法会議……………… 12
ハーグ条約………………………… 11
ハーグ代理準拠法条約…………… 199,214
売買契約説………………………… 53
配分的適用………………………… 19
バルクセール……………………… 110
バルトルス………………………… 10
反致（反致主義）………………… 159,160
被相続人による準拠法選択……… 146
ファルゴ事件……………………… 174
附従連結…………………………… 98
物権………………………………… 124
物権的渉外問題…………………… 125
物権的請求権……………………… 127
不動産……………………………… 54
不当利得…………………………… 99
船荷証券………………………… 131,132,133
部分反致…………………………… 172
不法行為の準拠法（一般原則）……81
不法行為の準拠法（例外的規定）……93
法規分類説………………………… 10

索引

法人格のない社団・財団 …… 184	明示的意思 …… 46
法人格否認（法人格否認の法理）…… 189,190	名誉・信用毀損にかかる準拠法 … 95,96
法人の権利能力 …… 184	メールオーダー …… 68
法人の従属法 …… 183	黙示の意思 …… 45,46,48,56
法人の準拠法 …… 179	黙示の合意 …… 69
法人の設立 …… 183	目的物の所在地法 …… 126,130,136
法人の代表権の有無 …… 184	モザイク理論 …… 104
法性決定 …… 13,14,16,18	
法性決定の原理 …… 18	**や**
法定代理 …… 200	約定担保物権 …… 129
法定担保物権 …… 128	予見可能性 …… 82,91
法廷地漁り …… 9	
法廷地法（法廷地法説）…… 18,23,136	**ら**
法の適用に関する通則法 …… 2	利益衡量説 …… 24
法律関係全般説 …… 4	類型化説 …… 181
法律関係本拠説 …… 10,11	例外的連結 …… 93
法律行為の成立・効力の準拠法 …45	連結政策 …… 14,15,16
法例 …… 2,4	連結政策の種類 …… 18
保佐開始の審判 …… 37	連結点 …… 14,15,18
保佐人 …… 39	レンダー・ライアビリティ …… 84
保証契約、保証取引 …… 51,52	レンダー・ライアビリティの責任 …… 85
補助開始の審判 …… 37	ローマ条約 …… 11
補助人 …… 39	
本拠地法説 …… 181	**B**
本国 …… 15	BCCI事件 …… 83
本国法主義 …… 144	Bolero（Bill of Landing Electronic Register Organization）…… 133,139
ま	**C**
マネー・ローンダリング …… 97	CMS（キャッシュ・マネジメント・サービス）…… 54,90
民事訴訟法118条 …… 41	
無権代理人 …… 210	
無国籍 …… 20,149	

索 引

O

OEM (Original Equipment
　Manufacture) 契約 ……………53

【著者略歴】
阿部　耕一（あべ　こういち）
全国銀行協会　企画部次長

1965年　新潟市出身
1989年　中央大学法学部法律学科卒業。
　　　　同年全国銀行協会連合会・社団法人東京銀行協会入社。
　　　　総務部、調査部、個人信用情報センター等を経て、1999年～2007年
　　　　まで業務部：銀行法務（倒産法制、担保執行法制、国際私法等）、
　　　　マネー・ローンダリング/テロ資金供与防止対策担当。2003年5月
　　　　～2005年7月法制審議会国際私法（現代化関係）部会幹事。
　　　　2008年4月から現職。国際私法学会会員。

〈主要著書・論文〉
「Q＆A　金融機関個人再生の実務」金融財政事情研究会・共著
「銀行取引約定書ひな型の廃止と留意事項の制定」金融法務事情1595号
「全銀協『民事再生規則にもとづく住宅資金特別条項手順例・参考例』についての概要」金融法務事情1605号
「取扱店舗を特定しない（または複数の支店を特定範囲とする）預金債権の差押えに対する金融実務の実状」金融法務事情1771号、他
「マネー・ローンダリングの防止対策に係る銀行界の取組みの現状と課題」立花書房・警察公論（2007年2月号（60巻2号））
「国際私法と銀行取引」経済法令研究会・銀行法務21連載（2006年9月～2008年6月）

国際私法と銀行取引
－「法の適用に関する通則法」と銀行実務－

2009年2月17日　初版第1刷発行	著　　者	阿　部　耕　一
	発 行 者	下 平 晋 一 郎
	発 行 所	㈱経済法令研究会

〒162-8421　東京都新宿区市谷本村町3-21
電話　代表 03(3267)4811　制作 03(3267)4823

営業所／東京03(3267)4812　大阪06(6261)2911　名古屋052(332)3511　福岡092(411)0805

制作／田中 健一朗　印刷／㈱東神堂

©Kouichi Abe 2009　　　　　　　　　　　　ISBN 978-4-7668-2154-3

"経済法令グループメールマガジン"配信ご登録のお勧め
当社グループが取り扱う書籍、通信講座、セミナー、検定試験情報等、皆様にお役立ていただける情報をお届け致します。下記ホームページのトップ画面からご登録いただけます。
☆　経済法令研究会　http://www.khk.co.jp/　☆

定価はカバーに表示してあります。無断複製・転用等を禁じます。落丁・乱丁本はお取替えします。